L'HISTORIEN ET LES FANTÔMES

Sous la direction de
Béatrice Delaurenti, Blaise Dufal
et Piroska Nagy

L'HISTORIEN ET LES FANTÔMES

Lectures (autour) de l'œuvre d'Alain Boureau

PARIS
LES BELLES LETTRES
2017

www.lesbelleslettres.com

Pour consulter notre catalogue
et être informé de nos nouveautés
par courrier électronique

95, bd Raspail, 75006 Paris
www.lesbelleslettres.com
ISBN : 978-2-251-44703-2

INTRODUCTION

L'historien et les fantômes

Béatrice DELAURENTI, Blaise DUFAL, Piroska NAGY

Il faisait beau à Paris les 29 et 30 mai 2015, lorsque les amis d'Alain Boureau se sont réunis à l'occasion de son départ à la retraite. Pendant deux jours, différentes générations de chercheurs se sont retrouvés rue de Chevreuse, dans une ambiance conviviale que favorisait le cadre très agréable du Reid Hall Institute. Les participants avaient en commun d'avoir travaillé et parcouru avec lui les sentiers de l'histoire ou les méandres de l'anthropologie scolastique. Leur présence témoignait de la profonde influence qu'ont exercée les questions et les problématiques ouvertes par Alain Boureau tout au long de sa carrière. La retraite professionnelle ne met sûrement pas fin à l'œuvre, encore moins aux discussions et aux débats. Elle est en revanche l'occasion de mettre en avant la fécondité d'un parcours, d'en discuter les tenants et les aboutissants, d'en explorer les prolongements. Ces journées ont manifesté la richesse d'une œuvre singulière et protéiforme, construite aux croisements de différentes pratiques des sciences sociales, dans une démarche souvent collective.

Le présent volume entend garder la trace vivante de cet événement. Il regroupe la majorité des communications qui furent prononcées, avec quelques ajouts. Il ne s'agit pas à proprement parler de *Festschrift* officiel, ni d'un hommage académique formel : l'ouvrage ne prétend pas à l'exhaustivité, ni du côté des contributeurs qui auraient pu être bien plus nombreux, ni du côté des questions scientifiques évoquées. Il s'agit plutôt d'un *Liber amicorum* d'un genre un peu particulier, d'une production scolastique en quelque sorte, donnant à voir les membres d'un *studium*, ce qu'était le séminaire d'Alain Boureau : les amis, les collègues, les proches, celles et ceux qui l'ont accompagné au cours de ses années passées à l'EHESS. Les textes rassemblés rendent compte de trajectoires et de réalisations, ils en montrent les apports scientifiques et les enjeux intellectuels. Ils commentent, nuancent et prolongent certaines interrogations. Alain Boureau a animé son séminaire dans un esprit d'ouverture et d'exigence, et ce séminaire a été un lieu de réflexion et de controverses où se sont formées et confrontées plusieurs générations de chercheurs, où se sont nouées des amitiés. Ce sont ces échanges et ces liens dont nous avons voulu témoigner. La parole a été donnée aux lecteurs, qui furent souvent d'abord des auditeurs, afin qu'ils ouvrent ou prolongent la discussion, parfois à longue distance, avec le maître historien.

L'œuvre d'Alain Boureau, multiple et dense, se déploie sur les quarante dernières années, abordant de nombreux domaines de l'histoire du Moyen Âge de l'Europe occidentale et du christianisme latin. Elle suit les pérégrinations personnelles et professionnelles d'un chercheur dans un monde peuplé de silhouettes incertaines : figures de l'hagiographie, faux-semblants de l'État moderne, individus fantomatiques de la scolastique qui ne sont connus que par leurs écrits, et qui eux-mêmes parlent de créatures étranges. Autant de fantômes tenaces qu'il a suivis au long de sa carrière, et qui nous embarquent à leur tour, parfois malgré nous.

Un historien, telle est la catégorie académique habituellement utilisée pour désigner Alain Boureau. Il n'y a pourtant rien d'évident à cette dénomination. Voilà un historien qui n'a cessé d'être autre. Sa première identité intellectuelle se situe du côté de la littérature. Il obtient l'agrégation de Lettres Classiques en 1973 et enseigne le français pendant quelques années à Valence, dans le secondaire, « sans vocation ». À la fin des années 1970, ses premiers articles sont consacrés à la théorie littéraire, dans l'optique structuraliste de la narratologie. Il manifeste une prédilection pour certains auteurs français de la deuxième moitié du XIXe siècle comme Guy de Maupassant ou Barbey d'Aurevilly, dont les œuvres sont aussi peuplées de fantômes. La passion du littéraire demeure dans la pratique de l'enquête historique : immense lecteur, écrivain exigeant, Alain Boureau se montre obstinément concerné par l'ordre des discours.

La vocation historienne naît du voyage et du décentrement, d'expériences en dehors de l'université française, ces ailleurs qui le passionnent et qui le suivent. Après deux ans de coopération en Égypte, Alain Boureau s'installe au Maroc et enseigne à l'université de Fès (1975-1980). Il s'intéresse aux légendes berbères et à la littérature traditionnelle arabe, encadrant plusieurs recherches sur les contes populaires[1]. Influencé par les travaux de Claude Brémond, il débute une recherche comparée sur les histoires des saints. L'hagiographie médiévale fait là sa première apparition ; il y plonge avec délice[2]. Quelques années plus tard, sa thèse

1. « Comme tout bon anthropologue qui enquête dans un monde étranger, l'Américain Paul Rabinow utilisa au Maroc, dans les années 1970, des «informateurs» locaux pour mieux cerner son terrain. Mais il ne savait pas que l'un d'entre eux, étudiant à Fès, discutait et s'amusait avec Alain Boureau, son enseignant à l'université, des réponses les plus adaptées à fournir au chercheur, comme une gentille moquerie ou une manière de garder à «l'enquêté» une forme d'autonomie vis-à-vis de l'enquêteur. Et voilà les deux compères soupesant telle réponse – *«ça lui fera plaisir»* – ou telle autre information – *«ça fera bien»*... » Nicolas OFFENSTADT, « Exalter l'imagination libre de l'historien : Entretien avec Alain Boureau », *Le Monde des Livres*, 05.03.09.

2. « J'avais commencé une thèse de narratologie qui était à l'époque une discipline importante, disons excitante, dans les études littéraires. J'avais comme idée de prendre comme corpus les vies de saints, parce que je travaillais au Maroc à l'époque et je pensais à la comparaison. Il se trouve que j'ai abandonné la comparaison parce que cela ne marchait guère. [...] Et comme j'avais pris comme pôle occidental la *Légende Dorée*, je me suis inscrit en thèse avec Jacques Le Goff. Je voulais travailler avec Claude Bremond qui est un grand narratologue. Mais à l'époque il n'était que maître-assistant et il fallait un directeur d'études. Et comme ils travaillaient ensemble sur les *exempla*, les petits récits de prédication médiévaux, j'ai été inscrit officiellement avec Jacques Le Goff, ce qui fait que j'ai suivi ses séminaires et que, ensuite, personnellement, je me suis beaucoup plus intéressé au contexte qu'à la mécanique des récits ». Martine ROBERT, « Entretien avec Alain Boureau », *Le Philosophoire* 1/2003 (n° 19), p. 39-62.

porte sur la *Légende dorée* de Jacques de Voragine, le grand *best-seller* de l'Occident médiéval. Il la soutient en 1981 à l'EHESS sous la direction de Jacques le Goff, son maitre et ami[3]. C'est en labourant ce chantier codicologique et textuel qu'il est devenu médiéviste, tout en innovant par son approche des modalités narratives du récit chrétien médiéval.

Alain Boureau n'a jamais vraiment quitté la *Légende dorée*[4]. Elle constitue le socle socio-religieux d'un Moyen Âge qu'il commence alors à arpenter en long, en large et en travers. Ses recherches se portent d'abord en direction des *exempla* et des récits de miracles, textes qui interrogent le pouvoir de faire croire, qui produisent du social, de la norme et de l'imaginaire. Ils l'amènent à questionner l'histoire d'un « événement sans fin », celui du christianisme latin, extraordinaire producteur de légendes[5]. Le long Moyen Âge d'Alain Boureau se met en place : c'est la longue durée des systèmes de croyance et de leurs discours[6], depuis les Évangiles jusqu'aux écrits contemporains.

Dans les *kaidan*, contes japonais de la période Edo (1603-1868), les fantômes incarnent la mauvaise conscience et réclament vengeance. D'une manière comparable, la modernité occidentale d'Alain Boureau est comme saturée de fantômes médiévaux, voire moyenâgeux, jamais complètement disparus mais qu'il faut désormais décoder. Lorsqu'il rentre en France pour exercer les fonctions de maître de conférences en littérature à l'IUT de Bourges (1980-1987), il entame plusieurs enquêtes historiques et historiographiques au long cours. Il entend rendre justice à certaines légendes noires médiévales : la Papesse Jeanne[7], le droit de cuissage[8].

3. Alain Boureau, *La Légende dorée. Le système narratif de Jacques de Voragine (†1298)* (1984). Pour les références complètes des ouvrages et des articles d'Alain Boureau, on se reportera à la bibliographie présentée en Annexe 1.

4. En 2004 paraît la traduction française annotée de la *Legenda aurea* de Jacques de Voragine, entreprise collective qu'Alain Boureau a dirigée avec Monique Goullet.

5. Alain Boureau, *L'Événement sans fin. Récit et christianisme au Moyen Âge* (1993).

6. Selon l'intitulé de sa chaire à l'EHESS : « Histoire des systèmes de croyance dans l'Europe du Moyen Âge et de la Renaissance ». Cf. Annexe 2.

7. Alain Boureau, *La Papesse Jeanne* (1988).

8. Alain Boureau, *Le Droit de cuissage. Histoire de la fabrication d'un mythe (XIIIe-XXe siècles)* (1995).

Rendre justice, c'est-à-dire rendre apparente la construction historique, la révéler pour en quelque sorte venger les récits médiévaux des imprécations de la modernité. Déconstruire les mythes noirs du Moyen Âge, le débarrasser de leurs oripeaux, en découdre les draps trop blancs : telle est désormais la mission de ce médiéviste partisan d'une longue durée qui articulerait les discontinuités historiques et les cas d'exception. En historien soucieux des fantômes de sa discipline, Alain Boureau se fait historiographe et raconte l'histoire d'un autre historien, Ernst Kantorowicz, dont l'œuvre manifeste la permanence d'une éthique de clerc scolastique dans le monde académique contemporain[9].

Sa carrière connaît alors un important tournant professionnel et académique. En 1987, Alain Boureau entre au CNRS comme chargé de recherche. Deux ans plus tard, il est élu directeur d'études à l'EHESS, devenant chercheur à plein temps, historien de plein droit, avec le privilège de n'enseigner que sa recherche. En compagnie de Roger Chartier[10], parmi d'autres, il participe au « tournant critique » de la revue des *Annales*, qui appelle à de nouvelles méthodes et à de nouvelles alliances. Parallèlement, il prend une part active aux expérimentations scientifiques en compagnie de Daniel Milo dans le cadre du projet *Alter-Histoire*[11]. Au travers de ces aventures intellectuelles, Alain Boureau déploie une réflexion épistémologique singulière, nourrie de séjours dans les universités américaines où l'ambiance est propice au travail interdisciplinaire[12]. Il développe également un compagnonnage régulier avec la psychanalyse

9. Alain Boureau, *Histoires d'un historien. Kantorowicz* (1990).

10. Alain Boureau, Roger Chartier et Cécile Dauphin, *Correspondance. Models of Letter Writing from the Middle Ages to the 19th Century* (1997).

11. Alain Boureau et Daniel Milo, *Alter-Histoire. Essais d'histoire expérimentale* (1991).

12. Visiting Professor à l'University of California at Irvine (avril 2001) ; Visiting Professor et Sunderland Fellow à Michigan Law School (automne 2000) ; Visiting Professor à Johns Hopkins University (automne 1999) ; Norman Freehling Visiting Professor à l'Institute for the Humanities (University of Michigan. Fall 1997) ; Visiting Professor à Johns Hopkins University (avril-mai 1995), Senior Fellow de la Society for the Humanities (Cornell University, septembre-décembre 1996) ; Visiting Professor à Berkeley (octobre 1991) ; Visiting Professor à Ann Arbor (mars-avril 1992).

en collaborant avec des revues comme *Le fait de l'analyse* et *penser/rêver*[13]. En 1994, il s'attelle à une autre tâche, l'administration de la recherche. Bernard Lepetit l'invite à le rejoindre à la direction du Centre de Recherches Historiques (CNRS) ; après le décès soudain de son ami, Alain Boureau reste à ce poste jusqu'en 2000.

Dans l'héritage d'Ernst Kantorowicz, l'intérêt pour les théories politiques est un des fils conducteurs qui traversent l'œuvre d'Alain Boureau. Il manifeste son souci de déborder le Moyen Âge traditionnel. Les emblèmes, ces images têtues qui persistent au-delà des césures chronologiques[14], ont été son premier objet d'histoire politique. Il poursuit en étudiant les formes de sacralité du pouvoir royal et les persistances des représentations chrétiennes qui le sous-tendent[15] ; dans la lignée d'un Marc Bloch, il élargit le socle géographique et chronologique de son enquête[16]. Dialoguant avec Ralph Giesey au sujet des rites funéraires royaux, il montre la prégnance des cadres anthropologiques médiévaux dans les formes politiques de la modernité[17]. Le Moyen Âge et la théologie à caractère politique deviennent une porte d'entrée dérobée, mais efficace, pour renouveler l'histoire des conceptions et des représentations politiques.

13. « La *Nouvelle Revue de Psychanalyse* a d'abord été demandeuse de points de vue historiques sur un thème qu'elle définissait et orientait de façon assez précise. Il s'agissait donc d'une rencontre ; on me donnait à penser en me fournissant un problème. J'évoquais des analogies entre un objet contemporain et une situation médiévale, mais sans me préoccuper des fondements théoriques de cette rencontre. J'étais un compagnon de route des psychanalystes. Puis, à cette occasion, s'est formée une solide amitié avec Michel Gribinski. Et quand il a fondé *Le Fait de l'analyse* puis *penser/rêver*, son propos était aussi de relier la psychanalyse à des phénomènes sociaux. Le rapprochement s'imposait davantage. Les choses ont encore changé quand je suis devenu membre du comité de rédaction, vers 2006. », Alain Boureau, « Questions disputées *quomodo Historiam scribere* » (2010).

14. Alain Boureau, *L'Aigle. Chronique politique d'un emblème* (1985).

15. Alain Boureau et Claudio S. Ingerflom, *La Royauté sacrée dans le monde chrétien* (1992).

16. Alain Boureau et Corinne Péneau, *Le Deuil du pouvoir. Essais sur l'abdication* (2013).

17. Alain Boureau, *Le Simple corps du roi. L'impossible sacralité des souverains français, xve-xviiie siècles* (1988).

L'arrière-plan chrétien des théories modernes est révélé à travers une histoire du rêve de l'État dans la pensée scolastique médiévale[18]. Dans ces travaux, c'est le Moyen Âge qui devient un fantôme pour la modernité.

En 1993 est créée le Groupe d'Anthropologie Scolastique (GAS). En formant ce nouveau groupe à partir du Groupe d'Anthropologie Historique de l'Occident Médiéval (GAHOM) fondé par Jacques Le Goff, Alain Boureau met en évidence l'importance intellectuelle du monde scolastique ; il institutionnalise un champ de recherche qu'il a fortement contribué à défricher et à rendre intelligible, et le libère du monopole des théologiens et des philosophes. La scolastique, ce sont des textes et des hommes, lesquels évoluent au sein d'institutions singulières. Du côté des textes, Alain Boureau s'attache aux productions connues et méconnues de théologiens et de philosophes pour proposer une approche historique et anthropologique des sources spéculatives, replacées dans leur contexte de production[19]. Les marges de la scolastique, les dissidences intellectuelles et religieuses[20], les controverses scientifiques et les censures institutionnelles l'intéressent particulièrement[21]. Ces détours par les confins de la scolastique, autre fil conducteur majeur de son œuvre, éclairent à nouveau frais certains grands monuments de la pensée médiévale. Au fil des années, de multiples formes de la « raison scolastique »[22] sont déployées. Les processus discursifs sont mis en relation avec les processus sociaux et culturels afin d'éclairer la constitution des savoirs médiévaux. Il en va ainsi du discours théologique : il concerne le divin, mais produit un discours sur l'humain et la société.

18. Alain BOUREAU, *La Religion de l'État. La construction de la République étatique dans le discours théologique de l'Occident médiéval (1250-1350). La raison scolastique I,* (2006).

19. Alain Boureau dirige aux éditions des Belles Lettres la collection *Bibliothèque scolastique* qu'il a créée en 2007.

20. Alain BOUREAU et Sylvain PIRON, *Pierre de Jean Olivi. Pensée scolastique, dissidence franciscaine et société* (1999).

21. Alain BOUREAU, *Théologie, science et censure au XIIIe siècle. Le cas de Jean Peckham* (1999).

22. Alain BOUREAU, *L'Empire du livre. Pour une histoire du savoir scolastique* (2007).

Des cas limites comme les somnambules ou les démons[23] permettent de circonscrire et de préciser le fonctionnement individuel et collectif de l'être humain, sous la forme qu'il prend dans le cadre historique de l'Occident médiéval[24]. Du côté des hommes, Alain Boureau a entretenu une relation étroite avec certains penseurs de la scolastique tels Thomas d'Aquin, Pierre de Jean Olivi, Jean de la Rochelle ou Richard de Mediavilla[25]. Certains d'entre eux, « de vagues individus » au regard de la documentation historique, ont repris chair et consistance sous sa plume. Il a sorti les fantômes du purgatoire des archives pour les rendre visibles au monde contemporain.

La scolastique d'Alain Boureau est le lieu d'une tension entre individu et institution ou, si l'on préfère, entre fabrique des normes et construction d'une science de l'âme. Cette tension, caractéristique du regard de l'historien du « tournant critique », forme une autre trame décisive dans ses travaux. Il la perçoit en croisant l'anthropologie juridique, chère à l'ami Yan Thomas, et le savoir analytique[26]. Ses recherches sur l'abstraction judiciaire et son impact socio-politique le conduisent à mettre au jour les intersections entre l'élaboration des normes juridiques et la construction d'une éthique[27]. Dans son histoire du vœu religieux, il montre combien cette tension est constitutive de l'anthropologie chrétienne[28]. Pour la rendre perceptible au-delà des stratégies de dissimulation, l'historien, tel un analyste,

23. Alain Boureau, « La redécouverte de l'autonomie du corps : l'émergence du somnambule (XIIe-XIVe siècle) » (1993) ; *Satan hérétique. La naissance de la démonologie dans l'Europe médiévale (1260-1350)* (2004).

24. Alain Boureau, *De vagues individus. La condition humaine dans la pensée scolastique* (2008).

25. Voir notamment Boureau, *De vagues individus*, et Alain Boureau, *L'inconnu dans la maison. Richard de Mediavilla, les Franciscains et la Vierge Marie à la fin du XIIIe siècle* (2010).

26. Alain Boureau, *En somme. Pour un usage analytique de la scolastique médiévale* (2011).

27. Alain Boureau, *La Loi du royaume. Les moines, le droit et la construction de la nation anglaise, (XIe-XIIIe siècles)* (2001) ; *L'errance des normes. Éléments d'éthique scolastique (1220-1320). La raison scolastique IV* (2016).

28. Alain Boureau, *Le Désir dicté. Histoire du vœu religieux dans l'Occident médiéval* (2014).

use parfois de la fable[29]. Il produit à son tour des fantômes pour faire émerger le réel.

Les histoires de fantômes sont innombrables et pleines de sens caché. Dans l'œuvre d'Alain Boureau, les livres écrits ont leur face obscure. Ils s'accompagnent de textes non écrits, construits en creux et qui nourrissent les réalisations visibles. Ces fantômes se développent au verso d'une recherche pour hanter celui qui s'y aventure. Ce sont les possibles et les futurs ouverts par les textes d'Alain Boureau, pour lui-même et pour les autres. Au Moyen Âge, le fantôme est un revenant qui manifeste une continuité entre le monde des morts et le monde des vivants ; dans les récits germaniques et scandinaves, il est lié à la fertilité, à la fécondité, au commerce. Ainsi, les fantômes d'Alain Boureau ont produit du sens et continueront d'en produire, de manière libre et irréductible.

On croisera dans ce livre des figures et des motifs que l'on rencontre rarement dans les ouvrages universitaires : un loup et un ogre, des tomates farcies à la feta et des ustensiles de cuisine, une fève et une châtaigne, un caillou et une hache, un rat de laboratoire et un roi nain, un démon et un ange, et quelques célébrités aussi peu attendues chez les médiévistes que Coluche, James Ellroy ou Jean Giono. Cet inventaire à la Prévert reflète l'éclectisme de l'intéressé, son inventivité et son goût pour les associations iconoclastes. Par-delà l'effet kaléidoscopique suscité par ces images, les contributions du volume ont été rassemblées suivant trois lignes directrices. Certaines évoquent la méthode d'Alain Boureau, sa pratique historienne et son goût de l'expérimentation. D'autres s'attachent

29. « J'avais conscience que c'était un peu une fable, que je racontais une espèce de vie traumatisée de Siger de Brabant, dont je n'avais pas beaucoup de preuves. Mais sa biographie ne m'intéressait pas, et peu importe que la cause première, l'origine, ait été telle ou telle. Ce qui a compté, c'est ce que j'ai « vu » dans son discours : le discours de celui qui a *éprouvé* cette séparation radicale avec lui-même [...] Je veux dire que l'embarras de Siger ne me paraît pas si méthodiquement feint. Je suis très content de pouvoir parler de cette dimension d'expérience... Le rapprochement que je ferai avec le discours de l'analyse, en cours d'analyse, est celui-ci : c'est une façon de dire, autrement, ce que l'on ne pourrait pas dire autrement. », Marion Lieutaud, « Entretien avec Alain Boureau », *Actu Philosophia*, septembre 2011 [en ligne].

aux projets d'envergure et aux objets de la scolastique qu'il a développés : le droit, la censure, l'hérésie, la démonologie, la royauté, la croyance, autant de questions qui ont nourri sa quête d'une anthropologie scolastique et, plus largement, sa vision de l'histoire. D'autres texte enfin parlent de la manière dont l'historien donne de sa personne à travers ses travaux, de ce qu'une œuvre raconte ou laisse entendre de l'individu qui l'a conçue.

Nous remercions chaleureusement tous les participants aux journées des 29 et 30 mai 2015 ainsi que Sophie Houdard et Irène Rosier-Catach pour leurs conseils amicaux dans cette entreprise. Sylvain Piron a accompagné ce projet et le titre du volume doit beaucoup à ses intuitions ; nous lui en sommes reconnaissants. Le Centre de Recherches Historiques a financé les journées de mai 2015, Reid Hall les a accueillies, les éditions des Belles Lettres ont accepté cet objet atypique dans leurs collections : qu'ils soient tous remerciés. L'édition de ce volume s'est effectuée à cheval sur trois continents, entre Paris, Montréal et Sydney, en se jouant des décalages spatio-temporels.

PRATIQUES
ET EXPÉRIMENTATIONS

L'historien, le caillou et le lac

Charles DE MIRAMON

> Doté d'une conviction intime, l'historien s'installe au bord du lac du temps ; il lance là le caillou de son hypothèse et constate qu'autour du point d'impact se propagent, largement et régulièrement, les ondes concentriques qui font de ce point un centre. Ces ondes existent bien, ce sont des faits, des textes, des anecdotes. Mais la conscience de l'indétermination des preuves orientées demeure : un autre point d'impact produirait d'autres rayonnements argumentatifs. L'historien est alors tenté d'user d'un moyen frappant de persuasion. L'anecdote emblématique. Il raconte, faute de démontrer[1].

Ce passage du *Simple corps du roi* m'a frappé quand je l'ai lu une première fois, alors que je débutais mon apprentissage d'historien avec Alain Boureau. Il me frappe encore aujourd'hui, plus chevronné, mais toujours plein de doutes sur la capacité pour un historien de dire vrai. Il y a vingt-cinq ans, je débutais avec Alain Boureau la préparation d'un diplôme aujourd'hui disparu, le Diplôme d'Études Avancées. Il s'agissait d'une

1. Alain BOUREAU, *Le simple corps du roi. L'impossible sacralité des souverains français* XV*e*-XVIII*e* *siècle (1988)*, p. 45-46.

lointaine survivance du noviciat monastique. Une année de discernement où il s'agissait de voir si on voulait entrer dans le sacerdoce de la thèse et si l'institution avait envie de vous. J'avais choisi l'École des Hautes Études en Sciences Sociales pour sa réputation mais je n'avais aucune idée des médiévistes qui s'y trouvaient depuis la retraite de Jacques Le Goff. J'ai pris rendez-vous avec Alain Boureau au hasard après avoir trouvé son nom dans le livret de l'école. Je suis sorti d'un premier entretien avec le sentiment d'un grand flou. Je n'étais pas arrivé avec un quelconque projet défini et je ne connaissais rien de la personne qui devait me diriger. Je me suis dit qu'il fallait derechef lire du Alain Boureau. Je fréquentais alors beaucoup les librairies de livres soldés et j'y ai trouvé une pile de *Simple corps du roi*. J'en ai acheté un exemplaire pour un prix dérisoire. Le *Simple corps du roi* est un livre maudit car l'éditeur a fait faillite peu après la publication de l'ouvrage. Il a été un caillou qui n'a pas fait beaucoup de vagues. Je l'ai lu et à l'époque je n'ai pas compris grand-chose. Il me manquait des lectures (Ernst Kantorowicz, Ralph Giesey, Louis Marin). L'image du lac m'est pourtant restée.

Premier thésard d'Alain Boureau, assidu de son séminaire avec un petit groupe de camarades, j'ai été le témoin de son passage d'une histoire du récit à une histoire intellectuelle qui comprenait l'histoire du droit. Quand on relit le *Simple corps du roi* à la lumière des ouvrages qui suivent d'Alain Boureau, on y repère les prémisses de cette remise en cause de la méthode suivie dans la *Papesse Jeanne* parue quelques années plus tôt. C'est un spectacle auquel j'ai participé au séminaire mais dont le sens général ne m'est apparu que bien plus tard.

Mais revenons à l'historien, son caillou et son lac. De quel lac s'agit-il ? On pourrait y voir le lac de Tibériade, mais il faudrait des eaux poissonneuses, un historien qui dort dans la tempête puis marche sur l'eau. Alain Boureau n'avait rien de messianique sinon dans sa pratique de laisser souvent ses disciples seuls à la nuit tombante devant le lac alors qu'il se réfugiait dans les collines. Était-ce un lac chthonien ? Des eaux grises au fond d'une profonde caverne. De pâles ectoplasmes sortis d'une réunion d'un comité de direction y lancent des cailloux bien normés alors que, au loin, la barque du psychopompe glisse en silence.

Ne serait-ce pas plutôt le lac des vacances d'été ? Des adolescents désœuvrés y jettent par jeu des pierres. Quoi de plus gratuit que de lancer une pierre et de regarder les ronds dans l'eau ! Est-ce un souvenir d'enfance qui remonte ? Le travail de l'intellectuel contre le jeu de l'enfant. L'idée est ancienne.

On raconte que maître Alain se promenait le long de la Seine. Il devait prêcher le lendemain sur la Trinité. Alors qu'il se demandait comment il allait accomplir sa tâche, il rencontre un enfant qui puise l'eau du fleuve avec une cuiller pour la mettre dans un trou dans le sable. Il explique à Alain qu'il veut transvaser toute l'eau de la Seine dans son trou. Au maître qui lui fait remarquer l'impossibilité de son jeu, l'enfant répond que prêcher scientifiquement sur la Trinité est bien plus ardu. Maître Alain rentre chez lui plein d'effroi. Le lendemain, il monte en chaire et d'une courte phrase annonce sa retraite à son auditoire. Il part se retirer, non pas en Charente, mais dans une abbaye bourguignonne[2]. On aura reconnu une des variantes de l'*exemplum* médiéval de saint Augustin et l'ange, *exemplum* que l'on rencontre en particulier dans la *Légende dorée*[3]. Ici, il s'agit d'Alain de Lille, le *doctor universalis*, qui termina sa vie à l'abbaye de Cîteaux. Devant la compétition à la fin du XIIe siècle de ce troisième pouvoir qu'est le *studium*, les auteurs des *exempla*, en particulier cisterciens, cherchaient des revanches symboliques.

L'ange qui a pris la forme d'un enfant s'est déplacé de la plage d'Annaba aux bords de la Seine scolastique. Il est désormais sur la rive du lac. Il ne transvase plus de l'eau mais jette un caillou et c'est une autre leçon qu'il donne. L'historien se perçoit souvent comme un laboureur qui délimite son champ de recherche, le ceint de barbelés afin que nul autre n'y pénètre. Il laboure, il sème et il moissonne, puis il laboure à nouveau. À l'historien paysan, lent et tenace, Alain Boureau préfère le jeu fugace de l'enfant, le geste rapide, l'expérience courte. Mais l'historien au bord

2. *Notitia historico-litteraria in Alanum*, cap. III, PL 210, col. 15.

3. Henri-Irénée MARROU, « Saint Augustin et l'ange : une légende médiévale », dans *L'homme devant Dieu. Mélanges offerts au Père Henri de Lubac*, t. 2. Paris, 1963-1964, p. 137-149, repris dans Henri-Irénée MARROU, *Christiana tempora*. Rome, EFR, 1978.

du lac est aussi quelqu'un qui doute : mes ronds sont beaux mais j'aurais pu lancer mon caillou ailleurs. Quand Alain Boureau écrit cela dans le *Simple corps du roi*, il critique Alain Boureau qui deux ans auparavant publie la *Papesse Jeanne*, l'histoire d'un caillou, d'une anecdote scandaleuse et tous ses ronds dans l'eau. Est-ce que la Papesse n'est qu'un tour de force ? Une autre anecdote, un autre livre ? Le travail historique serait-il simple mécanique ?

Dans la *Papesse Jeanne*, Alain Boureau avait pourtant proposé une théorie pour sortir l'anecdote du particulier[4]. Il proposait d'organiser l'immense masse des récits chrétiens, depuis l'Écriture jusqu'aux légendes de saints et historiettes pieuses selon une grille à double entrée qu'il a nommée contrat de véridiction. Le premier axe est celui de l'autorité, ou de la fixité, avec en haut le révélé, au milieu l'autorisé (ce qui correspond à la notion qui m'est chère de canonique) et en bas l'authentifié qu'Alain Boureau fait descendre très bas jusqu'au fabuleux. Le deuxième axe est celui des usages des récits. Un récit peut être utilisé dans un cadre liturgique, institutionnel, polémique ou simplement être lu pour le loisir. En bon historien, je me suis interrogé sur les sources de ce modèle, même si Alain Boureau m'explique que c'est aller chercher trop loin. Pour le deuxième axe, celui des usages, j'y vois une influence des travaux du bollandiste belge Baudoin de Gaiffier. Son article *L'hagiographe et son public au XIe siècle* a initié l'école fonctionnaliste de l'hagiographie[5]. Pour le premier axe, je me demande quelle pourrait être la part du *Pacte autobiographique* de Philippe Lejeune[6]. Cette idée que l'auteur d'un récit autobiographique s'engage vis-à-vis de son lecteur à écrire vrai et à présenter sa vraie personne, au contraire de la fiction qui ne suppose aucun pacte. Dans le pacte de véridiction, l'écrivain ecclésiastique, par exemple le dominicain du XIIIe siècle Martin le Polonais, s'obligerait vis-à-vis de la Tradition à la présenter véridiquement. Si par le pacte

4. Alain BOUREAU, *La papesse Jeanne (1988)*, p. 145-149.

5. Article repris dans Baudoin de GAIFFIER, *Études critiques d'hagiographie et d'iconologie*, Bruxelles, Société des Bollandistes, 1967.

6. Philippe LEJEUNE, *Le Pacte autobiographique*, Paris, Seuil (« Poétique »), 1975.

autobiographique, on s'engage vis-à-vis d'un lecteur moderne, le pacte de véridiction lie un auteur ecclésiastique médiéval avec un lecteur formé dans les règles de la Tradition.

Mais revenons à l'historien, son caillou et son lac. Dans le *Simple corps du roi*, cette image introduit l'anecdote de Capeluche[7]. Pour les fans d'Alain Boureau, il s'agit d'un passage que l'on lit avec l'émoi du potache. Boureau parle d'un bourreau ! Capeluche est donc bourreau à Paris au début de la guerre civile entre Armagnacs et Bourguignons. Il est allié du duc Jean et exécuteur de ses basses œuvres. L'ouvrage d'Alain Boureau liste trois variantes de l'anecdote. Dans une première chronique, le duc Jean entre dans Paris. Capeluche s'approche de lui et lui touche la main en l'appelant « mon beau-frère ». Jean le fait exécuter. Dans une deuxième chronique, Jean se promenant dans les rues de Paris rencontre Capeluche entouré d'une escorte. Furieux de cette manifestation publique d'un pouvoir, le duc fait saisir le bourreau et le fait exécuter. Dans une troisième chronique, Capeluche est exécuté car il a mis à mort une femme enceinte, une faute juridique et donc professionnelle. Alain Boureau privilégie la première version. En touchant le duc de sa main de bourreau, celle qui tient la hache, Capeluche exprime que Jean ne peut prétendre à aucun pouvoir sacralisé. Il n'est qu'un corps frère du corps de Capeluche. On aurait pu pourtant passer Capeluche dans la grille de la véridiction et privilégier la deuxième version. Elle est proposée par Thomas Bassin. Dans sa mise en abyme de la concurrence entre le pouvoir laïc et celui nu et brutal des brigands, on pourrait y voir un écho d'une autre anecdote qui eut un grand succès au Moyen Âge : celle de la rencontre d'Alexandre le Grand et du pirate[8].

Mais au bout du compte, Alain Boureau rejette l'anecdote de Capeluche en la déclarant « apéritive ». Dans les pages qui suivent, il suit une autre voie en argumentant une théorie : l'ipséité corporelle. La démonstration du *Simple corps du roi* avance qu'il y aurait à la même époque tant un investissement ritualiste intense dans les funérailles royales et princières

7. Boureau, *Le simple corps du roi*, p. 46-47.
8. Augustin, *Cité de Dieu*, IV.4 (BA 33, p. 541).

qu'une critique radicale de la sacralité d'un corps particulier, celui du roi. La Grande peste rend l'homme rare et égalise les corps dans la maladie et la rareté. Dans un autre ouvrage, Alain Boureau revenant sur l'ipséité corporelle, explique qu'il a autrefois voulu la démontrer par l'histoire sociale mais qu'il aurait mieux fallu la chercher dans la scolastique[9]. Dans le *Simple corps du roi*, la nouvelle méthode d'Alain Boureau n'a pas encore trouvé son terrain de jeu où elle pourra se déployer, mais un premier objet caractéristique : un milieu et une époque qui à la fois sacralise et désacralise. Alain Boureau a beaucoup aimé décrire ces objets qui sont comme des gants que d'un geste on peut retourner. Il a parlé d'énoncés tangentiels[10]. Il s'est introduit dans des monastères anglais qui à la fois créent le droit et la politique et les rejettent[11]. L'historien doit lancer moins de cailloux normés mais regarder dans ces incursions dans le passé, ce qui est indéterminé, l'un et l'autre. Il faut noter les écarts plus que les tournants, la plasticité plus que la véridiction. Cette leçon, c'est Alain Boureau qui me l'a apprise et je la porte encore.

9. Alain Boureau, *Le droit de cuissage. La fabrication d'un mythe* XIII*e*-XX*e siècle (1995)*, p. 257.

10. Alain Boureau, « Propositions pour une histoire restreinte des mentalités » (1989).

11. Alain Boureau, *La Loi du royaume. Les moines, le droit et la construction de la nation anglaise (*XI*e*-XIII*e siècles) (2001).*

Le goût de la scolastique

Elsa Marmursztejn

Sapidité, addiction

Je ne voudrais pas réduire trop rapidement le *goût* à la métaphore banale de l'inclination ou de l'intérêt, dont il s'agirait simplement de marquer la place dans l'œuvre en lui assignant une origine (comment le goût de la scolastique vint-il à Alain Boureau ?) ; en procédant à l'inventaire de ses manifestations dans la longue série d'ouvrages et d'articles publiés depuis les années 1990 et dont les objets fort variés sont globalement fédérés par la notion de personne humaine élaborée au Moyen Âge central ; en évoquant, enfin, la façon dont ce goût a été transmis et partagé. Je voudrais d'abord prendre le goût à la lettre et pour cela préférer *En somme*[1], petit traité qui recommande l'usage de la scolastique et en promeut les bienfaits, à la liste ou l'échantillonnage.

On y apprend en effet que la scolastique est une substance sapide, susceptible d'être appréciée sans médiation de la sensation et nonobstant ses déficiences accidentelles, et qui présente pour certains sujets un risque élevé d'addiction. Quoique la scolastique ait déterminé la formation du *GAZ*

1. Alain Boureau, *En somme. Pour un usage analytique de la scolastique médiévale* (2011).

– comme Alain Boureau s'obstine à prononcer l'acronyme qui désigne, depuis 1993, le Groupe d'Anthropologie Scolastique –, elle ne s'inhale pas. Dans les premières lignes d'*En somme*, Alain Boureau se présente lui-même, tout en attribuant cette perception à ses proches, comme un *alcoolique* de la scolastique[2]. La métaphore œnologique prétend justifier l'excès : « Ces textes se bonifient si on les garde, mais [...] il faut [en] vérifier périodiquement – souvent – la bonne conservation ».[3] À l'image de la boulimie, trouble du comportement alimentaire qui aurait pourtant constitué le pendant exact de l'anorexie infantile qui exigea la présence et l'inventivité maternelles et associa, « dès le début », la consommation et le texte (la mère nourrit tandis qu'un livre tient appuyé contre une bouteille)[4], Alain Boureau préfère donc l'image de l'alcoolisme, qui donne à la scolastique qualité d'élixir, dont la consommation impose une hygiène sévère : « Ne pas prendre la scolastique à jeun, ne pas commencer dès le matin », tenter de « faire passer l'élixir avec des nourritures solides »[5]. On me permettra de mettre cette sobriété en doute, car Alain Boureau ne se contente pas de consommer ce qui existe, mais il a sa propre production, surtout olivienne et médiavillienne, stockée dans la « Bibliothèque scolastique »[6] et dans le *Corpus Christianorum*[7]. La viticulture scolastique n'est plus un jardinage : elle prend des proportions industrielles.

Miroirs

L'ampleur de la tâche qui s'offre à l'historien répond à celle de l'enquête scolastique elle-même : le questionnement sans limites incite

2. *Ibid.*, p. 9.
3. *Ibid.*
4. *Ibid.*
5. *Ibid.*
6. Où ont été publiés, entre 2011 et 2017, le *Traité des démons* de Pierre de Jean Olivi, les six volumes des questions disputées de Richard de Mediavilla et les trois volumes de *Quodlibets* de Richard de Mediavilla.
7. Où ont été publiés les commentaires d'Olivi sur les épîtres aux Romains et aux Corinthiens, et tout récemment le commentaire sur Job du même auteur.

à la consommation sans limites. Et de même que l'exercice du commentaire sur les *Sentences* donne lieu à un renouvellement constant de l'entreprise d'analyse[8], l'ampleur des questions abordées ouvre un champ immense au travail de lecture, de relecture et d'interprétation de l'historien. Alain Boureau ne souligne les limites de la documentation disponible que pour s'émerveiller des progrès incessants de notre savoir[9] et appeler au dépouillement des milliers de manuscrits qui demeurent encore dans la poussière des bibliothèques et permettront « de restituer des interactions complexes et des contextes pertinents »[10]. La recherche rencontre dans la scolastique un modèle, voire un miroir. L'activité – comme l'avidité – est spéculaire : l'enquêteur enquête sur des enquêtes et des enquêteurs, sans toutefois jamais, ou presque jamais, se départir du souci du lecteur, bien souvent averti, alerté, interpellé, réconforté ; il ne faudrait pas qu'il se dégoûte.

Des convergences d'objet et de méthode s'observent plus précisément. L'anthropologie scolastique désigne ainsi à la fois un objet d'étude et une pratique historienne relevant également des « sciences de l'homme ». Elle se situe au carrefour de disciplines habituellement distinguées (théologie, philosophie, droit, science...), mais organiquement liées au Moyen Âge dans l'*épistémè* scolastique. Du point de vue de la méthode, d'autre part, l'historien est confronté à une difficulté générale du même ordre que le théologien : la vérité réelle de son objet, il ne peut pas l'atteindre directement ; il ne peut la trouver que dans l'expérimentation intellectuelle, dans l'enquête contradictoire, toujours ouverte. L'impossibilité d'observer et la nécessité d'expliquer[11] s'imposent à l'historien, comme elles s'imposent aux théologiens qui affrontent, par exemple, la question du corps mort du Christ pendant le *triduum* ou celle de la conception de la Vierge.

8. Alain Boureau, *L'Empire du livre. Pour une histoire du savoir scolastique (1200-1380). La Raison scolastique II* (2007), p. 32.

9. Alain Boureau, *Théologie, science et censure au XIIIe siècle. Le cas de Jean Peckham* (1999), p. 5.

10. *Ibid.*, p. 340.

11. *Ibid.*, p. 339-340.

Le mimétisme exercé par l'objet scolastique est assumé. Il s'agit, dans le travail historique, d'alterner les détails particuliers et la théorie la plus englobante, de tenter de repérer le point d'équilibre entre les contradictions : « On ne sort pas indemne d'une fréquentation et d'une admiration longues », dit Alain Boureau dans *L'Empire du livre*[12]. Dans l'effort accompli pour articuler les conceptions savantes et certains aspects fondamentaux de la structuration historique des sociétés, la minutie des analyses de texte en révèle le goût : goût du texte manuscrit, goût des mots (Alain Boureau évoque « les enchantements et puissances de la parole médiévale »[13]), des mots transcrits, des mots traduits, aussi, avec la recherche d'une exactitude du sens qui ménage leur intelligibilité contemporaine ; goût des arguments pris dans la forme du raisonnement dont la « mécanique pesante » n'est pas ignorée[14], mais dont l'élaboration est appréciée et pour ainsi dire dégustée. Ce goût du texte scolastique s'exprime dans un style propre, qui tranche très vivement – et très heureusement – avec celui des penseurs médiévaux. En contrepoint, la façon dont Alain Boureau décrit le mode de composition scolastique – « où la création se fait par réarrangement libre et signifiant de "briques", d'unités insécables et stables »[15] – pourrait sans doute s'appliquer à sa propre méthode.

Provocation, construction

Ce goût de la scolastique s'allie à un certain goût de l'iconoclasme ou de la provocation heuristique pour s'affirmer *contre* le rejet et la dérision dont la scolastique fait traditionnellement et communément l'objet, bien au-delà du café du commerce, hélas. Cette alliance de goûts débouche,

12. Boureau, *L'Empire du livre*, p. 299.
13. Boureau, *En somme*, p. 7.
14. Cf. Richard de Mediavilla, *Questions disputées*, t. 1, Paris, Les Belles Lettres, « Bibliothèque scolastique », 2012, p. xxx-xxxi.
15. Boureau, *En somme*, p. 37.

en l'espèce, sur une construction[16] : il s'agit de ressusciter de vraies pensées qui n'intéressaient plus grand monde et d'en faire l'histoire, en renversant l'image d'un âge de la déraison, où la foi et la tradition auraient étouffé la pensée. Aussi n'est-ce pas en raison de son contenu religieux qu'Alain Boureau goûte la théologie scolastique, mais comme « construction totalisante et neuve d'une forme de savoir »[17], d'un savoir globalement défini comme une « science de *l'homme* », c'est-à-dire, par un détournement revendiqué, en prenant le savoir théologique « pour ce qu'il prétend ne pas être dans sa lettre : un discours sur l'homme qui se donne l'écart, l'expérience et la marge du surnaturel »[18]. La théologie scolastique serait le lieu d'une « interrogation radicale »[19] sur la « formation même » du lien de l'homme au monde[20].

Régie par le principe généralisé de l'enquête contradictoire, traversée de tensions et d'affrontements, la pensée scolastique aurait exigé et attesté une liberté extrême, sporadiquement bridée par une censure qui donnerait toutefois les moyens de sa propre transgression et constituerait moins un frein qu'un moteur de la production intellectuelle[21]. Le goût de la scolastique confine ici à la « jubilation polémique »[22] ! L'époque scolastique est ainsi présentée comme « un des plus beaux matins de la raison humaine »[23] ; comme « un moment vif et ardent de la raison, dans

16. *Ibid.*, p. 11 : « Je me rends compte, après coup, que ma carrière d'historien, en son début, du moins, s'est passée à montrer [...] que des héros ou des thèmes bien connus et bien jaugés n'existaient pas (le symbole politique de l'aigle, la papesse Jeanne, le droit de cuissage). L'histoire comme décombre ! Passer au noir les pages roses du dictionnaire ! La scolastique me permit de me passer de ces destructions et de faire de l'instabilité des évaluations la matière solide de mon propos ».

17. Boureau, *L'Empire du livre*, p. 20.

18. Alain Boureau, *De vagues individus. La condition humaine dans la pensée scolastique. La Raison scolastique III* (2008), p. 314.

19. *Ibid.*, p. 15.

20. Boureau, *En somme*, p. 65.

21. Cf. *Théologie, science et censure*, p. 336-338 ; *L'Empire du livre*, p. 273-279 ; *En somme*, p. 10 et 82.

22. Pour reprendre une expression utilisée par Alain Boureau lui-même dans Martine Robert, « Entretien avec Alain Boureau », *Le Philosophoire*, 19, 2003, p. 46-47.

23. Boureau, *L'Empire du livre*, p. 13.

son effort immense pour s'affranchir des tutelles et des coutumes, pour se construire un lieu, pour se créer, non pas *ex nihilo*, mais en réduisant et dominant l'importance des temps antérieurs »[24] ; comme une époque dominée par le « mythe bénéfique », qui se défait en nos sociétés, « que le savoir est bon pour l'homme, noble pour l'espèce humaine, quelle que soit son utilité pratique, son rôle social »[25], que la recherche spéculative est bonne pour les collectivités, qui doivent en assurer la charge et en respecter l'exercice[26]. L'époque scolastique est privilégiée « parce qu'elle a pris le temps long de disputer et d'élaborer des concepts, dans une progression cumulative »[27] et dans le détail. L'institution universitaire se prêtait alors à cette activité d'interrogation minutieuse et ample.

Le goût de la provocation heuristique qui exalte la fertilité du terrain scolastique s'exprime aussi, sur ce terrain, dans des associations libres qui relèvent de l'expérimentation historique. Je mentionnerai seulement, dans un ordre tout quodlibétique, la relation entre l'affaire Thomas de Cantiloupe et la condamnation prononcée par Jean Peckham en 1286[28] ; la reconstruction d'une pensée scolastique de l'État à partir de considérations théologiques sur la divinité ou la Création, dans *La Religion de l'État* ; la « structure de raisonnement commune » devinée dans la construction des rapports entre la puissance publique et l'État d'une part, entre l'âme et ses puissances d'autre part[29]; le lien entre le miracle de Lorette (c'est-à-dire le transport surnaturel de la maison de la Vierge de Palestine en Occident) et la question, traitée par Richard de Mediavilla, de savoir « si Dieu pourrait mouvoir localement un corps d'Orient en Occident, selon un mouvement rectiligne, en un instant »[30].

24. *Ibid.*, p. 299.
25. *Ibid.*, p. 13.
26. Boureau, *En somme*, p. 82.
27. Boureau, *De vagues individus*, p. 24.
28. Boureau, *Théologie, science et censure*, p. 288-291.
29. Boureau, *De vagues individus*, p. 27.
30. Richard de Mediavilla, *Quodlibet* II, 2 ; cf. Alain Boureau, *L'Inconnu dans la maison. Richard de Mediavilla, les Franciscains et la Vierge Marie à la fin du XIIIe siècle* (2011), p. 11-12, 15-33 et 158-161.

Fraternité et confraternité scolastiques

Ce goût de la scolastique est enfin le goût du même et le goût des autres. La fraternité scolastique ne tient pas seulement à la proximité des questionnements et à la communauté d'expérience, mais aussi au goût *des* scolastiques, qui se porte en particulier sur la génération oubliée des penseurs situés entre Thomas d'Aquin et Jean Duns Scot : Henri de Gand, Pierre de Jean Olivi, mais aussi Richard de Mediavilla, qui méritait en lui-même « de sortir [...] de sa situation de faire-valoir » et « de passer des notes de bas de page au corps du texte »[31]. Ce goût des scolastiques traduit fondamentalement le refus de la « fonctionnalisation » des auteurs, qu'on chargerait seulement de représenter une époque ou une tendance. L'enquête porte aussi sur les « aventures singulières » de « sujets individuellement investis de la passion du savoir »[32].

À la fin du livre sur Jean Peckham, la récapitulation des positions doctrinales singulières prend la forme d'une galerie de caractères : hardiesse solitaire d'Henri de Gand (qui n'est pas le couard opportuniste qu'on a dit) ; intrépidité de Gilles de Rome ; originalité de Pierre de Jean Olivi ; modération et fidélité de Roger Marston[33]... En contrepoint, Peckham ne fait pas grande figure. Mais le rapprochement s'opère sur un autre terrain, lorsqu'Alain Boureau dit le bonheur d'avoir écrit le livre alors qu'il consacrait beaucoup de son temps à l'administration du Centre de Recherches Historiques : il avait eu « quelque plaisir de compensation », dit-il, « à dresser le portrait de Peckham en universitaire que la gestion épiscopale éloignait de la recherche »[34]. Dans un autre registre, l'hypothèse du partage d'expérience suggère en Siger de Brabant un double possible[35]. Enfin, « l'affection admirative » qu'Alain Boureau

31. *Ibid.*, p. 165.
32. Boureau, *L'Empire du livre*, p. 299.
33. Boureau, *Théologie, science et censure,* p. 333.
34. *Ibid.*, p. 5.
35. Boureau, *En somme*, p. 17-19.

déclare nourrir pour Thomas d'Aquin[36] fait écho aux diverses mentions de ses « frères scolastiques »[37].

Mais Alain Boureau sait, et dit, qu'il faut renoncer aux illusions de la parenté, et il rappelle que « la scolastique offre un champ de pertinence, non d'identité »[38]. Il ajoute que ce champ est libre[39]. Le goût doit être partagé, et la confraternité scolastique élargie. Alain Boureau l'affirme à ses lecteurs : les questions qu'ils se posent, on en trouve l'équivalent il y a sept siècles. Les interrogations sans fin ni solution à propos du moi, du sujet, peuvent être débusquées dans ces textes anciens[40]. La fascination d'Alain Boureau pour la scolastique dit encore que la scolastique, *ça nous regarde*. L'incitation finale à faire des textes scolastiques une lecture de chevet[41], qui contredit les indications posologiques destinées à éviter l'accoutumance, est une incitation à l'ivresse autant qu'une invitation au voyage, là où « tout [...] parlerait à l'âme en secret sa douce langue natale »[42].

36. *Ibid.*, p. 7.
37. BOUREAU, *De vagues individus*, p. 16 ; *En somme*, p. 83.
38. BOUREAU, *En somme*, p. 83.
39. *Ibid.*
40. *Ibid.*
41. *Ibid.*, p. 85.
42. Charles BAUDELAIRE, *Les Fleurs du Mal*, « L'invitation au voyage ».

L'entonnoir et la passoire

Maaike van der Lugt

Quels sont les rapports entre deux ustensiles de cuisine et la scolastique ? Avant d'entrer dans la science culinaro-théologique, il me faut évoquer ma première rencontre avec Alain Boureau qui fut en même temps ma première rencontre avec la scolastique. C'était en 1992 ; je venais d'arriver à Paris pour faire un DEA et Alain avait commencé à orienter son séminaire sur les textes théologiques. Je parlais alors fort mal le français et je n'avais que des notions vagues et stéréotypées de la scolastique. Le rituel « tour de table » me paraissait bien intimidant, mais Alain m'accueillit avec bienveillance. D'autres que moi décrivent dans ce volume l'expérience du séminaire. Un séminaire pas tout à fait comme les autres. Je me contenterai de dire que j'étais d'abord moins fascinée par l'analyse fine et originale qu'Alain nous livrait de la question du somnambule et ses implications pour la conception scolastique de la personne humaine, que par la queue de cheval qu'Alain arborait alors, les chaussettes à fleurs et les vestes fantaisie. Une touche de couleur dans un monde de tweed. Rafraîchissant.

S'initier à la scolastique, c'est un peu comme apprendre une nouvelle langue ; une langue avec son vocabulaire, sa grammaire, sa structure, sa logique ; des règles générales qu'il faut maîtriser pour développer une sensibilité aux déplacements subtils mais lourds de sens ; une capacité à saisir les exceptions, les singularités, les individualités aussi de ces auteurs dont on ignore souvent jusqu'à leur nom et qui revendiquent peu leur originalité.

Dans son séminaire et dans ses livres, Alain Boureau nous brosse d'une main sûre les portraits de ces vagues individus : « la rigidité et l'amertume de Jean Peckham, des penseurs modestes et aimables comme Thomas de Sutton, intrépides comme Gilles de Rome, stoïques et originaux comme Pierre de Jean Olivi, malicieux comme Nicolas Trivet, fidèles et modérés comme Roger Marston ». Alain Boureau dialogue et converse avec les scolastiques comme avec des collègues plus ou moins appréciés. Mais il les lit, avant tout, en historien. L'une des grandes difficultés à laquelle se voit confronté l'historien de la pensée scolastique, c'est la question de l'autonomie de ces débats. Comment articuler la scolastique à d'autres savoirs, à d'autres discours et plus largement à la société médiévale ?

On le sait, le discours scolastique est surdéterminé par les autorités et par le poids des commentaires antérieurs. Chaque discipline et sous-discipline possède, de plus, ses propres textes de référence et ses propres traditions de commentaires. Dans cet empire des livres, l'expérience du monde tient a priori peu de place. La méthode scolastique valorise la généralité et l'abstraction. Elle contraint à utiliser les exemples avec parcimonie. Ce tropisme vers l'évolution hors sol et en vase clos, c'est ce qu'on pourrait appeler l'effet d'entonnoir de la scolastique. Contraint par l'entonnoir, l'historien ne peut analyser un texte scolastique que comme un maillon d'une chaîne, une mécanique des textes et des opinions. Cependant, comme le montre Alain Boureau, la scolastique ne répond pas uniquement à la logique implacable de l'entonnoir. Dans la mesure où les théologiens, les philosophes, les juristes et les médecins partagent la même méthode, ainsi qu'une culture de base en arts libéraux, la scolastique favorise les croisements entre différents champs du savoir. Et malgré le goût de l'abstraction des penseurs scolastiques, leurs débats ne naissent ni ne flottent dans le vide. Le réel y fait parfois irruption. La scolastique est parfois une passoire sociale.

Comment rendre compte de la logique interne de la scolastique, tout en restant sensible aux enjeux concrets, au contexte historique, micro-historique, parfois ? L'une des grandes forces d'Alain Boureau est sa capacité à manier alternativement la passoire et l'entonnoir. J'en citerai ici un seul exemple, parmi beaucoup d'autres, tiré de son livre sur Jean Peckham qu'il aurait aimé intituler *L'archevêque et les cadavres*. Alain Boureau s'y intéresse à une question quodlibétique débattue par le maître franciscain Roger Marston. Nous sommes à Oxford en 1283, pendant le Carême. Le débat porte sur un sujet en apparence aussi saugrenu qu'anecdotique. Lorsqu'un cadavre d'un homme assassiné saigne en présence de son assassin, quelle en est la cause ? La croyance à la « cruentation » est largement partagée dans la société médiévale. À la fin du XIIe siècle, elle avait déjà fait l'objet d'une tentative de rationalisation par la médecine salernitaine. Roger Marston mobilise certains éléments de cette explication et en ajoute d'autres. Cependant, comme le montre Alain Boureau, l'irruption de cette croyance incertaine dans la théologie, où elle ne semble guère avoir droit de cité, doit se replacer dans un contexte précis et concret : l'affaire Thomas de Cantiloupe. Après son excommunication par Jean Peckham, archevêque de Cantorbéry et l'ancien maître de Roger Marston, Thomas de Cantiloupe, évêque de Hereford, avait interjeté un appel auprès du pape, mais il mourut pendant son séjour à Rome, en août 1282. La réputation de sainteté de Thomas fut presque immédiate et sa mort était rapidement assimilée à un martyre. Rapatriés en Angleterre en décembre 1282, malgré l'opposition de Peckham, les ossements de l'évêque de Hereford se mirent à saigner en traversant le diocèse de Cantorbéry, comme pour accuser l'archevêque. Le texte de Roger Marston ne laisse guère transparaître ce contexte qu'Alain Boureau reconstitue brillamment en croisant le quodlibet avec d'autres sources – des chroniques, le registre de Jean Peckham, le procès de canonisation de Thomas de Cantiloupe. Mais à Oxford, au début de l'année 1283, ce contexte était évident au public qui assistait au quodlibet et la question posée au maître franciscain était un piège. En disciple fidèle de Jean Peckham, Roger Marston parvient à neutraliser les implications malveillantes. Il admet la réalité de la cruentation, mais suggère, en proposant une causalité naturelle, que le cas de Thomas de Cantiloupe n'est pas miraculeux. Par la suite, la question du cadavre qui saigne occupe une place modeste dans le répertoire quodlibétique. La cruentation se rattache à une série d'enjeux et d'interrogations anthropologiques qui préoccupent les théologiens de l'époque. La question n'a plus besoin de l'affaire Cantiloupe pour exister. Elle rentre dans l'entonnoir scolastique.

La relecture de l'*Archevêque et les cadavres* m'a rappelé une autre question quodlibétique relative à une croyance commune et à un miracle et qui suggère à l'historien d'utiliser sa passoire. Débattue vers 1300 à la faculté des arts de Paris, et conservée dans le manuscrit 16089 de la Bibliothèque nationale, il y est demandé si le roi de France peut guérir ceux qui sont atteints de « la maladie du roi », c'est-à-dire les écrouelles. Le quodlibet est attribué à un Henri de Bruxelles et à un Henri d'Allemagne, sans que l'on puisse établir le rôle exact de ces maîtres que l'on connaît par ailleurs comme auteurs de quelques commentaires aristotéliciens (sur l'*Organon* et la *Métaphysique* pour le premier, sur le *De iuventute et senectute* pour le second) et que l'on rencontre dans quelques chartes universitaires comme témoin et comme recteur. Sans exclure la possibilité d'une cause miraculeuse, les Henri proposent une explication purement naturelle du don thaumaturgique. Ils l'assimilent à une maladie héréditaire et donnent l'exemple de la lèpre. À l'objection que le premier roi de France avait également ce don, ils répondent qu'il avait pu le contracter à cause d'une constellation particulière à sa naissance, puis le transmettre à ses successeurs.

La question interpelle à plus d'un titre. Que vient-elle faire dans cette collection ? Qui l'a posée et pourquoi ? Comment interpréter la réponse ? Comme la question du cadavre qui saigne, le quodlibet des rois thaumaturges témoigne de la porosité du discours scolastique. La philosophie naturelle est certes plus réceptive que la théologie aux *mirabilia*, mais il n'en reste pas moins que les rois thaumaturges n'apparaissent ni dans les autorités philosophiques, ni dans l'œuvre d'un Albert le Grand, par ailleurs très présente dans la collection de quodlibets du manuscrit lat. 16089. On peut noter que les maîtres ès arts recourent à un concept médical (*secundum medicos*) et à une terminologie récente et technique (*morbus hereditarius*) pour expliquer la transmission du don thaumaturgique.

Cependant, cela n'explique pas encore pourquoi la question fut posée et pourquoi les deux Henri choisirent d'y répondre comme ils l'ont fait.

Dans le Paris de Philippe le Bel, il fallait sûrement de l'audace pour suggérer que le pouvoir thaumaturgique ne relève pas du sacre et pour l'assimiler, qui plus est, à une maladie aussi horrible que la lèpre ! Est-ce un hasard alors que le don thaumaturgique commençait, vers la même époque, à être utilisé par les polémistes royalistes, dans le conflit qui opposait Philippe le Bel à Boniface VIII ? La *Quaestio in utramque partem disputata* – qui a été datée vers 1302 – établit ainsi un parallèle explicite entre le droit de succession royale et la transmission héréditaire du don thaumaturge. Le quodlibet parisien semble faire écho à ces paroles, tout en les pervertissant. Et est-il anodin que les deux maîtres auxquels le quodlibet est attribué soient originaires de l'Empire ?

Il semble pour l'instant hardi d'aller plus loin. Les biographies des Henri sont bien maigres et la date du quodlibet est mal assurée. Ma petite tentative d'une analyse bouraldienne du quodlibet parisien bute sur les apories documentaires. Or, comme nous le rappelle Alain Boureau « l'historien a besoin de faits, de textes et de dates ». C'est là une leçon de méthode peu à la mode mais capitale. Alain a mis un terme au séminaire, mais j'espère qu'il acceptera ces quelques pages comme un signe de reconnaissance et comme une invitation amicale à continuer l'enquête.

Le dynamisme d'un triangle : la scolastique, le présent et la psychanalyse

Marion Lieutaud

Je ne me souviens plus très exactement quand ni comment j'ai rencontré Alain Boureau pour la première fois. Très vraisemblablement, ce fut au cours de l'une des annuelles « Journées *Incipit* » du Centre Pierre Abélard de la Sorbonne, consacrées – depuis la création du Centre en 2000 à l'initiative de Ruedi Imbach et de Cyrille Michon – à l'actualité de la recherche en philosophie médiévale. À l'échelle d'une vie, ou d'un parcours universitaire, c'est donc une rencontre relativement récente.

La rencontre déterminante est plus récente encore et bien plus anecdotique. Elle se passe dans la rue d'Hauteville, à la limite du IIe et du Xe arrondissement de Paris, alors que je marche en direction du métro. Alain marche sur le même trottoir, en sens inverse. Nous nous saluons et, la surprise amenant le questionnement, nous découvrons alors que nous habitons à quelques dizaines de mètres l'un de l'autre sans nous être jamais croisés. Condition certainement ni nécessaire ni suffisante, cette rencontre va, néanmoins, et très simplement, enclencher le processus des autres. Entre proches voisins, on peut facilement se rendre visite. Ce sera, par exemple, l'occasion d'un entretien pour la revue en ligne *Actu Philosophia*[1].

1. Entretien pour *Actu Philosophia* mis en ligne le 21/09/2011, http://www.actu-philosophia.com/spip.php?article322.

Depuis, nos discussions continuent, moins formelles, plus amicales, mais toujours nous revenons à un travail en cours. Nous échangeons nos enthousiasmes et nos agacements, très inégalement armés en expérience et en connaissances. Nous partageons nos interrogations respectives, en laissant parfois libre cours à l'esprit d'escalier ou bien, à l'inverse, en rapportant tout ce qui passe à portée de pensée à nos obsessions. Je lui parle de mon philosophe de prédilection, « ton hérétique » comme il s'amuse à nommer – à juste titre – Giordano Bruno, et il me parle de sa prochaine publication ou de sa dernière trouvaille dans un manuscrit. Nous accompagnons l'apéritif de petites tomates farcies à la *feta*. Nous fumons sans censeurs. Nous nous remercions beaucoup aussi. Il est bon de dire merci à ceux qui vous offrent leurs livres, leurs pensées, leur temps, leur attention et leur amitié. C'est pourquoi je tiens à dire merci à Alain pour tout ce qu'il m'a offert et continue à m'offrir.

Quatre livres d'Alain Boureau sont consacrés à la « raison scolastique », explicitement puisque il s'agit de leur sous-titre commun, selon quatre points de vue complémentaires : un point de vue plus spécifiquement théologico-politique avec *La Religion de l'État*[2], épistémo-institutionnel avec *L'Empire du livre*[3], anthropo-psychologique avec *De vagues individus*[4] et enfin éthico-juridique avec *L'errance des normes*[5]. À bien y regarder, le pivot autour duquel s'articule cette exploration et sa reconstruction historique est, plus encore que la raison, la thématique du sujet. « Encore le sujet et son émergence médiévale, dira-t-on ? Toujours l'individu ? Toujours la personne ? Très peu de temps après les riches études d'Alain de Libera, d'Olivier Boulnois et de son équipe, ou de

2. Alain Boureau, *La Religion de l'État. La construction de la République étatique dans le discours théologique de l'Occident médiéval (1250-1350). La raison scolastique I* (2006).

3. Alain Boureau, *L'Empire du livre. Pour une histoire du savoir scolastique. La raison scolastique II* (2007).

4. Alain Boureau, *De vagues individus. La condition humaine dans la pensée scolastique. La raison scolastique III* (2008).

5. Alain Boureau, *L'errance des normes. Éléments d'éthique scolastique. La raison scolastique IV* (2016).

Jean-Baptiste Brenet, comment espérer apporter du neuf dans l'histoire de la pensée médiévale du sujet ? » demande un critique fictif à l'entrée du troisième volume[6]. Alain Boureau répond alors : « On doit renverser la question : comment peut-on parler d'autre chose que de la condition de sujet ? »[7]. Et je citerai encore ceci : « Le sujet constitue, pour moi, l'horizon de la précarité existentielle, non une notion à définir et à expliquer »[8], car c'est ainsi qu'Alain Boureau affirme empiéter sur le territoire des historiens de la philosophie mais sans venir redoubler ni concurrencer leurs travaux, en historien « décrivant la saisie de l'expérience humaine à partir de problématiques réellement discutées et disputées dans la pensée scolastique »[9].

D'une certaine manière, c'est par cette mobilisation du « sujet », de « l'individu » et de la « personne » – trois concepts distincts mais qui dessinent la singularité de l'humain aussi bien qu'ils désignent l'humain au singulier – que nous revenons à la scolastique, et plus précisément à l'« anthropologie scolastique » selon le nom qu'Alain a donné à son champ d'étude inédit, en faisant au passage un clin d'œil, à la fois complice et critique, à son maître Jacques Le Goff. Cette dénomination dit quelque chose de précieux pour saisir les enjeux méthodologiques, conceptuels et proprement historiques qui guident le travail d'Alain Boureau. « Quand j'ai choisi ce nom, "anthropologie scolastique", pour moi les deux mots disaient la même chose, l'un disait l'autre », m'avait-il expliqué. Le discours de la scolastique médiévale, au moyen de ses questions les plus convenues comme les plus étonnantes, a construit patiemment, finalement et peut-être même avant tout, une grande anthropologie, la première anthropologie. Nous allons donc revenir à la scolastique par la voie de l'enquête principale qu'elle a menée à travers toutes les autres, à savoir celle de l'être humain comme sujet et ses multiples conditions – sujet de… et sujet à…, sujet connaissant, éprouvant et agissant, libre et

6. Boureau, *De vagues individus.*, p. 13.
7. *Ibid.*
8. *Ibid.*, p. 16.
9. *Ibid.*

assujetti, un et double sinon multiple. La question centrale, telle un point focal vers lequel on peut faire converger toutes les questions de cette anthropologie, n'est pas tant « qu'est-ce que l'homme ? » mais « qu'est-ce que l'âme ? » (*anima* et *animus*). Ni la médecine, ni la philosophie ni la théologie ne détiennent la réponse mais chaque discipline apporte les spécificités de sa part à la réponse. Or, selon Alain Boureau, « on saisit mal la portée de l'interrogation sur l'âme dans la pensée scolastique si on refuse d'en faire *aussi* (et non uniquement) une variante libre du moi, du surmoi, de la conscience, etc. »[10].

En 2011, dans *En somme* – un livre de 92 pages qui montre, tout compte fait ou « en somme », et bien que ce ne soit pas son propos, que l'on peut aussi travailler à partir des volumineuses sommes médiévales sans en faire une – Alain Boureau nous livrait ceci dès la première phrase : « Depuis vingt-cinq ans, je charge obstinément de scolastique tous les thèmes psychanalytiques possibles »[11]. En témoignent ses multiples contributions à la *Nouvelle revue de psychanalyse* puis à la revue *penser/rêver*. Étonnante formulation de cette phrase liminaire... D'abord, en raison de la force du terme « charger ». On charge un véhicule, une arme, le sens d'un énoncé. Ce faisant, on ajoute du plein et du poids à la barque, des munitions au revolver ou au canon, du sens au sens. Et ce faisant, la charge modifie ce qu'elle charge et ce que l'on peut en faire. Ce sont les thèmes psychanalytiques qui sont chargés de scolastique, ce qui laisse supposer une modification possible de ces thèmes *par* la scolastique. Mais l'inverse n'est-il pas aussi le cas ? Alain Boureau n'entend-il pas, obstinément, le discours scolastique avec une écoute psychanalytique ? Et cette obstination, puisqu'il la désigne lui-même ainsi – ajoutant à la persévérance la connotation d'un certain entêtement –, n'est-elle pas à l'image, comme en miroir, de l'obstination dont ont fait preuve, précisément, les auteurs de ces siècles, dans la façon de traiter les questions qu'ils posaient, parce qu'ils s'employaient à y répondre pour ainsi dire

10. Alain Boureau, *En somme. Pour un usage analytique de la scolastique médiévale* (2011), p. 14.
11. *Ibid.*, p. 7.

en épuisant le sujet – à tous les sens de l'expression – et en apportant des résolutions sans cesse reprises en variations et controverses, sans jamais en finir ?

Quels liens Alain Boureau tisse-t-il entre la psychanalyse et cette anthropologie qui s'est développée pendant la période (approximativement entre 1150 et 1350) qui lui tient à cœur parce qu'il s'agit d'un « commencement, mais un commencement qui dure »[12] ? Et quels liens tisse-t-il entre sa pratique d'historien sur ces deux siècles et la psychanalyse ? Comment conçoit-il ces liens ? Est-ce en termes de contenus ou plutôt en termes de formes, de théorie ou de pratique ? S'agit-il de liens objectifs, relatifs à la chose étudiée, ou subjectifs, relatifs à celui qui l'étudie ? Ces alternatives sont-elles exclusives ou plus complexes et inclusives ? Ce ne sont là que quelques-unes des interrogations, très générales, ouvertes par la première question. Il y en aurait bien d'autres. Peut-être parce que – je vais employer une notion qui, hélas, est devenue aujourd'hui agaçante à force d'être brandie à tort et surtout à travers – « l'interdisciplinarité » qui caractérise la pratique d'Alain Boureau ouvre des questionnements eux-mêmes divers. Cette pratique s'autorise des hypothèses et les teste, les confirme ou les infirme grâce, entre autres méthodes plus classiques, au petit pas de côté qui opère le déplacement d'une discipline sur l'autre, ou bien grâce au pas décidé qui conduit au centre des enchevêtrements factuels à l'œuvre dans le réel. Cette interdisciplinarité – et non la pluridisciplinarité à la mode – n'est, par ailleurs, que la façon moderne de nommer ce que les scolastiques pratiquaient en tentant de faire le tour le plus pertinent, et si possible exhaustif, d'une question. Des arguments métaphysiques, physiques, théologiques, éthiques, juridiques, psychologiques, sociologiques, philologiques, apportaient des éléments à la structure *sic et non* de leur discours, en se répondant les uns aux autres et en s'éclairant différemment les uns par les autres.

Le sous-titre de *En Somme* nous a indiqué la visée d'Alain Boureau : *Pour un usage analytique de la scolastique médiévale*. C'est à la fois une proposition, une intention et un engagement personnel mais

12. Entretien pour *Actu Philosophia*.

ouvert à la possibilité pour autrui de s'en saisir. Ce sous-titre indique une orientation et l'on sait que toute orientation se définit dans un rapport entre une objective structure de l'espace et la place d'un sujet. Il semble bien que ce soit notre connaissance et un certain rapport possible à la scolastique qui soit en jeu. Mais la psychanalyse n'aurait-elle pas quelque chose à y trouver en retour ?

La scolastique est tout à la fois une institution, un mode de pensée, un corpus et un genre de discours. Sous ce dernier aspect, elle est, selon Alain Boureau, le seul genre de discours, à l'instar de celui de l'analysant en cours d'analyse, dans lequel « les limites du discours articulent ce discours »[13]. Alain Boureau ne construit-il pas, dans l'articulation du présent, de l'anthropologie scolastique et de l'analyse, un nouveau genre de discours ?

13. Boureau, *En somme*, p. 10.

L'hérésie de l'historien : lignes de fuites du Moyen Âge

Blaise Dufal

Le Fait de l'analyse : l'aporie de l'historiographie

Il est très difficile, d'un point de vue épistémologique, de définir les modalités d'interactions entre la psychanalyse et l'histoire dans l'ensemble de la production historiographique française et dans l'œuvre d'Alain Boureau en particulier. Il semble très compliqué, voire vain et absurde, de théoriser après coup cette forme de pratique de la pensée et de l'écriture. Il est encore plus délicat de vouloir nommer ces relations, de tenter de les définir, de les circonscrire, et de les qualifier à l'intérieur des structures des sciences humaines et sociales, où le fait de l'analyse a du mal à prendre place, voire est exclu ou stigmatisé. Le rapport au fait de l'analyse révèle une aporie de l'historiographie française qui doit être considérée comme un symptôme de la constitution moderne des sciences, pleine d'ambiguïtés et de contradictions, que le rapport au fait de l'analyse révèle[1].

1. Cette expression renvoie au nom d'une revue, *Le Fait de l'analyse*, représentant une des tendances importantes de l'école freudienne française, dont l'éditorial du premier numéro se proposait de « ne pas quitter le "faire" de la cure et de la séance de psychanalyse ». Cette revue qui a fait suite à *La nouvelle revue de Psychanalyse*, a trouvé

J'ai, à plusieurs reprises au cours des dernières années, interrogé Alain Boureau sur sa conception des rapports entre pratique historienne et pratique analytique. Il m'a toujours répondu avec bienveillance, mais jamais comme je l'aurais voulu, me racontant des anecdotes, me contant des récits, évitant une théorisation, refusant l'affirmation d'une construction intellectuelle, pour mettre en avant des pratiques, des vécus, des rencontres. Ses réponses insatisfaisantes et déroutantes *a priori*, mais finalement éclairantes et signifiantes, se sont avérées bien plus ancrées dans le réel que mes questions, qui comme souvent dans le fait de l'analyse, étaient sans doute mal posées, et révélaient surtout mes propres incompréhensions, me renvoyant à cette aporie d'une historiographie dont j'étais l'héritier, une historiographie qui cherche à rendre raison d'une pratique – pratique qui justement veut échapper à l'arraisonnement de la petite raison.

Pour tenter de dépasser cette aporie et de décrire ce compagnonnage d'un historien avec le fait de l'analyse, il nous faut jouer avec les mots, comme nous invite à le faire son compagnon d'expérimentation Daniel Milo[2]. Jouons donc avec les mots de l'historien médiéviste, et à travers ses mots et leurs échos, voire leur absence d'écho, jouons avec les maux de la discipline historique. En utilisant la métaphore ecclésiale de l'hérésie et son appareil symbolique pour essayer de circonscrire certains traits d'une pratique intellectuelle mêlant histoire et psychanalyse, il s'agit de replacer l'œuvre d'Alain Boureau dans l'horizon d'un monde académique qui le regarde de travers et qu'il traverse de son regard.

ensuite son prolongement dans la revue *penser/rêver* s'ouvrant alors plus encore aux sciences humaines et sociales.

2. « Jouons donc, en espérant inventer », Daniel S. Milo, « Pour une histoire expérimentale ou la gaie histoire », dans Milo, Daniel S. et Boureau, Alain (dir.), *Alter-histoire. Essai d'histoire expérimentale*, 1991, Paris, Les Belles Lettres, p. 61. Alors qu'il est cité dans toutes les bibliographies d'historiographie et les travaux de synthèse sur les sciences sociales, cet ouvrage novateur et essentiel est devenu quasi fantomatique car il n'est plus réédité et trop peu réellement lu et analysé.

Une hérésie disciplinaire

Hérétique, voilà un mot qui fâche, un mot qui dit la fâcherie. Un mot qui stigmatise, qui dit le point de vue de l'institution, qui enferme et assigne celui qui a voulu faire autrement[3]. L'hérésie est conflit, séparation, elle révèle le mouvement, la lutte individuelle et/ou collective. La dissidence devient hérésie quand elle menace l'institution chargée de garantir la permanence du sens, parce qu'elle résiste aux modalités habituelles de l'évaluation, de la soumission. Depuis l'apôtre Paul, l'hérésie est la projection d'une hantise originelle, celle de la séparation des corps, de la perte de l'unité fantasmée. Lorsqu'à la fin du XIIe siècle, l'hérésie est classée comme crime de lèse-majesté selon le droit romain et alors que se met en place le processus de l'inquisition, l'hérésie devient autre chose qu'un problème religieux, elle devient partie prenante du discours politique, garantissant l'ordre des savoirs et la raison sociale. Trouble à l'ordre disciplinaire, voici le crime contre la majesté scientiste dont Alain Boureau pourrait être accusé.

Assumer le compagnonnage avec la psychanalyse, dans la structure moderne des sciences sociales, relève d'un crime envers la sacro-sainte raison, emblème du bon sens français dit cartésien. Cette pratique d'un historien apparaît comme une modalité de dissidence scientifique, qui devrait faire l'objet de procès en sorcellerie ou d'accusation pour divination occulte. Certains préfèrent même l'ignorer, plutôt que d'y plonger corps et âme, de peur d'y perdre leur latin. La psychanalyse renvoie en effet encore au début du XXIe siècle à une sorte de pratique magique et aux doutes sur l'efficacité de la parole, tout comme l'hérésie médiévale qui, jusqu'au XIVe siècle, réside dans l'esprit et la parole, non dans les actes. Une parole mêlée qui prend acte, telle est la pratique hérétique de l'historien en question.

3. Michel Gribinski a évoqué lors des journées de mai 2015 la formule RSI de Lacan qui peut s'entendre comme « hérésie ». Alain Boureau évoque parfois Lacan mais toujours avec une grande distance, bien plus comme objet d'étude que comme outil d'analyse. Alain BOUREAU, « Le désir en personne » (2007), p. 92.

En bon hérétique, Alain Boureau pose des questions cruciales à l'institution et à ses fondements. Quand Satan devint hérétique, il devint une figure sociale prompte à agir, à terrifier, à inquiéter, mais il devient aussi un objet à penser. Il devint un acteur de la société[4], un acteur honni, car ces tentations sont dangereuses pour l'équilibre établi, mais un acteur nécessaire tant l'expérience qu'il propose peut devenir la matrice de nouvelles conduites. L'obsession démoniaque médiévale est le moment paradoxal de reconnaissance du pouvoir immense du diable et du combat contre ses pulsions. Débonnaire et préoccupé, cet historien cumule de nombreux traits d'un hérétique médiéval, étranger aux conséquences extérieures de sa pratique hétérodoxe, tout en ayant pleinement conscience de sa non-conformité, vécue non comme une revendication mais comme la seule manière concevable et digne de pratiquer. Il fait ce qu'il ne peut que faire. Il écrit ce qui est vital d'écrire sans se préoccuper du jugement inquisitorial. Sa pratique est rétive à une théorisation, qui reviendrait à la dénaturer, à la dissoudre dans une institution enfermant la dissidence dans des enjeux théoriques et dogmatiques.

Alain Boureau pratique l'hérésie en solitaire mais aussi en compagnie des autres. Durant des années son séminaire fut le lieu d'une expérimentation collective de ses hypothèses, parfois hermétiques aux néophytes et non-initiés et désarçonnantes même pour les auditeurs chevronnés. La communauté des acolytes de l'hérétique peut se définir par le seuil de tolérance et d'adhésion de chacun(-e) envers ces tentatives d'interactions entre psychanalyse et histoire. Les différents cercles d'adeptes fidèles ou de curieux occasionnels dessinent une communauté textuelle constituée par ceux et celles qui d'*Alter Histoire* à *En Somme*, parlent, sous le manteau, sans prosélytisme, de ces propositions déroutantes. C'est la communauté de celles et ceux qui, attirés par l'aventure de l'inquiétante étrangeté de la scolastique, acceptent d'être momentanément un(-e) associé(-e) du diable – et ainsi de participer à un univers du risque, à un monde qui ne peut être celui de l'institution, et qui doit parfois se dissimuler pour s'épanouir.

4. Alain Boureau, *Satan hérétique. La naissance de la démonologie dans l'Europe médiévale (1260-1350) (2004)*.

Le temps présent des passions de l'âme

Alain Boureau ne fait pas de l'histoire psychanalytique ou de la psycho-histoire[5]. Il ne fait pas un usage fort du lexique psychanalytique[6], mais, au fil des études, il produit un travail sur les catégories analytiques (la colère, la vengeance, la culpabilité, le désir…). Il repère ce qui est « psy » dans l'histoire, ce qui veut rester caché, utilisant souvent cette catégorie assez vague pour éviter d'être contraint par les assignations académiques[7]. La relation de l'historien avec le fait de l'analyse est centrée sur les échos[8] entre la scolastique médiévale et le contemporain, mettant en avant l'importance des structures familiales, envisagées selon le modèle trinitaire, qui constitueraient le centre de l'anthropologie scolastique médiévale[9]. Il s'agit pour lui de comprendre que la vision

5. Dans un seul texte, Alain Boureau s'inscrit explicitement dans le cadre d'un des débats majeurs de la psychanalyse, débat directement lié aux enjeux politiques : il s'agit de la critique par Winnicott des théories de Keynes en évoquant les analyses du Freud sur les discours du président américain Wilson « Réparateur, en convertissant la destruction de la mort en compensations monétaires qui furent elles-mêmes mortelles. », Alain BOUREAU, « Huit siècles dans l'arbre de l'avidité » (2009).

6. Ainsi lorsqu'il emploie le terme de pulsion il précise « sans aucun référence freudienne » : Alain BOUREAU, « Vestiges des puissances absentes » (2009).

7. Exceptionnellement, il s'exprime sur ce qu'est le fait de l'analyse pour le définir hors du savoir, comme pour se mettre hors-jeu volontairement. « L'analyste ne développe pas un savoir ; il se construit comme tel en actes, avec une pratique du *contrôle*, non pas comme surveillance, mais comme mise en écoute, ligne parallèle aux segments épars de l'attention duelle. » Alain BOUREAU, « Un nom affirmatif. L'adaptation comme formation par la parole » (2008), p. 189.

8. « En compliquant la puissance mentale en relation mobile de production, de vestige et d'image, Thomas ouvrait la question sans fin de la puissance effective de la filiation, qui cessait d'être une simple transmission filiale de la puissance mentale. L'écho avec Freud retentit fort : la structure familiale constituait un écran inévitable entre la nature et le sujet, au fondement même de son activité. » Alain BOUREAU, « Vestiges des puissances absentes » (2009).

9. « Par scolastique, je désigne les archives anciennes (1150-1350) d'une activité commune et singulière d'explication du monde à partir des structures familiales. […] La nécessité de prendre en compte la structure familiale tient aux contraintes de la religion chrétienne (la Trinité, l'Incarnation, Marie) » Alain BOUREAU, *En somme. Pour un usage analytique de la scolastique médiévale* (2011), p. 10.

moderne de la psyché a une histoire médiévale, et que cette histoire vaut le coup d'être contée pour comprendre ce qui nous aliène[10].

Alain Boureau ne cherche pas des origines aux catégories psychanalytiques, il en fait une véritable généalogie, une entreprise de recherche des formes discursives constitutives, mais non réductrices, d'une discontinuité que les récits linéaires cherchent à masquer. Cette discontinuité s'avère menaçante pour une modernité qui croit toujours en sa cohérence, et qui condamne comme dément celui qui la dément. L'enquête menée sur les passions de l'âme dans la scolastique médiévale a dans sa ligne de mire la raison kantienne, qui devient même l'objet de multiples jeux de mots pour mieux signifier sa mise à distance préoccupante[11]. La scolastique médiévale permet de relativiser le paradigme kantien en l'historicisant, dans un geste éminemment foucaldien.

La scolastique, envisagée comme une science de l'homme, apparaît alors comme une interrogation systématique, collective et plurielle, sur le « mal de vivre et de savoir »[12]. La théologie chrétienne médiévale, sa Trinité, sa transsubstantiation, ses hiérarchies angéliques, deviennent les lieux d'une forme d'existentialisme. L'immense entreprise de saisie rationnelle déployée est vue comme une modalité d'arraisonnement des

10. « Œuvrer à l'histoire médiévale du sentiment de l'aliénation » Alain Boureau, *De vagues individus. La condition humaine dans la pensée scolastique* (2008), p. 14.

11. « La maîtrise du Kant-à-soi » ; « à bon Kant ». Boureau, « Vestiges des puissances absentes », p. 151-152.

12. « Ma question initiale reste sans réponse : dans la continuité dure du christianisme, la raison scolastique, qui m'est chère, constitue-t-elle un moment d'exception, une parenthèse, vite refoulée, ou bien une virtualité minoritaire mais cyclique ? Je serais tenté d'expliquer le moment scolastique par la situation d'incompatibilité que provoqua la confrontation active des questions antiques et des orientations chrétiennes, confrontation dont le glas fut proclamé par les grandes condamnations de 1277. On m'opposera la série longue de telles antagonismes de modèles, au moment de la Renaissance ou des Lumières ; j'y vois une différence : du monde d'Aristote et des penseurs grecs et arabes, la scolastique tirait non seulement une esthétique ou une éthique, mais une interrogation vive sur le mal de vivre et de savoir. Mais peut-être n'est-ce là qu'un double lien que je projette sur la scolastique et qui, entre mes amis chrétiens et mes amis analystes, m'empêche de choisir, au prix du malaise, persistant. » : Alain Boureau, « Élaguer et greffer. Un discours chrétien bien planté » (2007), p. 109.

passions humaines. Alain Boureau ne laïcise pas la théologie médiévale, il montre comment ce discours sur le divin est un discours sacré sur l'homme, une sacralisation des tourments de l'âme pécheresse. La scolastique est disputes, controverses, tensions, comme si ces mouvements intellectuels reflétaient les mouvements de l'âme, âme humaine si complexe que ces détours ne sont saisissables que par l'effort d'une multitude de producteurs de savoirs, envisagées comme un intellectuel collectif, selon la formule d'Averroès. La scolastique médiévale apparaît alors comme une parenthèse matricielle qui permet de prendre des raccourcis dans la longue durée[13].

L'histoire des passions de l'âme est une modalité d'affirmation scientifique et socio-politique d'un long Moyen Âge. Alain Boureau est d'abord et surtout un historien de la « continuité dure du christianisme », et c'est dans cette histoire au long cours des catégories anthropologiques du contemporain que prend sens la « raison scolastique ». Faire de l'archéologie de ces catégories « psy », c'est une manière de faire l'archéologie de notre présent, de faire de la scolastique médiévale un savoir utile pour notre époque, une connaissance nécessaire pour savoir d'où nous venons. Il faut rappeler sans cesse cet inconscient chrétien que la modernité s'acharne à vouloir gommer et reléguer dans les âges obscurs de notre petite enfance collective, non pour le glorifier, mais pour s'en libérer. Ce refoulé est symbolisé par les légendes noires, celle de la papesse Jeanne ou du droit de cuissage, ce Moyen Âge fantasmé sur lequel notre modernité s'est construite.

Fuir le Moyen Âge

Le Moyen Âge d'Alain Boureau est un Moyen Âge qui n'a pas de fin, qui n'en finit pas. C'est un Moyen Âge pour le présent : à la fois pour parler aux contemporains et créer un présent pour le Moyen Âge,

13. « Devant cette profusion, je prends donc un raccourci, c'est-à-dire un exemple du Moyen Âge central – le savoir scolastique est rapide et hardi » Boureau, « Le désir en personne » (2007).

un lieu où le passé devient vivant. Mais ce Moyen Âge n'est pas là pour expliquer ce qu'est notre monde, il est là pour mettre le monde mal à l'aise, pour souligner ses propres croyances idolâtres, l'inanité de la proclamation de sa modernité[14]. Ce Moyen Âge n'a pas besoin de nous, mais nous avons besoin de lui pour ne pas oublier ce que nous avons oublié, cette part de nous que notre vanité veut oblitérer. Le Moyen Âge d'Alain Boureau, c'est l'espace et le temps du retour du refoulé, qui malgré la volonté rationalisante s'impose comme nécessaire à notre compréhension de nous-mêmes. Le « vrai » Moyen Âge, insaisissable comme les nœuds originels névrotiques, devient un espace de jeu, un jeu savant et érudit entre tous.

Fuir le Moyen Âge, c'est fuir le Moyen Âge des médiévistes, le Moyen Âge qui ne donne rien à penser, qui se range sur une étagère. Fuir les médiévistes qui pensent que les cadavres ne parlent plus et que les fantômes n'existent pas, alors même que des évêques en sont convaincus[15]. Fuir le Moyen Âge de ceux qui n'acceptent pas de voir que, parfois, ils sont des somnambules, qui tentent de s'accrocher à leur accumulation dérisoire de faits incertains. Alors que les somnambules véritables en disent bien plus sur la vie que ceux qui, éveillés, croient en l'omniscience de la conscience[16]. Alain Boureau veut « secouer les lecteurs somnolents » des livres d'histoire où l'érudition, plus ou moins profonde, tient lieu de trame, il veut les réveiller. Cette fuite est un combat « pour un autre Moyen Âge » – un Moyen Âge tout autre que celui proposé par Jacques Le Goff.

Le dialogue avec la psychanalyse permet d'échapper à l'assignation du Moyen Âge à une inscription chronologique et à sa mise en boîte académique par les spécialistes du genre. C'est une ligne de fuite qui manifeste que le regard porté sur l'objet d'étude est ce qui seul peut lui

14. Alain BOUREAU, « Toujours, déjà, soudain là : l'État devant l'historien » (1987).

15. Alain BOUREAU, *Théologie, science et censure au XIIIe siècle. Le cas de Jean Peckham* (1999).

16. Alain BOUREAU, « Satan et le dormeur. Une construction médiévale de l'inconscient » (1991-1992) ; « Pierre de Jean Olivi et le semi-dormeur. Une élaboration médiévale de l'activité inconsciente » (1993).

donner sens. L'interaction avec l'analyse est une modalité de combat contre ces deux institutions que sont l'histoire et la médiévistique. Une fuite hors de l'inhumain de la science, un combat contre les processus qui déshumanisent, un combat pour les hérétiques qui résistent aux injonctions ministérielles, à ce totalitarisme qui produit du non-sens[17]. Alain Boureau a trahi le Moyen Âge pour lui redonner cette familiarité équivoque, cette troublante évocation qui le rendent si obsessionnel aux sociétés occidentales du début du XXIe siècle.

L'éternel retour du présent

Pour Alain Boureau, la recherche historique est une manière de « chercher du présent ailleurs », en faisant de la scolastique médiévale l'occasion de réfléchir sur les concepts modernes d'État et d'individu[18], d'en chercher les traces enfouies, pour révéler les fantômes médiévaux de la modernité, les rêves scolastiques du contemporain. Les propos de Richard Virenque, Jérôme Kerviel[19] et Georgina Dufoix[20] deviennent alors les pré-textes d'une enquête sur la responsabilité et l'imputabilité

17. « Un universitaire passe un temps considérable à remplir des dossiers d'évaluation pour lui-même, pour son groupe, pour des projets. Les enjeux importent (financement, création de postes). Les données à transmettre ne parviennent que par un code, qui, très souvent, ne fonctionne pas et nécessite une procédure pour le retrouver ou en produire un autre. La totalité indispensable se dérobe : la seule alternative suggérée consiste à entrer soi-même dans le Tout en devenant évaluateur, en espérant dominer les codifications. La totalité est auto-productrice : vous n'existez que si vous êtes partie du tout. Aucune tête n'est vraiment responsable : le prétendu impératif de sécurité fait que les gestionnaires de votre futur et éventuel dossier ne connaissent pas eux-mêmes la procédure. De récents déboires m'ont fait recevoir du CNRS, après des années de participation, et des heures d'acharnement procédural, le message suivant : « Vous n'êtes pas reconnu dans le système. » La recherche est fortement menacée de volatilisation. » : Alain BOUREAU, « Désarticulé » (2012).

18. Alain BOUREAU, *La religion de l'État. La construction de la République étatique dans le discours théologique de l'Occident médiéval 1250-1350* (2006).

19. BOUREAU, « Vestiges des puissances absentes ».

20. BOUREAU, « Élaguer et greffer. Un discours chrétien bien planté ».

dans la société médiévale. Le compagnonnage avec le fait de l'analyse manifeste un historien concerné par les enjeux de la mondialisation, du libéralisme, réfléchissant à la notion de croissance économique[21], au moralisme écologique[22], ou aux débats sociétaux sur la famille et la sexualité[23]. Alain Boureau cherche des « occurrences » du présent dans le passé et du passé dans le présent, mettant en avant un « étonnant parallèle des fantasmes »[24]. De ces parallèles improbables qui se rejoignent jaillissent des potentiels, des rêves, parfois irréalisables et néanmoins bien réels, qui révèlent des représentations anthropologiques, avec leurs propres langages. Les éternels retours du présent façonnent un passé en train de se constituer sous le regard de l'historien.

Le fait de l'analyse est l'occasion pour Alain Boureau d'évoquer plus amplement le contemporain[25], notamment à travers une intense et régulière utilisation du cinéma[26]. L'évocation d'un film est une amorce habituelle de son séminaire, glissant, au fil du récit vers le développement d'une problématique anthropologique aboutissant à une lecture de textes scolastiques[27]. Le septième art, lieu par excellence des mythologies du

21. « En termes scolastiques, la croissance est un accident sans substance, comme l'eucharistie chrétienne, où les apparences du pain et du vin deviennent les éléments du corps christique sans avoir à dépendre de la substance du pain ou du vin. » BOUREAU, « Huit siècles dans l'arbre de l'avidité ».

22. « La question est actuelle et me permet de m'en prendre au moralisme qui imprègne l'écologisme ». « Le monde va mal et c'est par votre faute. Repentez-vous et vous aurez peut-être le salut, à moins qu'il soit déjà trop tard (version apocalyptique). Je m'insurge contre cette exhortation vaine, non pas par indifférence aux massifs dérèglements climatiques, mais par irritation contre la peur du chaos et du tragique, réfugiée dans le moralisme. Double infraction : j'utilise l'histoire sournoisement : mes motivations disparaîtront dans l'article et deviendront pour moi, après coup, un argument historique possible : déjà au XIIIe siècle … » Alain BOUREAU, « Le flou du portrait » (2012).

23. Alain BOUREAU, « NAUSS. Une défense du corps naturel » (2013) ; Alain BOUREAU, « Pollen. Acné » (2013).

24. BOUREAU, « Huit siècles dans l'arbre de l'avidité ».

25. Alain BOUREAU, « Communautés mortes. Les racines historiques du fanatisme » (2005).

26. Alain BOUREAU, « Terminator ou le désir d'achever » (1995).

27. Alain Boureau consacra ainsi un long moment d'un séminaire au film *Un Nouveau Russe* (2002) alors qu'il traitait de l'amitié comme fondement de la communauté médiévale.

XXe siècle, est très présent dans les textes d'Alain Boureau, avec une prédilection pour les films des frères Coen, « ces grands anthropologues de la vie américaine »[28]. Le recours aux productions cinématographiques[29] doit être envisagé comme une modalité de renouveler les formes de narration historique où E.T. rejoint l'angélologie[30]. Le récit cinématographique fait pleinement partie de l'analyse, ce n'est pas une simple coquetterie d'intellectuel. Le cinéma devient alors l'équivalent de l'hagiographie, et la production hollywoodienne acquiert pour le contemporain le rôle du best-seller de Jacques de Voragine pour l'époque médiévale. Les archétypes mis en scène se trouvent mis à distance et inscrits dans une nouvelle trame, celle d'un dispositif de signifiants de l'anthropologie chrétienne.

Cet usage du cinéma est du même ordre que la manière dont Alain Boureau se plaît à raconter les récits bibliques : la parole magistrale disparaît derrière celle du conteur qui narre des histoires pour mieux nous perdre et nous amener là où on ne pensait même pas aller. Jouant le jeu d'une certaine trivialité, tel Coluche racontant l'histoire d'un mec, il raconte avec ses propres mots les histoires de gars qui ont « perdu l'esprit ». Le décalage des registres d'énonciation lui permet alors de faire apparaître des questionnements anthropologiques renouvelés. Cette pratique anachronique assumée, basée sur un comparatisme qui accepte les associations libres d'idées, donne à voir ce qui a priori n'a aucun rapport en déplaçant la familiarité des évocations bibliques. Ce comparatisme sauvage tient au seul fil de sa subjectivité qui tisse les liens au milieu d'un vaste champs d'érudition exégétique. Cette histoire

28. À propos notamment du film *No country for old men* (2007) : Alain BOUREAU, « Glossaire. Embarqués... » (2012). En séminaire, un moment est accordé au film *A serious Man* (2009) alors qu'Alain Boureau commençait son travail de longue haleine sur les commentaires scolastiques sur Job.

29. Dans ces articles pour *penser/rêve*r Alain Boureau évoque de nombreux films comme *Usual Suspect* ou les films de Woody Allen, et le western *Fourty Guns* : BOUREAU, « Un nom affirmatif » (2008) et BOUREAU, « Vestiges des puissances absentes » (2009).

30. La description du film de Wolf RILLA, *le Village des damnés* (1960), pour évoquer la condition humaine par rapport à la condition extraterrestre, tient une place primordiale dans le troisième tome de la *Raison scolastique* : Alain BOUREAU, *De vagues individus. La condition humaine dans la pensée scolastique (2008).*

est alors une pratique du court-circuitage[31], de la mise en lien de choses qui à première vue n'en ont pas.

Refusant d'être esclave des contextes présupposés, qui sont autant d'interprétations tacites et de causalités imposées[32], Alain Boureau produit une histoire qui lutte contre d'innombrables « automatismes d'historien », trames préexistantes comme celle de l'histoire des idées[33]. Il refuse le caractère mécanique du contexte historique qui enjoint l'historien à prouver des liens préétablis. C'est la question qui doit définir le contexte : si la question est ardue, le contexte n'en sera que plus difficile à définir. Pour Alain Boureau, faire de l'histoire, c'est lutter contre le temps, déjouer la linéarité destructrice qu'il impose : le passé n'est pas l'antériorité des choses et l'histoire ce n'est pas ce qui meurt. L'historien doit refuser la postérité qui est une autre forme de mort[34]. L'historien hérétique se refuse à être le fossoyeur d'autrui, pour ne pas être le croque-mort de lui-même.

Alain Boureau trahit l'histoire[35]. Il fait de l'anachronisme une vertu de l'historien, retournant le stigmate, avec la pleine conscience de ce « délit » et la volonté d'en faire une méthode[36]. Il travaille certains possibles de l'anachronisme[37] pour redonner à l'histoire cette fonction

31. « Je court-circuite donc près de six siècles d'histoire : difficile à soutenir. La prudence corporative fera passer Lyell au plus dans une note finale. Mais je peux faire l'historien, car je tiens désormais un dossier, et non plus seulement un thème. » Boureau, « Le flou du portrait » (2012).

32. « On ne peut poser un phénomène humain sur des causalités hétérogènes à son objet. Sinon, on confond le phénomène avec le cadre où il se trouve exister. » Boureau, « Huit siècles dans l'arbre de l'avidité » (2009).

33. Boureau, « Vestiges des puissances absentes ».

34. « Le temps produit constamment de l'antérieur à dépasser à jouer et déjouer. » : Alain Boureau, « Entropie et misanthropie » (2011).

35. Daniel S. Milo, *Trahir le temps (histoire)*, Paris, Belles Lettres, 1991.

36. « Et puis je m'adonne à l'anachronisme, l'un des vices principaux dénoncés constamment par la charte implicite de l'office historien. Je le pratique méthodiquement en effaçant ensuite, autant que je peux, les traces du délit. » Boureau, « Le flou du portrait », p. 122.

37. « Il y a deux façons de vivre l'anachronisme : comme le mal historien par excellence, contre lequel il faut sans cesse batailler ; comme un procédé précieux qu'il faut

d'exploration émancipatrice des possibles du temps[38]. L'histoire selon Alain Boureau, « c'est ce qui est toujours là, ce qui résiste ». La mission de l'historien, c'est de s'opposer au sens commun qui dit qu'il n'y a rien de nouveau sous le soleil[39], qui dit que tout s'est déjà passé avant. Alain Boureau est obsédé par l'idée de trouver des ruptures, pour montrer qu'il y a du temps dans l'histoire. Reprochant aux historiens de vouloir nier l'étonnement, il veut redonner au présent son étrangeté par le recours au passé[40], et ainsi donner une autre forme de légitimité au discours historique.

Compagnons des mauvais jours ?

Le compagnonnage avec le fait de l'analyse se manifeste notamment dans la relation très étroite, fusionnelle et obsessive, qu'Alain Boureau entretient avec certains de ces objets d'étude, ces penseurs scolastiques, ces intellectuels médiévaux, devenus au fil du temps, sujets avec qui penser, individus miroirs avec qui se raconter. Ce sont ses « amis » « plus lointains »[41], ses compagnons d'expérimentation. Les multiples enquêtes

exercer radicalement et gaiement. [...] Aux gais historiens on dira : « Foncez ! », tout en admettant que les modèles nous font cruellement défaut. » Daniel S. MILO, « Pour une histoire expérimentale ou le gai savoir », *Alter Histoire, op. cit.*, p. 39.

38. « Il appartient aussi à l'historien de tracer le processus de réécriture des possibles en des termes déterministes. La tentation est difficile à combattre : *le possible aspire au nécessaire pour échapper à l'aléatoire.* » Daniel S. MILO, « Pour une histoire expérimentale ou le gai savoir », *Alter Histoire*, *op. cit.*, p. 33.

39. « J'en suis sûr et je le décide : cette question a une histoire. Cette décision se heurte à une tendance majoritaire et nocive dans l'histoire culturelle, et en particulier dans l'histoire de l'exégèse, ce que j'appelle l'école NNSS (*nichil novi sub sole* : rien de neuf sous le soleil) ; tout phénomène renvoie à un précédent. Les historiens peuvent corporativement s'opposer à l'histoire. » BOUREAU, « Le flou du portrait » (2012).

40. « L'historien, souvent ennemi de l'étonnement, peut réduire cette étrangeté. » Alain BOUREAU, « Avoir du chien. Thomas d'Aquin et la passion impossible de la vengeance » (2008), p. 99.

41. « Or, au-delà des sympathies singulières, j'ai rencontré dans la scolastique chrétienne une belle et ardente raison humaine, analytique et réflexive, totalement tendue vers

approfondies menées dans l'océan de la scolastique médiévale peuvent se comprendre comme une recherche, dans le temps perdu, d'individus, même vagues, avec qui dialoguer, d'amis avec qui s'entretenir. Cette quête amicale met en avant la richesse du monde de la scolastique médiévale, sa diversité irréductible. L'historien fouille dans les placards abandonnés et ressort, de derrière les fagots, s'imprégnant de cette odeur subversive, des trouvailles auxquelles ils redonnent vie, qui avec lui retrouvent de la chair. Il y a plein de cadavres dans les placards de la médiévistique et ouvrir la porte de ces placards est un acte de déraison, de trahison, mais c'est un acte humain, trop humain, qui ramène nos savoirs à leurs réalités, instables, précaires, et d'autant plus précieux.

L'empathie dont fait preuve Alain Boureau est une modalité de pousser le processus d'identification souvent à l'œuvre entre l'historien et son sujet, jusqu'au bout, jusqu'à la limite et au-delà. Se mettre dans la peau de celui qu'on analyse, laisser celui qu'on étudie rentrer dans son corps, selon les cas : faire échos, corps à corps. Alain Boureau ne joue pas vraiment à psychanalyser les scolastiques[42], car on ne peut pas efficacement analyser ses amis, et que le processus de l'empathie, s'il est intentionnel, n'est pas pleinement conscient. Il pratique l'empathie jusqu'à la limite, notamment dans le cas de Richard de Mediavilla, jusqu'à des lieux rarement assumés par un historien. Le jeu de l'analyse avec les compagnons de la scolastique est un jeu éminemment sérieux et la fréquentation quotidienne d'une pensée, d'un individu intense, comporte de graves risques. Mais de cette identification, il revient, comme on revient d'une expérience limite, changé, mais pas forcément dupe pour autant. En expérimentant à l'extrême une modalité inhérente à la pratique scientifique, l'historien hérétique met en crise les faux semblants de la science historique en tant que porte-parole des morts.

l'expression des misères de l'existence humaine sur un mode qui n'est pas celui de la plainte, de l'accusation ou de la récrimination. » Boureau, « Élaguer et greffer », p. 95.

42. À l'exception peut-être de l'analyse des rapports entre Thomas d'Aquin et sa mère : Alain Boureau, « Formes démonstratives et inconscient. Sur Thomas d'Aquin », *En Somme*, p. 42-54.

L'empathie est surtout une manière de faire récit, de dépasser le face-à-face positiviste entre l'historien et ses sources, par une pratique centrée sur le processus de relation d'où naît le sens[43]. C'est une modalité de contourner les apories de l'histoire des mentalités, même restreinte. La pensée par cas est prise au pied de la lettre : chaque texte scolastique devient un cas d'analyse qui nécessite une prise en charge particulière et un dispositif d'énonciation adéquat. Le cas médiéval est forcément limite par rapport à la norme présupposée ; il est limité par rapport à ce que l'on peut en dire, à ce qu'il peut dire. Au cas par cas, dans ce désordre des familles, la scolastique émerge en tant que système de représentation d'un inconscient d'autant plus collectif qu'il s'incarne individuellement. L'analyse devient l'occasion de faire une hagiographie de l'anecdote scolastique, conçue comme archéologie de la pensée par cas des sciences sociales. Les penseurs scolastiques, qui ont érigé le cas en structure de pensée, deviennent à leur tour des cas pour penser, des cas à penser. Face au « lecteur sceptique »[44], l'historien continue obstinément d'écouter ceux qu'il lit, qui sont une part de l'*imago mundi*.

L'art expérimental de l'interprétation

Au fil des années, le compagnonnage avec le fait de l'analyse a structuré, de plus en plus, la pratique historienne d'Alain Boureau en tant que pratique scientifique expérimentale. Le fait de l'analyse déployé sur le champ de la scolastique médiévale est une mise en acte intensive d'une conception radicale de la pratique de l'histoire revendiquant le recours à l'imaginaire[45]. Sans expérimentation, l'histoire se meurt, et il faut donc

43. « L'histoire permet de relier des entreprises solitaires mais continues ». BOUREAU, « Entropie et misanthropie » (2011).

44. Alain BOUREAU, *L'inconnu dans la maison. Richard de Mediavilla, les Franciscains et la Vierge Marie à la fin du XIIIe siècle* (2010), p. 157.

45. « Depuis quelques années, un petit agrégat d'historiens s'est formé, irrégulier dans ses réunions, inconstant dans ses fidélités, changeants dans ses projets, mu cependant par une obsession : exalter l'imagination libre de l'historien, admirer la force du

accepter les extrémités où l'expérimentation nous mène, les impasses où elle conduit. L'histoire expérimentale crée les conditions de l'échec, de sa recevabilité. Il s'agit d'assumer ses propres intuitions, les pousser à bout, puis les abandonner, sans jamais renier l'intérêt des multiples fausses pistes. Cette dimension expérimentale révèle un savoir historique qui ne serait que proto-scientifique. Pour Alain Boureau, l'histoire doit être vécue comme une invitation à « se dérégler soi-même », une « incitation éperdue à chercher partout », sans traquer avec angoisse la cohérence, qui réduit le sens et enferme la signification. La pratique hérétique de l'histoire est une ouverture à la polysémie que nos existences peuvent donner à nos passés, l'acceptation de la contradiction potentielle inhérente à l'expérimentation[46].

Cette pratique hérétique relève de ce qu'Alain Boureau décrit lui-même comme sa « paranoïa interprétative », qui est à la fois une tendance personnelle et une errance méthodologique : l'interprétation n'a pas de limite, elle ne suit que son propre mouvement subjectif. L'interprétation paranoïaque produit des hypothèses qui ont un intérêt en tant que « provisoire efficace », définition lucide de la science moderne. Alain Boureau « déforme » les propos des scolastiques ou les analyses d'autres scientifiques : il transfère une forme en un autre contexte. Cette déformation des uns et des autres fait écho à sa propre « déformation » liée à son choc traumatique et à ses conséquences psychiques[47]. La recherche historique est

possible, intervenir en vue d'accroître le désordre, faire jouer le passé dans le présent. Cette obsession libertaire entraînait des attitudes polémiques : refus de la reconstitution historique et de l'aliénation culturaliste du passé, rejet de l'autorité des spécialistes et des techniciens […] » : Alain Boureau, « Avant-manifeste », dans Milo, Daniel S. et Boureau, Alain (dir.), *Alter Histoire, Essais d'histoire expérimentale* (1991), p. 7.

46. « L'état d'esprit expérimental – l'« expérimentalisme » – constitue un mélange contradictoire de *jusqu'au-boutisme* et de *relativisme* (de *possibilisme*) ; […] On explore à fond une hypothèse, un modèle, un genre littéraire, afin de connaître, pour les exploiter, leurs limites. » Daniel S. Milo, « Pour une histoire expérimentale ou le gai savoir », *op. cit.*, p. 29.

47. « Depuis près de trois ans, je vis un choc traumatique qui m'a complètement désadapté, dans un sens fonctionnel, en déformation permanente. » Boureau, « Un nom affirmatif. L'adaptation comme formation par la parole » (2008).

dès lors qualifiée d'« urgence historique », la psychopathologie devenant le guide de la recherche[48]. Voilà le crime majeur de l'hérétique : assumer ce que la plupart des scientifiques cachent, leur propre subjectivité, leur propre maladie, cette angoisse existentielle qui anime leur pratique.

L'interprétation, c'est le moment où la raison déraille et ne tient plus les rênes, c'est l'action intellectuelle de l'association d'idées, la libre navigation dans le flot des chaines exégétiques, des horizons signifiants[49], qui est au cœur de la production scientifique, sans souvent oser dire son nom. Pour Alain Boureau, c'est le défaut qui fait l'interprétation[50]. L'historien doit être à l'écoute de ce qui déstabilise et « malmène ». L'interprétation introduit un biais dans le monde, un regard, qui prend le temps à défaut, qui comble un manque qu'aucun positivisme ne pourra remplir. Le compagnonnage avec le fait de l'analyse est une modalité d'échapper à l'institution académique du sens, non par tentation nihiliste, mais par nécessité scientifique et par impératif existentiel : il faut oser l'expérience. Ce qui fait l'historien, c'est de dépasser l'office qui lui est assigné, d'aller au-delà de ce que lui enjoint l'institution[51]. L'historien

48. « Ici, j'entends manifester la recherche historique comme passion assumée, comme urgence solitaire. Cela ne va sans risque : on peut percevoir un triomphalisme niais ; ou bien on peut voir dans cette évocation l'exaltation d'un « individualisme méthodologique » lourdement lesté (Schumpeter, Mises, Hayek, Popper). Je ne veux présenter qu'une façon d'agir, qui évoquerait plutôt le Raymond Roussel *Comment j'ai écrit certains de mes livres ?* ou la Lisbeth du roman et du film *Millenium*, belle image de la psychopathologie comme guide de la recherche. » Boureau, « Le flou du portrait » (2012).

49. « Il existe pourtant une troisième forme qui est *a priori* indifférente à l'existence de quelconques rapports réels entre les phénomènes comparés ; l'objectif de ce comparatisme est de mieux comprendre A en l'observant à côté de B, et *vice versa* – et si on découvre, après coup, un rapport « réel » entre A et B, tant mieux (Le Bras) » Daniel S. Milo, « Pour une histoire expérimentale ou le gai savoir », *op. cit.*, p. 23

50. « C'est le défaut même qui fonde l'art. » Boureau, « Le flou du portrait », p. 189.

51. Alain Boureau envisage la fonction de l'historien à partir des analyses de Giorgio Agamben sur la notion d'office (*Opus Dei. Archéologie de l'office*, Paris, Seuil, 2012) : « L'ordinaire de l'historien (et peut-être celui du psychanalyste) n'est pas ce qui se distingue en lui de sa fonction, c'est ce qui la malmène et la déplace pour permettre au chercheur d'œuvrer lui-même, sans attendre une effectuation venue du ciel, de l'institution ou de la langue. Mais peut-être dans le flou. » Boureau, « Le flou du portrait » (2012).

se doit d'échapper à la discipline, après l'avoir maîtrisée, car c'est à cette seule condition qu'il peut découvrir, inventer.

La pratique emblématique de l'historien hérétique est alors celle du dérapage contrôlé[52]. L'interprétation de l'historien est comparée à l'improvisation du musicien de jazz, qui n'a rien d'une facilité, qui est au contraire la manière la plus exigeante de jouer avec les contraintes du réel[53]. La pratique systémique de l'apposition, tant dans l'écriture que dans le processus de recherche, renvoie justement à la volonté de jouer entre les textes et les contextes, de faire du paradoxe un outil interprétatif. L'histoire ainsi pratiquée est un art du détournement incessant, un art pour lequel Alain Boureau choisit comme figure tutélaire un clochard céleste. Thelonius Monk, qui faisait des percussions avec son piano, devient ainsi la figure centrale d'un autoportrait kaléidoscopique d'un historien conçu comme un artiste qui doit rechercher le « flou » des certitudes.

Trahir l'histoire

Les textes écrits dans le compagnonnage avec le fait de l'analyse constituent pour Alain Boureau une modalité diffuse et discrète d'exprimer une parole sur soi qui constitue une modalité impressionniste esquissant le portrait de cet individu historien. Le « je » d'un historien, qui « peut » et qui « doit », est très présent, mettant en scène le parcours intellectuel et réflexif propre à chaque texte, et le dialogue interne face à la problématique proposée par la revue *penser/rêver*. Il s'agit alors de se saisir soi-même en acte[54], à travers une mise en scène égotique de la fabrique

52. « En de plus humbles domaines, je veux dire que l'action opératoire authentique (et je ne parle pas de qualité, d'excellence) est celle qui déraille. Je me sens chercheur productif, historien pour de bon (ce qui ne veut pas dire bon historien) quand je m'obsède de détails supplémentaires, de plis mal tombants, quand je sors des rails, dans la pratique du dérapage contrôlé. » BOUREAU, « Le flou du portrait », p. 189 et suivantes.

53. « L'art l'emporte sur l'instrument, l'individu sur l'office. Tous deux se jouent et jouissent des contraintes de l'instrument » BOUREAU, « Le flou du portrait », p. 189.

54. « Or l'historien (ou le psychanalyste) moyen donne une simple variation de l'homme moyen, ou du Français moyen, avec quelques facteurs particuliers aisément

de l'histoire[55]. Ce portrait démultiplié devient le miroir qui lui permet de se ressaisir et offre aux hypothétiques lecteurs de mieux comprendre les enjeux personnels et sociétaux de son œuvre. Alain Boureau se fait alors plus explicite quant à sa propre réflexivité d'historien : il décrit ce qu'il fait, évoque ce qu'il aurait pu faire, il « avoue » ses pratiques[56], devenant inquisiteur de sa propre hérésie. Il revient parfois sur ses écrits antérieurs, pour les contredire, les infléchir, témoignant d'une œuvre qui n'est jamais close, toujours en mouvement, à l'image de son séminaire[57]. Il y a là les traces d'une auto-analyse de l'historien, assumant le jeu du je, où le moi s'échappe à lui-même en se laissant traverser par les mots[58].

Ces mots, auxquels il tient obstinément, et qui se doivent d'être ciselés[59], l'obnubilent comme autant de témoins de ce qui le constitue. C'est dans cette tension entre une exigence extrême portée aux échos des mots et le caractère nomade d'une pensée déroutante, que se déroule l'enquête d'Alain Boureau, toujours un peu plus loin qu'elle-même. Attentif aux mots, sensible aux plaisirs des formules et aux lieux où elles l'emmènent, cet historien assume pleinement sa préoccupation d'écrivain. Les titres

repérables (longueur de formation, niveau de revenus, durée de vie, contacts internationaux, etc.) Mais ces informations ne disent que des évidences. On pourrait encore aligner l'*ordinaire* sur une norme professionnelle, sur une déontologie. Là encore, on tombe sur des platitudes et sur une aporie : un consensus normatif ne s'obtient qu'à condition de vider les normes de tout contenu précis. Et la multiplication des exceptions rend le portrait encore plus flou. » Boureau, « Le flou du portrait », p. 189.

55. « Je ne peux dissimuler l'aspect tortueux de ma démarche, mais je ne me réfugie pas derrière la hauteur spéculative de la scolastique. » Boureau, « Élaguer et greffer » (2007).

56. Boureau, « Le flou du portrait ».

57. « Cet enseignement, c'est de la parole qui peut se reprendre, se continuer, se corriger, qui fait une histoire subjective. C'est du définitif provisoire. » Boureau, « Un nom affirmatif. », p. 196.

58. « La question rebiffe immédiatement : les autres sont ordinaires, moi non (*moi* désignant tout historien à qui on poserait la question). Il n'est pas besoin de supposer un narcissisme particulier à cet individu ou à cette corporation : les autres historiens, comme population, relèvent d'une démographie et d'une sociologie qui décrivent l'historien moyen. Le portrait qui en est issu ne peut être un *instantané* et devient un *cliché*. Le *je*, en revanche a une histoire singulière. » Boureau, « Le flou du portrait », p. 189.

59. « Le texte sera laqué » Boureau, « Le flou du portrait » (2012).

d'Alain Boureau sont autant d'oxymores confrontant des sens paradoxaux pour ouvrir à de nouveaux possibles interprétatifs. Finalement si l'histoire, ce n'est que des mots, les mots sont trop importants pour les laisser aux historiens qui ne croient pas en leur pouvoir magique.

La pratique dissidente constitue la mission du chercheur selon Alain Boureau. En cela, comme un hérétique médiéval chrétien, il fonde son identité sur un retour aux pratiques originelles : dans le monde universitaire anglais, dominé par la théologie, les historiens étaient encore des hérétiques au milieu du XIXe siècle[60]. En s'institutionnalisant, l'histoire est devenue à son tour une orthodoxie, qui a bien besoin de ses hérétiques pour rester un savoir vivifiant, vivant. Au lieu, comme d'autres, de profiter des bénéfices de sa cure, Alain Boureau a revendiqué haut et fort sa liaison avec le fait de l'analyse, rompant avec l'*habitus* de l'historien, et a assumé « une érudition itinérante sur brûlis », brulant ainsi les reliques identitaires de la discipline. Le dissident est alors devenu un hérétique.

On a discuté et on discutera encore des détails où bien sûr se cache le diable, et des ensembles intégrants où se nichent les anges. Mais dans ce paysage scientifique qui se rêve en tableau harmonieux et géométrique digne d'une Renaissance italienne fantasmée, et qui se révèle plus proche d'un tableau de Bruegel fait de juxtapositions de proverbes insensés, accumulés comme autant d'injonctions contradictoires, la démarche d'Alain Boureau fait tache : tache d'impureté mêlant le savoir objectif à la réalité subjective de sa production ; tache d'huile permettant de révéler les pigments et les trames et qui se répand sans contrôle ; tache indélébile qui marque profondément celles et ceux qui en ont fait l'expérience.

60. Richard W. SOUTHERN, « The Shape and the Substance of Academic History », dans Bartlett, R. J. (dir.), *History and Historians. Selected Papers of R. W. Southern*, Oxford, Blackwell, 2004, p. 88-103. Je remercie vivement Alexander Murray d'avoir attiré mon attention sur cet enjeu.

PROJETS ET OBJETS

L'invention de l'anthropologie scolastique

Piroska NAGY

Alain Boureau, quand je l'ai rencontré, en 1990, n'était pas encore féru de scolastique. Son enseignement, qui en a d'ailleurs toujours gardé l'intitulé, portait sur l'histoire des systèmes de croyance au Moyen Âge et à la Renaissance, et réfléchissait sur les problèmes de la croyance « au confluent de l'histoire, de l'anthropologie et de la psychologie »[1]. Quelques années après la *Légende dorée* (1984), laquelle semble l'avoir quelque peu déçu, tant du point de vue littéraire qu'intellectuel – « Rien n'y subsiste des diversités du christianisme des premiers temps… La merveille… n'y brille guère que résiduellement, mince filon pris entre les couches épaisses de la doctrine… La *Légende dorée* offre l'image pauvre d'un catholicisme doctrinal, peu ouvert à la nouveauté théologique »[2] – Alain Boureau est passé aux légendes bien plus extravagantes et juteuses, qui allaient le retenir plusieurs années : celle de la papesse Jeanne (1988), puis du droit de cuissage (1995)[3]. Au séminaire qui avait pour but d'explorer les modalités de la contribution des croyances

1. *Annuaire de l'EHESS 1989-1990,* p. 243.

2. Alain BOUREAU, *La Légende dorée. Le système narratif de Jacques de Voragine (†1298)* (1984), Conclusion, p. 254.

3. Alain BOUREAU, *La Papesse Jeanne* (1988) ; *Le Droit de cuissage. Histoire de la fabrication d'un mythe (XIIIe-XXe siècles)* (1995).

chrétiennes à « construire les modèles d'organisation sociale sur terre »[4], on parlait, lors de sa deuxième année, des stigmates de François d'Assise et du cœur de Chiara de Montefalco, de voyages dans l'au-delà, d'ordalies, ou encore de la chute du diable – seulement très accidentellement des traités de l'âme au XIIe siècle (Gilbert Crispin), de Thomas d'Aquin ou de Bonaventure. Deux ans plus tard, quand parut l'article « Droit et théologie au XIIIe siècle »[5] dans les *Annales*, la « conversion » d'Alain Boureau à la scolastique fut proclamée, l'anthropologie scolastique était en gestation. Se pencher sur l'*histoire de l'historien* permettra de retracer par quel chemin, pour quelles raisons, par quels objets elle est advenue.

À la scolastique par tangence

Programmée, l'amour de la scolastique affleure dès le début dans les descriptions de séminaires : la relation entre croyance et théologie d'un côté, croyance et droit de l'autre, figuraient déjà dans l'annonce du séminaire dès la première année à l'EHESS, en 1989-90. Alain Boureau participe alors au « tournant critique » des *Annales*, cette entreprise de refondation disciplinaire de l'histoire et des sciences sociales autour du paradigme pragmatique, et esquisse son projet intellectuel dont, dès les débuts, la question de l'individu, de la personne est au centre. C'est ce chantier que marquent, dès 1989, son article majeur sur l' « histoire restreinte des mentalités »[6], et une série de publications liées à la notion de croyance[7] qu'il souhaite prendre au sérieux, d'abord comme savoir encyclopédique sur le monde (1990), puis comme action et comme

4. *Annuaire de l'EHESS 1990-1991*, p. 250.
5. Alain Boureau, « Droit et théologie au XIIIe siècle » (1992).
6. Alain Boureau, « Propositions pour une histoire restreinte des mentalités » (1989).
7. Alain Boureau, « *Quod omnes tangit*: de la tangence des univers de croyance à la fondation sémantique de la norme juridique médiévale » (1990) ; « L'Église médiévale comme preuve animée de la croyance chrétienne » (1990) ; « La croyance comme compétence. Une nouvelle histoire des mentalités » (1991).

compétence, dans le sillage de Luc Boltanski (1991), plus largement de la sociologie pragmatique.

Par cette nouvelle problématisation des croyances qui relie l'intérêt pour les savoirs et compétences à celui pour l'engagement actif et concret dans le monde, il s'agit pour Alain Boureau de lutter contre une « dérive substantialiste » de l'histoire des mentalités, « refuge des objets [...] exclus par l'histoire "normale" », ceux « qui reste[nt] dans la marmite de l'histoire quand vous retirez la viande et les légumes (évènements et objets « durs »); dans l'écume du bouillon, vous trouvez le peuple, les femmes, le sexe, les corps, etc. »[8]. Mais aussi contre une histoire des sentiments et autres affects collectifs, vus alors (de Georges Duby à Michel Vovelle ou Jean Delumeau), comme « les idées des pauvres », de ces pauvres qui « constituent les véritables agents de l'histoire »[9], selon une téléologie évolutionniste et marxiste dans laquelle Alain Boureau décèle un dualisme ruineux, opposant pensée et émotion, esprit et corps. Par ce tournant, il s'éloigne de son chantier premier, celui de la *Légende dorée*, abordé au départ avec les questionnements du littéraire et du philologue, l'agrégé de lettres classiques. Mais surtout, il formule sa critique de l'idée d'une pensée prélogique prêtée aux masses muettes de l'histoire, tout comme aux « sauvages » médiévaux, auxquels il vise à restituer la maturité des adultes, l'appréhension du monde par la raison. D'où le projet d'une vision critique de l'apport de l'anthropologie à l'histoire, d'une vision nouvelle de l'anthropologie *dans* l'histoire. Parallèlement, l'on sent, dans l'ombre et l'air du temps, le *linguistic turn,* tout comme l'influence non-dite de Michel Foucault, dans ses « énoncés rares » puis « tangentiels » parce qu'ils touchent à plusieurs univers de la société, permettant à des « évènements discursifs » singuliers d'incarner le collectif. À travers la collection de singularités se dessine l'idée de *tangence*, mais aussi la contingence et la particularité de l'évènement historique : *quod omnes tangit*, selon l'adage bien connu dont il analyse la fortune médiévale

8. Boureau, « Propositions pour une histoire restreinte des mentalités », p. 1493.
9. *Ibid.*, p. 1493-94.

dès 1990[10]. Sans doute la métaphore de *tangence* est la figure décrivant le mieux la manière de procéder d'Alain Boureau, qui aime à aborder les grands sujets toujours de biais, par le côté.

Le passage des « systèmes narratifs » aux « systèmes de croyances » s'est fait à travers l'étude, par Alain Boureau, d'énoncés souvent déconcertants pour l'esprit moderne – tel « le regard de la femme menstruée brouille le miroir » – qui véhiculaient des croyances ayant statut de savoir, selon l'analyse de son ami Dan Sperber[11] et montraient déjà la direction de la théologie et du droit médiévaux. C'est en s'inscrivant dans la rigoureuse redéfinition de l'histoire des mentalités dont le nom même disparait comme cadre de référence, qu'émerge l'intérêt pour la vision de l'homme et de la société des scolastiques, avec à son cœur la question du sujet, de l'individu. On glisse vers *Croyances et savoirs au Moyen Âge. Les fondations religieuses des rationalités nouvelles au XIIIe siècle*, à l'automne 1991. À la même époque – où Alain Boureau fréquentait, au moins deux années durant, le séminaire d'Alain de Libera à l'EPHE le mardi matin en Sorbonne, lequel portait alors sur l'intellect agent chez Albert le Grand – la pensée scolastique fut mise à l'honneur, offerte au large public par l'essai polémique de Libera, *Penser au Moyen Âge*, paru au début de 1991. Quelques mois plus tard, nous discutions au séminaire le livre, gros et sec, du père dominicain Édouard-Henri Weber, *La personne humaine au XIIIe siècle: l'avènement chez les maîtres parisiens de l'acception moderne de l'homme* (Vrin, 1991), dès sa parution. Nous découvrions la scolastique, au sens large, au séminaire d'Alain Boureau, en passant des grandes figures aux moins connues, souvent découvertes par les très grands érudits du siècle, dom Lottin, le père Chenu[12], à travers une étude historique des nouveaux savoirs et des nouvelles formes de raisonnements, des tendances et des milieux. La thèse de « l'invention

10. Boureau, « *Quod omnes tangit* ».

11. « L'Église médiévale comme preuve animée de la croyance chrétienne » : D. Sperber, *Le savoir des anthropologues,* chap. 2 : « Les croyances apparemment irrationnelles », Paris, Hermann, 1982, p. 113.

12. Voir à ce sujet Alain Boureau, « Le Père Chenu médiéviste : historicité, contexte et tradition » (1997).

d'une psychologie » entre le XIIe et le XIIIe siècles, autour de questions concernant le corps et l'âme en théologie, apparaît dès 1991 : l'année où, au séminaire, on commence à lire les traités cisterciens sur l'âme, puis Jean de la Rochelle, afin de saisir les fondations de cette science psychologique médiévale. Enfin, en 1992-93, le séminaire se donne pour sujet *Enquête sur la notion de personne*. C'est le début d'une grande aventure, menant après dix ans à la synthèse de *Satan hérétique* (2003), puis encore cinq ans plus tard à *De vagues individus* (2008)[13].

Le mariage improbable d'Anthropologie avec Scolastique

Au-delà du séminaire, l'enquête double sur la personne et l'interdisciplinarité de la pensée scolastique se formule clairement dans l'article programmatique et critique « Droit et théologie au XIIIe siècle » dans les *Annales*, en 1992. Les deux grands axes des recherches d'Alain Boureau pour la décennie suivante y sont annoncés, les deux grands domaines où le projet d'une saisie unitaire de la personne, de l'individu, apparait dans une pensée structurée de la société et du monde. C'est alors que prend réellement forme le projet de l'anthropologie scolastique, avec « pour ambition d'étudier la constitution d'une véritable science de l'homme », tout en s'attachant « aux relations entre théologie, philosophie, sciences, droit, politique et économie dans le savoir universitaire », entre 1200-1350[14]. Nouveau domaine et méthode d'enquête, elle naît concrètement et officiellement en 1993, à la fondation *de facto* du GAS, (*prononcez : GAZ*), un groupe de travail à vocation temporaire, institutionnalisé bien plus tard. De fait, l'anthropologie scolastique, qui joue de son nom pour brouiller les pistes, est autant une *méthode* pour révolutionner l'approche du monde et du savoir médiévaux qu'un *domaine* de ce savoir. Méthode

13. Alain BOUREAU, *Satan hérétique : Histoire de la démonologie (1280-1330)* (2003) ; *De vagues individus. La condition humaine dans la pensée scolastique. La Raison scolastique III* (2008).

14. Voir la présentation sur le site du GAS : http://gas.ehess.fr/index.php?463 (consulté le 25 juin 2016).

consistant à interroger les textes scolastiques comme savoir sur le monde et comme anthropologie, science de l'homme, dans un corpus cohérent qui répercute la rationalité de son système de croyances sur la structure même de ces textes innombrables, délimités uniquement par la forme à la fois stricte et libératrice de la *questio*, cette interrogation réitérable à l'infini[15], depuis les questions quodlibétiques aux sommes et aux commentaires des *Sentences*.

Le projet de l'anthropologie scolastique visait ainsi à montrer comment la science de l'homme des scolastiques, savants on ne peut plus catholiques pour la plupart, cette anthropologie fondée en religion, partie intégrante de la théologie sans être réduite à elle, pouvait être en tout point rationnelle. Par l'ouverture et le labourage patient de ce chantier pendant vingt-cinq ans, Alain Boureau a contribué de manière définitive à convertir l'univers médiéval « naïf »[16] et « pré-logique » de l'histoire des mentalités et de l'anthropologie structurale des années 1970-80 en un monde bien plus proche du nôtre, faisant preuve d'une pensée structurée et rationnelle ; ainsi qu'à montrer l'existence d'une culture commune médiévale, où croyances religieuses et savoirs rationnels, ce monde anciennement découpé entre « culture populaire » et « culture savante », cohabitent et s'entrelacent. Le nom de baptême du nouveau chantier exprime alors à la fois le respect des ancêtres et la révolution. Car avant et hors de sa transfiguration bouraldienne, l'anthropologie médiévale était *historique* à l'EHESS, comme l'indique jusqu'à ce jour le nom du GAHOM, groupe de recherches créé par et autour de Jacques Le Goff. Pourtant, malgré sa proximité avec Jacques Le Goff, Alain Boureau n'avait, déjà en 1990, aucune prédilection pour la méthode anthropologique. L'anthropologie des ethnologues, discipline-source de l'anthropologie historique, n'était pas à son goût : en tant que discipline, il la considérait périmée depuis longtemps,

15. Voir Alain Boureau, *En somme, Pour un usage analytique de la scolastique médiévale* (2011).

16. Jacques Le Goff a pu qualifier la *Légende dorée* de Jacques de Voragine, dans sa préface à l'édition de la thèse d'Alain Boureau, d'« introduction [...] à la mentalité « naïve » des hommes du Moyen Âge ». Cf. Alain Boureau, *La Légende dorée. Le Système narratif de Jacques de Voragine* (1984), Préface, p. I.

bien avant d'en décréter la mort causée par la mondialisation, en 2009[17]. À plusieurs reprises, il avait exprimé sa réticence face à la réification des méthodes, tant de l'histoire des mentalités que de l'anthropologie (bien qu'anthropologie historique et *alter histoire* eussent certaines parentés : « le désir de trouver la bonne distance entre le même et l'autre », comme Alain Boureau le dit lui-même en 2009). Or en s'appropriant le terme, il travestit l'anthropologie : il en conserve le nom pour lui insuffler une nouvelle vie, en l'appliquant à la science de l'homme des médiévaux.

En embrassant le gros corpus du savoir scolastique comme une anthropologie savante constituée de façon interdisciplinaire, Alain Boureau ouvre un monde à la recherche historienne qui dialogue avec l'histoire de la philosophie, du droit et des sciences ; un chantier immense, fondé sur un retour à des sources mal connues et mal aimées. En France, c'était Jacques Le Goff qui avait fait, dès les *Intellectuels au Moyen Âge* (1957) et surtout par *La naissance du purgatoire* (1981), les premières incursions proprement historiennes dans la réserve féodale des théologiens ; parallèlement, quelques historiens anglo-saxons – Peter Brown, John Baldwin, Alexander Murray et Caroline Bynum – pratiquaient, occasionnellement ou systématiquement, la méthode de braconnage en théologie, dans leurs enquêtes d'histoire religieuse, intellectuelle et sociale. Il revient toutefois à Alain Boureau d'avoir baptisé et déterminé ensemble le chantier et la méthode. Il a fallu alors assumer non seulement que les textes scolastiques, habituellement réservées aux théologiens ou aux philosophes, sont compréhensibles et exploitables pour l'historien aussi ; mais encore, que les théories savantes font partie de la société, et en disent long. La prédilection d'Alain Boureau pour les questions quodlibétiques, ces questions que n'importe qui de l'auditoire ouvert pouvait poser à un maître de l'université au XIIIe siècle, sur n'importe quel sujet, lui a permis d'en donner à plus d'une reprise la preuve éloquente. La méthode et le domaine n'ont cessé depuis lors de révéler quantités de textes inédits et d'auteurs peu connus – du dominicain Robert Kilwardby, héros des premiers

17. « Questions disputées *quomodo historiam scribere*. Entretien avec Alain Boureau », http://acrh.revues.org/2755, consulté le 25 juin 2016.

temps, à la grande découverte, conjointe avec Sylvain Piron, de Pierre de Jean Olivi, et jusqu'à Richard Mediavilla, Jean Thomas ou Astesano. La « science des choses divines » est devenue le chantier d'interrogation privilégié sur les choses humaines et sociales ; le domaine de la foi et des croyances, le lieu de repérage inépuisable des pratiques et des savoirs, de l'âme à la contractualité, un réservoir regorgeant d'énoncés rares et tangentiels, permettant de comprendre la lente élaboration de grandes théories sur des questions politiques ou juridiques comme la notion de toute-puissance ou le fondement de l'autorité de l'Église.

Histoires d'un historien[18] : l'individu, médiéval et moderne

L'intérêt pour la construction scolastique d'une définition de la personne humaine – sujet ou individu, mais surtout, fidèle et citoyen – se place au cœur même de la formulation du nouveau chantier et des recherches d'Alain Boureau, à mi-chemin entre histoire et philosophie, passé et présent, mais aussi en dialogue avec la psychanalyse. Aussi peut-on dire que l'émergence de ce nouvel objet semble advenir par *convergences*, terme qui lui est cher. Convergence de lectures, de questionnements et de pratiques, de corpus médiévaux divers qu'il est le premier à entrelacer, pour tenter d'y déceler l'unité ou le dialogue de visions, d'attitudes. C'est ainsi que se saisit la figure bouraldienne du dormeur ou du somnambule, ce cas limite de la conscience et de l'action chez qui Alain Boureau décèle « la construction médiévale de l'inconscient »[19]; ou encore les *endolalies* d'Angèle de Foligno, esquissant à travers son écriture entrelacée à celle de son confesseur et l'habitation intermittente de son corps par Dieu un « individualisme substantiel », sur fond de sacramentalisation du fidèle individuel et d'une théorie contractuelle du sacrement[20].

18. Alain Boureau, *Histoires d'un historien. Kantorowicz* (1990).

19. Alain Boureau, « Satan et le dormeur. Une construction médiévale de l'inconscient » (1991-1992).

20. Alain Boureau, « Endolalies. Angèle de Foligno et la découverte de soi par le scandale » (1997). Dans la série des lectures des phénomènes mystiques, voir encore Alain

Cette lecture qu'Alain Boureau fait des mystiques, comme ses réflexions plus larges sur le sujet médiéval dans le corpus scolastique, se comprennent toujours en lien étroit avec une réflexion contemporaine, inspirée par la fréquentation assidue des écrits des analystes. Il noue un dialogue incessant avec les psychanalystes pendant toute sa carrière : d'abord autour de Jean-Bertrand Pontalis et de la *Nouvelle revue de Psychanalyse* d'un côté, de *Chimères*, fondée par Gilles Deleuze et Felix Guattari de l'autre ; plus tard avec Michel Gribinski, *Le Fait de l'Analyse* et *penser/rêver*. Chez les analystes, il retrouve un terrain de réflexion et d'expression libre, sans le carcan de la scientificité académique, lui permettant de formuler ses hypothèses. C'est bien là que se comprend la construction bouraldienne de la personne médiévale qui est nécessairement fictive, multiple et analytique : entre droit et théologie, ciel et terre, mais aussi division trinitaire de la personne divine contre l'unité duelle (âme / corps), ou ternaire (âme, esprit, corps), témoignant d'une instabilité dont la solution aristotélicienne, chevillant l'âme au corps[21] ne dissipera pas les doutes qui éclatent au grand jour, précisément, entre le XIIIe et XIVe siècle. En effet, si la personne humaine dessinée par le père Wéber, dominicain, thomiste et fidèle lui-même au projet scolastique, est unitaire, à l'instar de ce que l'on tient souvent de l'individu moderne, la personne médiévale qu'Alain Boureau n'a cessé d'esquisser toute sa vie sans pouvoir en immobiliser la vision dans une somme, est double ou multiple, fragmentée et fragile, incertaine et floue – à la façon du sujet de la psychanalyse, traversé de fractures et de fissures, comme il en fit lui-même l'expérience aussi amère que singulière après sa chute. Cette proximité se saisit parfaitement dans *Satan hérétique* (2003) et *De vagues individus* (2008), qui relient enfin, dans cette fabrique particulière d'une anthropologie médiévale, les figures émergeant du divan d'Alain Boureau : la mystique et le possédé ; le somnambule et le cadavre

Boureau, « L'historien et le stigmate de l'événement » (1991) ; Alain Boureau, « Une collection intime : les instruments de la Passion dans un cœur ardent. Réflexions sur le procès de canonisation de Chiara da Montefalco » (1993) ; Alain Boureau, « Miracle, volonté et imagination: la mutation scolastique » (1995).

21. Boureau, « Droit et théologie ».

qui saigne ; le démoniaque et l'ange. Dans son parcours de psy des médiévaux, émergent tour à tour les questions sur la raison, la volonté, l'imagination, la conscience : un véritable *chemin*, du projet unitaire et institutionnel de la personne humaine jusqu'au « moi affectif », au « sujet éprouvant », vacillant ou clivé[22] ; tout ce qui constitue matière à la « saisie de l'expérience humaine »[23]. On se demande si cet intérêt n'était pas prémonitoire de son expérience personnelle de la Chute... Toujours dédoublé du va-et-vient entre passé/présent, eux/moi, ce chemin explique aussi l'addiction à la scolastique chez Alain Boureau, humblement évoquée au début d'*En somme* : si le champ d'interrogation est infini, si les cas limites troublent, la discipline scolastique, à la formalisation rigoureuse et rationnelle, constitue le garde-fou du sujet à la dérive.

Conclusion

Cette plongée dans l'œuvre d'Alain Boureau témoigne de la pensée de la singularité, mais aussi de la singularité d'une pensée et d'une écriture. Des idées lumineuses et frappantes, l'association de références puisées à une culture occidentale immense et trans-historique, contribuent à brouiller les vieilles certitudes – et à tisser des récits historiques finement pensés et flambant neufs. Les mots y sont magiques et la construction subtile, non loin de la parole et de l'écriture analytique : même dans les écrits les plus historiens, rien n'est évident, rien n'est prouvé, tout se devine ; les pensées s'entrelacent pour s'éclairer, mais parfois elles restent, troublantes, à travailler dans la durée. Il faut le dire, l'historien Alain Boureau a pu déconcerter plus d'un de ses potentiels lecteurs, tous ceux qui auraient cherché chez lui la démonstration implacable et patiente, la marqueterie historique. De fait, l'analyste du Moyen Âge n'a jamais cherché à convaincre personne : il a toujours proposé une histoire plausible, possible, reliant passé et présent ; sur chaque sujet, une *alter histoire*.

22. BOUREAU, *De vagues individus*, Introduction, p. 13.
23. *Ibid*, p. 16.

L'alchimiste des sciences sociales

Emanuele Coccia

Ce qu'il faut célébrer et honorer dans l'œuvre d'Alain Boureau, ce n'est pas l'œuvre d'un simple historien : c'est le projet foisonnant d'une nouvelle science humaine et sociale, ou mieux, d'une série inouïe de nouvelles sciences sociales. Ce projet qui a été implicitement formulé de manière de plus en plus précise dans chacun de ses livres attend maintenant d'être libéré pour se déployer sous d'autres formes. On pourrait dire qu'après le diagnostic foucaldien de la mort de l'homme et du projet des sciences humaines et sociales, Alain Boureau a été le seul qui a compris ce qu'il fallait faire : devenir un messie et travailler à leur résurrection. Face au constat fréquent et écœurant de cette mort annoncée, la stratégie ne peut plus être celle du déni ou du refoulement : oui, tel qu'on l'a pensé pendant des siècles l'homme n'existe plus et ne pourra plus exister ; oui, telles qu'elles ont été mises en place par un monde qui est définitivement et irrémédiablement révolu, les sciences humaines n'ont plus de place sur l'échiquier des savoirs et des connaissances de notre monde, car elles n'arrivent plus à le voir correctement. Au lieu de maintenir en vie un cadavre épistémologique, il faut accepter le deuil et traverser leur mort. Comme dans les mythes chrétiens dont Alain Boureau a été un des plus fins interprètes, en effet, la mort n'est pas suivie du rien de l'inexistence, mais de la résurrection. Il faut accepter la mort des sciences humaines et sociales – tel serait le premier enseignement d'Alain Boureau – avec la foi dans leur future résurrection : transfigurée, mystique, immatérielle.

Or, comme chacun le sait, le corps glorieux des ressuscités n'a ni la même forme ni la même nature que les corps terrestres : la résurrection des sciences humaines implique leur profonde métamorphose. Rester fidèle au projet d'Alain Boureau signifiera donc de donner à ces sciences d'autres corps que celui que l'historien leur a donné pendant sa longue carrière à l'EHESS : opérer pour inventer une autre anatomie des sciences sociales et humaines. Pour cela, il faut se transformer en alchimiste qui consacrerait ses journées à faire exister le savoir et les connaissances dans une matière plus spirituelle, car douée d'agilité, de subtilité, de clarté et d'impassibilité, c'est à dire d'incorruptibilité. L'alchimiste des sciences sociales cherche la formule d'une nouvelle immortalité.

Parmi les nombreuses sciences dont l'œuvre d'Alain Boureau est à la fois le signe sacramentel et la promesse de résurrection, je voudrais me concentrer sur celle que l'on pourrait appeler une nouvelle *anthropologie du droit*.

Choisir le *droit,* tout d'abord, ce n'est pas simplement faire honneur au génie d'Alain Boureau, à sa capacité de travailler sur et avec plusieurs disciplines. Il s'agit surtout d'un choix stratégique : si le but est de comprendre ce que l'œuvre d'Alain Boureau fait non pas à l'histoire médiévale ou à l'histoire tout court, mais aux sciences humaines et sociales en tant que projet propre de la modernité, c'est au droit qu'il faut s'adresser, c'est à dire à la plus atypique et la plus puissante des sciences humaines et sociales. Le droit est la plus atypique des sciences humaines, car il ne consiste pas simplement en une doctrine – quelque chose qui est à connaître –, mais il englobe un ensemble d'impératifs et de règles de conduite, c'est-à-dire des savoirs pratiques et efficaces. Le droit est la plus puissante des sciences pour cette raison même car, à la différence de toutes les autres sciences humaines et sociales, la capacité de changer la vie des hommes (des individus comme des sociétés) est l'essence de son existence et non une velléité revendiquée de manière plus ou moins ridicule. Première thèse de mon propos : c'est dans ce qu'Alain Boureau a fait au droit qu'on saisit le mieux ce que cela signifie, si vous me permettez le mot, que *bouraldiser* les sciences humaines et sociales.

Parler ensuite d'anthropologie, et non pas d'anthropologie historique, est une manière de souligner l'importance du détournement qu'Alain Boureau a imposé au projet de l'anthropologie historique du Moyen Âge défini par Jacques Le Goff. Ce détournement a comme point d'orgue, comme cela a été largement souligné, la scolastique. L'importance qu'Alain Boureau a su reconnaître à la scolastique et surtout à la scolastique *théologique*, a eu au moins trois conséquences importantes.

En premier lieu, il a permis de reconnaître les insuffisances d'une lecture folklorique, au sens technique et populaire du terme, du Moyen Âge. Le Moyen Âge n'est pas simplement déterminé par ses mythes comme les sociétés amérindiennes étudiés par Claude Lévi-Strauss[1] ou la Grèce Antique de Jean-Pierre Vernant[2] et Marcel Detienne[3]. Il y a tout d'abord une différence fondamentale que ni Jacques Le Goff ni d'autres n'ont su saisir : les « mythes »[4] qui ont rendu possible et donné forme à la société médiévale et à la plupart de ses connaissances, rassemblés dans l'Écriture sainte, ne sont pas seulement des récits, ils sont une partie de la *Loi*. La Bible, au Moyen Âge, n'est pas un livre de littérature : c'est un code juridique, le code qui fonde toute autre forme de loi. Le mythe est la loi, et la loi parle *aussi* avec le mythe[5].

1. Claude Lévi-Strauss, *Mythologiques, t. I : Le Cru et le Cuit*, Paris, Plon, 1964 ; Id. *Mythologiques, t. II : Du miel aux cendres*, Paris, Plon, 1967 ; Id., *Mythologiques, t. III : L'Origine des manières de table*, Paris, Plon, 1968 ; Id., *Mythologiques, t. IV : L'Homme nu,* Paris, Plon, 1971.

2. Cf. les études classiques recueillies dans *Mythe et pensée chez les Grecs. Etudes de psychologie historique*, Paris, Éditions Maspero, 1965 et Id., *Mythe et société en Grèce ancienne*, Paris, Maspero, 1974.

3. Marcel Detienne, *Les Maîtres de vérité dans la Grèce archaïque*, Paris, Maspero, 1967 ; Id., *L'Invention de la mythologie*, Paris, Gallimard, 1981.

4. Sur le caractère problématique et profondément romantique de ce concept cf. l'ouvrage incontournable de F. Jesi, *Letteratura e mito*, Turin, Einaudi, 1968 ; Id., *Materiali mitologici. Mito e antropologia nella cultura mitteleuropea*, Turin, Einaudi, 1979.

5. Sur ce point cf. Emanuele Coccia, « L'institution et la vérité », dans Napoli, Paolo (dir.), *Aux origines des cultures juridiques européennes. Yan Thomas entre droit et sciences sociales*, Rome, EFR, 2013, p. 207-230.

Mais les différences profondes entre les mythes chers à l'anthropologie classique et les mythes médiévaux ne s'arrêtent pas ici. Le Moyen Âge, à la différence des sociétés amérindiennes étudiées par Claude Lévi-Strauss, a aussi et surtout développé sa propre science du mythe, la théologie – dont l'anthropologie lévi-straussienne n'est d'ailleurs qu'un puissant rejeton sécularisé[6]. En ce sens, loin d'être une simple forme d'idéologie – comme la tradition marxiste a la tendance à présupposer[7] – la théologie est l'une des formes les plus fines et élaborées de réflexivité sociale. Le Moyen Âge, donc, ne pourra jamais représenter un objet simple de réflexion anthropologique, car il a développé sa propre science anthropologique : dit autrement, son anthropologie est toujours une anthropologie réflexive et non simplement, brutalement implicite ou « mythologique ». Au contraire, c'est la découverte du discours anthropologique médiéval – scolastique, fondamentalement théorique et dogmatique – qui met en crise tout projet anthropologique prétendant passer exclusivement par les mythes ou supposant l'immédiateté de la pratique sociale, son caractère « pur », observable en tant que tel. S'il y a de l'anthropologie, c'est parce qu'il y a un élément dogmatique qui est propre à toute société[8].

Cette exception médiévale a amené Alain Boureau à opérer un vrai renversement du projet lévi-straussien. Il ne peut plus s'agir de montrer que les médiévaux sont nos sauvages ou, comme l'avait fait son maître,

6. Les études sur l'anthropologie levi-straussienne restent malheureusement entièrement interne à sa discipline ou à une épopée célèbratoire des sciences sociales : il manque encore une tentative d'historicisation profonde de son projet (et donc du projet de l'ethnographie française) sur la très longue durée de la science du mythe romantique et des sciences religieuses. La seule étude, à ma connaissance, qui a fait ce pas (et a démontré donc la lointaine origine protestante de la doctrine levistraussienne) est celui de Furio Jesi, *Il mito*, Milan, Isedi 1973.

7. Sur le concept d'idéologie, qui a très fortement influencé les sciences humaines et sociales françaises du dernier siècle cf. l'étude classique de Louis Althusser, *Sur la reproduction,* Paris, PUF, 2011.

8. Il serait intéressant, en ce sens, explorer les rapports cachés entre le projet d'Alain Boureau et celui de Pierre Legendre, à travers la médiation de Yan Thomas.

de partir avec Claude Lévi-Strauss en Brocéliande[9]. Il s'agit au contraire de montrer à travers le Moyen Âge que les sauvages ont toujours produit ce que les modernes, encore aujourd'hui, considèrent comme leur exclusivité : la réflexivité.

Deuxièmement, à la différence de l'illusion que tous les théoriciens de la modernité (Jürgen Habermas, Niklas Luhmann, Anthony Giddens, mais aussi l'école néo-durkheimienne) ne cessent d'alimenter, la nécessité et l'importance de la théorie et de la réflexivité sociale pour la structuration de la société n'est pas un trait propre, exclusif à la modernité, ni une conséquence de sa complexité technique, comme le dit Anthony Giddens[10]. Cette nécessité de la théorie est la continuation, sous d'autres formes, d'une exception qui naît avec la scolastique, avec cette étrange proposition, de la part de l'Église, de fonder un espace de réflexivité interne à sa propre institution[11]. Contre le projet legoffien et contre l'une des idées fondamentales qui animent toutes les sciences historiques, il ne s'agit pas de montrer l'étrangeté du Moyen Âge ou sa distance, mais la nature médiévale de la contemporanéité. Au fait, Claude Lévi-Strauss est né en Brocéliande et pas à Bruxelles : le projet de l'ethnographie moderne semble être un pur *aggiornamento* de la science de l'exégèse, à travers la médiation du protestantisme et du romantisme[12]. Au lieu de

9. Jacques Le Goff, en collaboration avec Pierre Vidal-Naquet, « Lévi-Strauss en Brocéliande. Esquisse pour une analyse d'un roman courtois (Yvain de Chrétien de Troyes) », *Critique, Hommage à Lévi-Stauss*, juin 1974, n° 325, p. 541-571, repris plus complètement dans *Claude Lévi-Strauss*, Paris, Gallimard, « Idées », 1979, p. 265-319, puis dans *L'imaginaire médiéval*, p. 151-187.

10. Anthony Giddens, *La constitution de la société*, Paris, PUF, 1987 ; Id., *Les conséquences de la modernité*, Paris, L'Harmattan, 2000.

11. Voir notamment les intuitions d'Elsa Marmursztejn, *L'autorité des maîtres. Scolastique, normes et société au xiiie siècle*, Paris, Les Belles-Lettres, 2007, en ce sens, qui devraient être étendues à une enquête sur les exigences qui ont amené l'Église à produire et à conserver en vie ces espaces de réflexion qui ne coïncident pas immédiatement avec elle.

12. Sur ces questions cf. le chef d'œuvre de Manfred Frank, *Der kommende Gott. Vorlesungen über die neue Mythologie*, Francfort, Suhrkamp 1982, et la belle anthologie *The Rise of Modern Mythology, 1680-1860*, Burton Feldman et Robert D. Richardson Jr. (dir.), Bloomington, Indiana University Press, 2000.

s'efforcer de retrouver la « Bible » (un mythe en position de fondation) là où il n'y en a pas, comme fait l'ethnographie contemporaine, il faut comprendre que toute bible et tout récit est depuis toujours pris dans des techniques théoriques et linguistiques de déplacement, de déformation, de réélaboration ou de neutralisation.

Troisièmement, l'importance reconnue à la réflexion, la primauté des théories – au pluriel – sur les pratiques (et même des théories les plus poussiéreuses comme celles des maîtres scolastiques) a permis à Alain Boureau d'échapper à l'engouement pour la pratique qui a déterminé la fin irréparable des sciences humaines et sociales aujourd'hui. L'on pourrait presque parler d'un anti-althusserisme, d'un anti-foucaldisme et d'un anti-bourdieusisme d'Alain Boureau : la réflexivité, la doctrine, détermine l'être des sociétés, et ce n'est pas de l'idéologie, ce n'est pas non plus par un effet de superstructure. S'il faut étudier le débat scolastique, ce n'est pas parce qu'on y trouvera la trace de l'histoire de la pensée, mais parce que dans les salles des couvents et des universités médiévales c'est l'anthropologie, c'est-à-dire la structure propre de l'homme qui est, à chaque fois, décidée et remaniée. On pourrait dire que l'anthropologie redevient ce qu'elle était avant le projet structuraliste : non pas une théorie des cultures, mais une théorie de l'homme et de sa nature[13]. Dans cette longue tradition, la force d'Alain Boureau a été de montrer que toute théorie de l'homme n'est pas nécessairement un acte transparent d'auto-conscience (une pure forme de réflexivité), ni un pur instrument de façonnage social ou une forme d'illusion (une idéologie). L'anthropologie, qui est propre à toute société humaine, est elle-même une forme d'alchimie sociale, une tentative de faire coïncider la théorie et la *praxis*, la conscience et l'événement.

Je terminerai avec une remarque de méthode : la théologie enseigne que la résurrection ne peut être expérimentée sur cette terre que *per*

13. Sur l'histoire de cette anthropologie « philosophique » et sur ses principaux protagonistes (Cassirer, Scheler, Gehlen, Plessner), cf. le chef d'œuvre de Joachim FISCHER, *Philosophische Anthropologie. Eine Denkrichtung des 20. Jahrhunderts*, Fribourg/ Munich, Alber, 2009.

speculum et in aenigmate. Pour voir les corps glorieux de ce que les sciences humaines et sociales seront une fois ressuscitées, il faudrait se pencher sur l'œuvre d'Alain Boureau en se concentrant non sur ce qu'il dit ou sur ses découvertes, mais sur le miroitement d'une science cachée qui se révèle dans ce qu'il *fait*. C'est dans sa méthode plus que dans ses résultats que le magistère d'Alain Boureau est important : et c'est pour cette raison qu'il s'agit d'un magistère universel, et non de celui qu'un médiéviste lègue à ses confrères.

Partant de ce qu'Alain Boureau fait dans son histoire du vœu (*Le désir dicté*), je voudrais montrer pourquoi son œuvre définit aussi les prolégomènes de ce qu'on pourrait appeler une anthropologie du droit ou éventuellement un droit anthropologique. Un premier point concerne le choix de parler de l'histoire du vœu non à travers une étude de la législation sur le vœu ou une histoire des formules (comme Catherine Capelle[14] l'avait fait), mais à travers l'histoire de la théorie scolastique du vœu. Ce déplacement est important car il montre que, malgré ses apparences, le droit n'est pas une simple collection d'impératifs : mieux, il ne l'est pas et ne pourra jamais l'être. Le droit a aussi sa cuisine doctrinale, sa théorie souvent cachée et souvent implicite. La doctrine platonicienne n'a jamais cessé de répéter : la loi est un abrégé de la *paideia*, de la théorie ; le droit n'est pas une non-doctrine, mais une doctrine qui s'exprime sous la forme d'abréviations. La loi est juste une théorie de l'abréviation de la théorie.

Mais de quoi le droit est-il la théorie ? Voici, me semble-t-il, le grand legs d'Alain Boureau. Au lieu de faire du vœu l'histoire de l'obéissance, l'énième dispositif du contrôle, il en fait une véritable « anthropologie de la décision »[15]. Il s'agit de comprendre la manière dont une société a mis en scène socialement et institutionnellement « l'irréductibilité ou la domestication du désir »[16]. C'est un élément méta-sociologique important, car une société à vœu transforme la tension physiologique propre et

14. Catherine Capelle, *Le voeu d'obéissance des origines au* XII*e siècle : Étude juridique*, Paris, Librairie générale de droit et de jurisprudence, 1959.

15. Alain Boureau, *Le désir dicté. Histoire du vœu religieux dans l'Occident médiéval* (2014), p. 52.

16. Ibid. p. 11.

immanente à toute société, celle qui à la fois articule et distingue l'individu et le corps social, dans une dialectique du désir. Le droit, donc, se construit comme une dialectique du désir. Comme le dit Alain Boureau, « l'être qui émet un vœu est un individu qui affirme la puissance propre et singulière de sa parole et/ou de son désir adressés à Dieu. Mais en même temps cet énoncé se place le plus souvent dans un cadre institutionnel, voire dans une cérémonie ». L'individu produit l'acte de souveraineté extrême mais cet acte coïncide avec la production de la destruction de son désir en tant que forme individuelle et non socialisée.

Remettre le désir au centre de l'édifice juridique est un pas fondamental. Il nous montre que le droit n'est pas une simple science sociale, car il *structure* non seulement les sociétés au lieu de se limiter à les décrire, mais il structure aussi et surtout l'homme, dans son individualité, et dans son caractère présocial. La cuisine théorique cachée du droit est une *cuisine anthropologique* : elle doit décider ce que l'homme est, et ce que son désir est et peut être. À l'inverse, toute anthropologie, toute théorie est une décision normative et non une simple description : en ce sens le droit n'est pas l'exception, mais le paradigme de toute science sociale. L'on peut remarquer à quel point l'œuvre d'Alain Boureau fait résonner et semble radicaliser l'œuvre d'un autre grand « résurrecteur » des sciences sociales, Yan Thomas. Comme celui-ci, Alain Boureau a saisi le caractère constructif du droit, sa capacité de produire une deuxième nature qui n'a aucun rapport avec celle que la matière dessine. Encore plus que Yan Thomas, Alain Boureau a su comprendre qu'au centre du droit il n'y a pas seulement l'être social de l'homme, mais sa structure psychique profonde. Le droit n'est pas seulement une anthropologie, c'est une poétique collective du désir humain.

Le rat et le labyrinthe : scolastique et censure

Isabel Iribarren

Seule théologienne parmi les participants à ces journées d'études, il me revenait en quelque sorte de parler de censure. Cela m'a conduit à revisiter *Théologie, science et censure au* XIII*e siècle. Le cas de Jean Peckham* (1999), l'un des ouvrages d'Alain Boureau que j'ai découvert et lu avec le plus grand plaisir à l'époque où j'ai assisté pour la première fois au séminaire du GAS. Qu'on me permette de replonger quelques instants dans ce paysage scolastique entièrement redessiné. Ce livre m'a beaucoup marqué, car non seulement il jetait un regard nouveau sur des objets historiques sur lesquels je me penchais à l'époque (la montée du thomisme au XIVe siècle, les rivalités entre dominicains et franciscains, l'autorité des maîtres, la censure comme marqueur de crise), mais aussi et surtout parce qu'il me paraissait mettre en valeur les deux principales vertus du programme désigné sous l'appellation « anthropologie scolastique », à savoir son caractère englobant, se tenant à l'écart des barrières méthodologiques et des cloisonnements disciplinaires, et sa mise en interaction des croyances « populaires » avec le savoir spéculatif.

Dans *Théologie, science et censure*, le passage d'un univers à l'autre se faisait par le thème de la corporéité, fil d'Ariane liant les trois intrigues qui organisent le contenu du livre : les doctrines théologiques sur la forme substantielle, la nature du corps et ses conséquences christologiques (*théologie*) ; la tentative d'une explication rationnelle du phénomène de la cruentation (*science*) ; enfin la condamnation prononcée à Londres en 1286 à l'encontre des thèses soutenues à Oxford sur la nature du Christ mort (*censure*). Ces trois enquêtes convergent dans la figure du Franciscain Jean Peckham, auteur de la condamnation et ancien maître de théologie à Paris et à Oxford avant d'accéder au trône archiépiscopal de Cantorbéry en 1279. La participation de Jean Peckham aux débats doctrinaux entre pluralistes et monistes sur la forme substantielle est retracée en détail et située en continuité avec les épisodes appartenant à sa période de prélature. Cette reconstruction biographique de l'auteur de la censure importe, car elle permet de réorganiser la matière historique du livre à partir d'une hypothèse particulière, celle d'une relation entre la condamnation de 1286 et « l'affaire Cantiloupe » survenue quatre ans plus tôt (p. 244). Les ossements de l'évêque de Hereford Thomas de Cantiloupe, mort en exil en 1282, se mirent à saigner lorsque le cortège funèbre passait par la province de Cantorbéry. Dans l'imaginaire collectif, ce phénomène fut perçu comme une dénonciation miraculeuse de l'injustice de Jean Peckham à l'égard de Thomas lors d'un conflit de juridiction épiscopale, injustice censée avoir mené l'évêque de Hereford à sa mort. Suivant les indices fournis par le registre épistolaire de Jean Peckham, Alain Boureau croit déceler les motivations de l'archevêque dans sa conviction, doctrinalement faible et paradoxale, que seule la thèse pluraliste pouvait évacuer la possibilité d'une reconstitution miraculeuse du corps qui aurait expliqué le saignement des ossements de Thomas de Cantiloupe (p. 288-291). Jean Peckham dénonçait donc à son tour les monistes d'avoir attribué à un corps non méritant des vertus que seuls les corps purs possèdent. Ainsi, dans un seul et même mouvement, il contestait la crédibilité des « frères ennemis » et des prélats incriminateurs.

D'entrée de jeu, donc, la censure qui fait l'objet de cette étude est plongée dans un univers complexe où les acteurs sont nombreux et divers, et l'institution protéiforme. Contrairement aux grandes condamnations de Paris en 1270 et 1277, choyées par l'historiographie, celle de Londres a beaucoup moins attiré l'attention des historiens, alors qu'elle constitue l'une des remises en cause les plus virulentes et les plus partisanes de la doctrine de Thomas d'Aquin. L'étude généalogique à laquelle Alain Boureau se livre au chapitre 1 permet de constater qu'il s'agit d'une « censure singulière », tant dans son contenu que dans sa forme. Par contraste aux censures précédentes, produisant des listes de propositions hétérogènes, les huit articles visés ici sont centrés sur une erreur fondamentale : la négation de l'identité continue du corps du Christ vivant et mort. La logique institutionnelle, elle aussi, échappe aux modèles des censures précédentes, selon trois modalités spécifiques.

Premièrement, l'identité des maîtres visés ne s'explique pas facilement. Des indices documentaires permettent de désigner le dominicain d'Oxford Richard Knapwell, élément qui projette l'intervention de Jean Peckham dans le contexte des suites du débat des *Correctoria*. Cette controverse vit surgir un mouvement de défense en faveur de Thomas d'Aquin de la part des dominicains anglais – dont Richard Knapwell – contre l'offensive du *Correctorium fratris Thomae* du franciscain Guillaume de la Mare (1278). Ces précédents ont un impact important sur le débat ultérieur pour plusieurs raisons : Guillaume de la Mare est le premier à faire le lien explicite entre la question de la forme unique et celle du cadavre du Christ, transformant dès lors une thèse philosophique en matière de foi ; ensuite, en soulignant la concordance entre certains articles du *Correctorium* et le syllabus d'Etienne Tempier, il faisait ressortir les thèses thomistes qui restaient implicites dans la condamnation de 1277, donnant ainsi rétrospectivement une toute autre signification à l'intervention de Paris ; enfin, le lien entre une réaction franciscaine et la condamnation épiscopale induisit une lecture partisane de la controverse qui s'ensuivit, redessinant la cartographie des alliances entre mendiants et séculiers.

Cette nouvelle configuration du conflit explique les deux autres anomalies institutionnelles de l'intervention de Jean Peckham. En premier chef, la procédure suivie, à savoir une sentence d'excommunication prononcée dans un concile provincial. Ceci allait à l'encontre de la forme collégiale en usage à l'université, qui impliquait l'examen préalable d'un conseil de maîtres. Chez Jean Peckham, ce choix révèle sa conception du statut des articles condamnés et entend le placer dans la continuité du geste institutionnel du dominicain Robert Kilwardby, son prédécesseur au siège archiépiscopal de Cantorbéry et auteur d'une censure de nature plutôt disciplinaire, prononcée à Oxford en mars 1277. Or, dans la liste de trente positions déclarées suspectes par Robert Kilwardby, les deux grandes absentes sont la thèse de la forme substantielle unique et le statut du corps du Christ mort. Quoiqu'il en soit, la reconstruction de la censure de Robert Kilwardby comme un précédent de la condamnation de Jean Peckham permettait à ce dernier d'accuser d'hérésie les maîtres d'Oxford qui continuaient à soutenir une doctrine déjà condamnée par une autorité ecclésiastique. Leur contumace supposée obligeait l'archevêque à recourir à des instances institutionnelles supérieures (le concile provincial), faisant ainsi du débat d'Oxford une affaire concernant l'Église universelle (p. 20 et 26).

Les retombées de la condamnation de Jean Peckham, à commencer par l'attitude de Guillaume de Hothum, prieur provincial des Dominicains d'Oxford et protecteur de Richard Knapwell, jusqu'aux prolongements et mutations du débat dans les séances quodlibétiques de Godefroid de Fontaines, Henri de Gand et Gilles de Rome, pointent toutes vers le décalage fondamental existant entre le statut des propositions condamnées et celui des doctrines réellement professées. Les maîtres qui se prononcèrent sur la question par la suite estimaient que la thèse de la forme substantielle constituait une doctrine philosophique ouverte au débat rationnel car non définie dogmatiquement. Leur intervention se manifestait soit du point de vue de morale professionnelle comme revendications d'une liberté de pensée – c'est le cas de Godefroid de Fontaines, qui considère la condamnation de Jean Peckham comme abusive et *grande periculum* pour la recherche intellectuelle – soit par d'élaborations plus précises de l'anthropologie de la forme substantielle (le dimorphisme d'Henri de Gand).

Ces considérations menaient Alain Boureau à reprendre, pour finir, le débat sur la signification et l'efficacité des censures médiévales, questions qu'il a soulevé à nouveau dans une note critique dans la revue *Annales*[1] à propos de l'ouvrage de Luca Bianchi, *Censure et liberté*

1. Alain BOUREAU, « La censure dans les universités médiévales (note critique) » (2000).

intellectuelle à l'université de Paris (XIIIe-XIVe siècles)[2]. Ce débat, que je n'entends point rouvrir, portait à la fois sur une question de méthode et d'historiographie. Alain Boureau relie étroitement les deux et conteste la possibilité de construire la censure comme objet historique autonome, car cela induirait des jugements de valeur faisant tomber l'historien dans le piège de lectures idéologiques. Dès lors, la censure serait soit perçue comme un instrument de répression de l'Église contre la liberté intellectuelle (L. Bianchi), soit réduite à une correction disciplinaire, ancrée dans une interprétation normative de la vérité qui vide la notion de liberté académique de toute valeur positive au Moyen Âge (selon la lecture que fait Alain Boureau de l'ouvrage de J. M. M. H. Thijssen[3]).

Je ne me prononcerai pas sur ce débat, mais me limiterai ici à signaler ce qui à mon sens constitue l'apport majeur du livre d'Alain Boureau, dans les pistes qu'il offre et les perspectives qu'il ouvre. D'abord, la mise en valeur du potentiel heuristique de la censure, servant à cristalliser des énoncés encore vagues en de thèses plus précises, jusqu'à la formulation d'un véritable savoir scientifique. Il se dissocie ici d'une valorisation de la condamnation dans le sens frayé par Pierre Duhem, qui voyait dans la mise à l'index du naturalisme aristotélicien la condition de possibilité des sciences modernes. Selon Alain Boureau, l'apport scientifique de la scolastique passe par une formalisation des phénomènes qui est plutôt tributaire de la physique d'Aristote.

En second lieu, l'idée que la censure fournit, comme la controverse, un cadre pour examiner des situations historiques ouvertes avant la consolidation d'objets normatifs, en l'occurrence le thomisme. Ici, la construction de la controverse autour des thèses thomistes ne cède à aucun moment à la tentation de réduire la défensive dominicaine à une « école de pensée », ni ses acteurs à des représentants d'une tendance. Le caractère hétérogène des répliques données à Guillaume de la Mare,

2. Paris : Les Belles Lettres, 1999.

3. *Censure and Heresy at the University of Paris, 1200-1400*, Philadelphie, University of Pennsylvania Press, 1998.

ainsi que la fluctuation des alliances institutionnelles et doctrinales, exigeaient une analyse plus prudente.

Troisièmement, la tentative « expérimentale et parfois hasardeuse » de suspendre les continuités évidentes afin de tester des principes explicatifs plus féconds (p. 341) mène à replacer la carrière archiépiscopale de Jean Peckham dans le cadre des débats scolastiques sur la forme substantielle. Le parcours individuel de Jean Peckham devient alors un terrain contrôlable à grande valeur heuristique, où l'on peut appréhender des changements historico-doctrinaux plus amples (la construction du thomisme comme lieu théologique, la remise en cause du naturalisme aristotélicien, la réorganisation d'alliances doctrinales entre mendiants...).

En quatrième lieu, l'idée que le réaménagement continu des frontières disciplinaires résultant des censures rend inopérant une conception de la scolastique comme un corpus de savoir clos et achevé. Le fait que la censure joue en deçà des frontières disciplinaires explique selon Alain Boureau sa relative inefficacité, car la malléabilité des propositions doctrinales ouvrait la voie à d'infinies possibilités de contournement. L'inefficacité de la censure irait donc de pair avec la dynamique même de l'enquête contradictoire, qui neutralise les oppositions tranchées en les assimilant à d'autres domaines d'application. En d'autres mots, par son inefficacité même, la censure signale le caractère englobant de la scolastique.

Enfin, l'une des propositions à mon sens les plus fécondes et originales d'Alain Boureau est d'avoir intégré la censure, dans le sens de contrainte méthodique, et avec elle la liberté, au sein même de la pratique du savoir scolastique. La censure n'est plus perçue comme l'empiètement d'un agent externe (l'institution répressive), ni la liberté comme le mot d'ordre d'une élite intellectuelle indistincte. « Dans une compréhension globale du système universitaire, les deux phases de contrainte et de liberté doivent être perçues dans leur interaction constante[4] », interaction que les disputes de *quodlibet* exemplifient de façon emblématique. Dans cette optique, la censure révèle la tension inhérente à une pratique

4. Boureau, « La censure dans les universités médiévales », p. 323.

intellectuelle qui se veut à la fois autonome et fondatrice des normes, et où la « connivence intellectuelle » l'emporte sur les moments de véritable coercition. L'intellectuel médiéval apparaît dès lors comme – je cite Raymond Queneau – « le rat de laboratoire qui construit lui-même le labyrinthe dont il se propose de sortir ». La censure veille à ce que le labyrinthe respecte les attentes normatives.

Ce plagiat par anticipation des pratiques oulipiennes me conduit pour finir à lancer une proposition, à savoir, de renommer le GAS et de l'appeler désormais l'OUSCOPO, Ouvroir de Scolastique Potentielle !

Pourquoi fallait-il que *Satan* devînt *hérétique* ?

Nicolas WEILL-PAROT

Dans son livre *Satan hérétique*, publié en 2004, Alain Boureau part d'une expertise rendue en 1320 par dix dignitaires de l'Église (théologiens et juristes) à la demande du pape Jean XXII. Ces avis conservés dans un manuscrit de la bibliothèque Vaticane ont été édités par ses soins dans un autre volume publié la même année par l'École Française de Rome[5]. Visé par plusieurs affaires d'envoûtement, Jean XXII paraît obsédé par la question de la magie et il évoque en 1320 une série de pratiques magiques : le baptême des images pour perpétrer des maléfices, la réitération du baptême pour guérir l'épilepsie, l'utilisation de l'eucharistie pour des maléfices, l'invocation des démons et les sacrifices faits aux démons. À chaque fois la question est la suivante : faut-il punir celui qui effectue l'une de ces pratiques comme hérétique ou seulement comme *sortilegus* (praticien d'une magie maléfique) ?

5. Alain BOUREAU, *Satan hérétique. Histoire de la démonologie (1280-1310)* (2004) ; *Le Pape et les Sorciers. Une consultation de Jean XXII sur la magie en 1320 (Manuscrit B.A.V. Borghese 348)* (2004).

Anneliese Maier et Raoul Manselli avaient attiré l'attention sur cette consultation[6]. Alain Boureau a réalisé avec son double travail une étude systématique qui fait désormais autorité. Il a fourni une analyse précise des positions des dix experts, la plus complète demeurant celle de l'évêque de Lucques Enrico del Carretto.

Si le mal n'existe pas ontologiquement, comme substance (on le sait au moins depuis saint Augustin[7]), il existe en revanche des êtres mauvais. L'être mauvais par excellence est le démon. Il manifeste par conséquent expressément, directement et, pourrait-on dire, absolument le mal. Toute pratique magique « destinative » (c'est-à-dire adressée à un destinataire intelligent, *via* des signes et des rituels), est nécessairement démoniaque sous le regard théologique, puisque seul le démon peut se mêler de telles pratiques[8]. Toute pratique magique rituelle a donc partie liée avec ce qui représente le mal lui-même, le démon. Son caractère mauvais, condamnable est on ne peut plus clair, direct, immédiat.

La consultation de 1320 est donc déroutante. Pourquoi recourir alors à la catégorie de l'hérésie pour condamner cet appel direct aux forces du mal – direct, du moins dans le cas de la dernière question posée sur l'invocation des démons ? L'hérésie a un rapport plus complexe au mal, moins immédiat. Précisément on connaît bien les récits polémiques des

6. Anneliese Maier, « Eine Verfügung Johannis XXII über die Zuständigkeit der Inquisition für Zaubereiprozesse », *Archivum Fratrum Praedicatorum*, 32 , 1952, p. 226-246 ; Raoul Manselli, « Enrico del Carretto e la consultazione sulla magia di Giovanni XXII », dans *Miscellanea in onore di Monsignor Martino Giusti*, II, Vatican, Archivio Vaticano, 1978, p. 87-129. J'avais rédigé en 1990 sous la direction d'André Vauchez et Robert Fossier un mémoire de maîtrise sur ce sujet (*L'Église, les intellectuels et la magie dans la première moitié du quatorzième siècle*, Université Paris I). Voir aussi : Isabel Iribarrren, « From Black Magic to Heresy: A Doctrinal Leap in the Pontificate of John XXII », *Church History*, 76, 2007, p. 32-60.

7. Sur saint Augustin et le mal, voir notamment Charles T. Mathewes, *Evil and the Augustinian Tradition*, Cambridge, Cambridge University Press, 2001.

8. Qu'il me soit permis de renvoyer à Nicolas Weill-Parot, *Les « Images astrologiques » au Moyen Âge et à la Renaissance. Spéculations intellectuelles et pratiques magiques (XIIe-XVe siècle)*, Paris, Honoré Champion, 2002.

clercs pourfendeurs de l'hérésie qui présentaient les hérétiques comme des suppôts du démon[9]. Les théologiens se sont efforcés de montrer le caractère *mauvais* de l'erreur doctrinale.

Il y a là presque un problème méréologique, un problème de relation du tout aux parties. Du point de vue pratique le mal pouvait être, d'une certaine manière, identifié à la sphère du démoniaque, alors que l'hérésie n'était qu'une forme du mal, c'était tout au plus une partie du mal. Dans l'ensemble constitué par le « mal », il y avait, entre autres, l'hérésie, mais bien d'autres fautes graves aussi.

Au début du XIVᵉ siècle, l'Église à son sommet voulut rendre hérétique, en quelque sorte, le mal lui-même ; en somme, elle chercha à faire rentrer le tout dans la partie. Le projet est surprenant. Ne pouvait-elle se contenter de pourchasser sévèrement les *sortilegi* en les punissant de mort, puisqu'ils avaient pactisé en toute conscience avec l'Ennemi ? La formulation de la question est étonnante : le responsable d'un tel acte magique « doit-il être tenu pour hérétique ou *seulement* puni comme faiseur de sortilèges ? » (*an… sit velut hereticus habendus vel solum ut sortilegus puniendus* ?). Ce *solum* est assez étrange si on le prend à la lettre. *A priori* il ne devrait pas être nécessaire d'ajouter une qualification à un acte si expressément présenté comme démoniaque. Le *sortilegus* va solliciter directement et délibérément les forces du mal (au moins dans le cas de l'invocation explicite des démons envisagée dans l'une des questions posées aux experts), tandis que l'hérétique s'obstine dans l'erreur doctrinale : l'obstination de l'hérétique peut être qualifiée de démoniaque, mais le théologien ne pense pas forcément que l'hérétique va directement adorer ou solliciter le démon. Du reste, on pourrait rappeler que dans l'*Enfer* de Dante (dont la rédaction est entreprise en 1306), les magiciens se trouvent bien dans le huitième cercle, tandis que les hérétiques ne sont que dans le sixième[10].

9. Voir notamment André VAUCHEZ, *Les Hérétiques au Moyen Âge. Suppôts de Satan ou chrétiens dissidents ?*, Paris, CNRS éditions, 2014, p. 18-25.

10. Dante Alighieri, *Commedia*, vol.1 : *Inferno*, Milan, Arnoldo Mondadori, 1991 : *canto* XI [hérétiques], p. 335-351et *canto* XX [mages et devins], p. 599-617.

La question posée par Jean XXII implique donc une forme de contradiction perverse. Elle conduit certains experts, comme le montre bien Alain Boureau, à mettre en avant la notion de *factum hereticale*, de fait hérétique, d'acte qui traduit *ipso facto* une croyance erronée dans le pouvoir du diable.

On pourrait tenter deux explications pour rendre compte de l'existence d'une telle question posée aux experts réunis par le pape.

1. La première serait institutionnelle. La poursuite de l'hérésie bénéficiait d'un cadre judiciaire et institutionnel spécifique alors bien rôdé (même si, comme on le sait, l'inquisition médiévale demeure une procédure plus qu'une institution proprement dite) : il pouvait donc se révéler efficace en pratique pour éradiquer la magie de la qualifier d'hérétique. L'instrument d'éradication était tout prêt, et l'hérésie proprement dite moins pressante, après la liquidation des derniers foyers hérétiques cathares[11].

Mais Alain Boureau souligne, par contraste, la méfiance du pape Jean XXII à l'égard de l'inquisition, qu'il ne trouvait pas particulièrement efficace ni maniable[12]. Il donne cependant les éléments d'une autre explication liée à un problème de procédure judiciaire. Il part précisément de l'importance prise par le *factum* dans la qualification d'une faute qu'il décèle aussi bien en philosophie que dans le domaine judiciaire. Puis il estime, en somme, que devant les ambiguïtés d'une situation où la poursuite des magiciens oscillait entre plusieurs types de procédures (inquisitoire ? sommaire ?), Jean XXII aurait, en quelque sorte, de bonne foi, demandé un avis pour une clarification. Alain Boureau prend ainsi, de fait, quelque distance avec l'interprétation donnée par Raoul Manselli des différentes consultations d'experts demandées par Jean XXII au cours de son pontificat, où le pape était présenté comme

11. Sur la « production » des hérésies, voir notamment Alain Boureau, « La circulation des hérésies dans l'Europe médiévale » (2008), p. 19-30.

12. Boureau, *Satan hérétique*, p. 53-60.

passant commande d'une démonstration pour une conclusion implicitement attendue[13].

2. Une deuxième explication serait d'ordre *idéo-logique* et consisterait à privilégier l'*obsession* hérétique des plus hautes autorités de l'Église. Après des décennies de poursuite de l'hérésie en théorie et en pratique, le raisonnement sur le mal s'était peut-être perverti en ce sens que l'hérésie avait fini par absorber le mal du monde au point d'en être considérée comme l'expression paroxystique plus encore que l'appel direct au démon. Alain Boureau va, en partie dans ce sens, lorsqu'il écrit :

> « Jean XXII disposait donc d'un arsenal assez étendu d'arguments et l'on voit bien la fonction de la consultation : malgré les inévitables répétitions, chacun des textes offre au moins un argument neuf. Il était fort possible pour le pape de construire une bulle solidement étayée en faisant le tri des arguments. Cependant, il est un point capital où le pontife dut être frustré par l'ensemble des réponses (sauf une). Les experts n'attachaient pas d'importance spéciale au recours aux démons et les développements sur la réitération du baptême et sur la profanation d'hostie étaient bien plus substantiels que les considérations sur les sacrifices et les invocations adressées aux démons. Pis, ce recours apparaissait parfois comme une circonstance atténuante au regard de la qualification d'hérésie : en effet, un magicien qui rendait hommage au diable pouvait se livrer à des actes sacrilèges uniquement pour lui complaire, sans avoir de pensées fausses sur la nature du baptême et de l'eucharistie »[14].

Ces lignes renvoient, me semble-t-il, au nœud du problème : l'impossible adéquation entre l'échelle de la faute et l'échelle de l'erreur. De fait, intrinsèquement l'hérésie est dans une étrange tension entre sa proximité

13. Raoul Manselli, « Un Papa in un'età di contraddizione : Giovanni XXII », *Studi romani*, 22, 1974, p. 444-456 (en partic. 449-450). Pour une contextualisation des enjeux de la demande d'expertise par le pape : Alain Boureau, « Expertise et cultures savantes » (2011), p. 23-25.

14. Boureau, *Satan hérétique*, p. 74.

par rapport à la vérité dogmatique et la gravité de son péché. La comparaison entre la gravité du péché des païens et celle des hérétiques est bien connue : Thomas d'Aquin estime que si l'on se réfère à la foi, l'hérétique pèche plus gravement puisqu'il résiste à une vérité qu'il avait reçue, en revanche si l'on se réfère à la corruption des vérités de la foi alors l'infidélité des païens est plus grave que celle des hérétiques[15]. Mais pour recentrer sur la comparaison entre la magie (souvent qualifiée d'idolâtrie) et l'hérésie, on a déjà fait remarquer que la logique de l'hérésie n'a pas la même direction que celle de l'implication démoniaque. Pour réprimer la pratique la plus explicitement démoniaque (l'invocation des démons), le concept d'hérésie est inadéquat. Comme le remarque Alain Boureau, sur dix avis, deux ne souscrivent pas à l'idée de qualifier ces pratiques magiques d'hérétiques, deux sont « ambivalents » et six répondent à l'attente de Jean XXII, parmi ceux-ci l'avis d'Enrico del Carretto[16].

L'évêque de Lucques argumente de la façon la plus aboutie en faveur de la qualification d'hérétiques des pratiques magiques qui sont soumises à son examen. Et pourtant, l'édifice conceptuel montre ainsi ses limites, même chez cet expert zélé qui, sur un point au moins, ne paraît pas répondre tout à fait à la demande implicite du pape. Comme l'analyse très bien Alain Boureau Enrico del Carretto semble admettre que « l'appel » du magicien au démon « pourrait se faire sans hérésie si le magicien se contentait de demander l'aide naturelle » du démon[17]. Cependant, il faut remarquer que les conditions d'un tel modèle n'ont aucune chance d'être réunies dans quelque pratique magique avérée. En effet, il faudrait que l'image d'envoûtement ne soit pas consacrée, d'une part ; mais surtout, d'autre part, il faudrait que l'image soit perçue par le magicien lui-même comme un pur signe d'adresse aux démons. Il faudrait, en somme, que le magicien ne croit pas que l'image qu'il a fabriquée est muée en objet magique. Il faudrait donc que le magicien pense que l'image qu'il fabrique ne sert à rien en tant que telle mais qu'elle est seulement un signe que

15. Thomas d'Aquin, *Summa theologiae*, IIa IIae, q. 10, art. 6, Resp.
16. Boureau, *Satan hérétique*, p. 69-75.
17. *Ibid.*, p. 85.

le démon reconnaît pour le tromper et agir directement. En somme, il faudrait que le magicien lui-même intègre l'explication théologique de la magie. Or précisément l'explication théologique réduit à néant l'opération magique, en faisant du magicien le jouet d'une illusion démoniaque : le magicien croit que son image sert à quelque chose d'efficient, alors que c'est le démon qui en sous-main agit directement et va frapper l'ennemi directement. Le magicien se nierait lui-même en acceptant ce modèle interprétatif intrinsèquement contraire à la magie. Donc après tout, Enrico del Carreto ne court pas grand risque à « déshérétiser » une hypothèse aussi improbable. C'est un peu comme Thomas d'Aquin qui, à la fin du chapitre de la *Somme contre les Gentils* où il montre l'impossibilité d'un talisman naturaliste, envisage *in-extremis* la possibilité d'un talisman naturaliste avec de telles conditions qu'elle est, dans les faits, irréalisable[18].

L'hypothèse d'Alain Boureau selon laquelle il convient d'écarter l'idée d'une volonté pontificale d'instrumentaliser la procédure inquisitoriale pour éradiquer une magie perçue comme redoutable et selon laquelle, par conséquent, le pape Jean XXII aurait sincèrement cherché à clarifier les relations entre magie et hérésie, ne contredit nullement l'hypothèse d'une explication par l'obsession hérétique. Pour qu'une telle question fût posée, il fallait bien d'une certaine manière que l'hérésie fût devenue un point de focalisation inévitable. Dans une telle perspective, la consultation de 1320 traduirait la manifestation plus profonde d'un renversement obsessionnel des hiérarchies du mal, où le démon lui-même était, pour ainsi dire, dépassé par l'hérétique.

18. Sur cette pseudo-concession de Thomas d'Aquin : voir note 8.

Les papes et les sorcières : la postérité de *Super illius specula*

Martine OSTORERO

Lorsque j'avais convié Alain Boureau à parler en décembre 2000 dans le cadre d'une journée d'études à l'Institut historique allemand (Paris), je ne me doutais pas de l'ampleur de la révolution qui allait s'ensuivre. Sa communication, parue dans la revue *Médiévales* en 2003 et prolongée ensuite dans *Satan hérétique* en 2004 – appuyé la même année par l'édition de la consultation sur la magie de 1320 dans *Le Pape et les sorciers*[1] –, a provoqué une belle tempête dans beaucoup d'esprits : Alain Boureau proposait un « saut en arrière de plus d'un siècle » pour saisir le démarrage des chasses aux sorcières, situé traditionnellement dans les années 1420-1430, en corrélation avec les premières descriptions du sabbat démoniaque. En résumé – fort grossier –, il démontrait d'une part comment la rationalité scolastique avait mis en œuvre les conditions d'un tournant démonologique majeur. D'autre part, il soulignait l'importance de qualifier d'hérésie ou de « fait hérétique » (*factum hereticale*)

1. Alain BOUREAU, « Satan hérétique : l'institution judiciaire de la démonologie sous Jean XXII » (2003); *Satan hérétique. Histoire de la démonologie (1280-1310)* (2004) ; *Le Pape et les Sorciers. Une consultation de Jean XXII sur la magie en 1320 (Manuscrit B.A.V. Borghese 348)* (2004).

l'invocation des démons effectuée dans le cadre des opérations magiques, un paradigme qui s'avère fondamental pour l'histoire ultérieure de la répression de la sorcellerie.

Le moment clé se situe sous Jean XXII, fortement troublé par plusieurs affaires de magie, d'envoûtements et de démonolâtrie qui ponctuent son long pontificat avignonnais (1316-1334). Il suffit ici de renvoyer aux pièces éparses de ce dossier d'importance rassemblé par Alain Boureau, parmi lesquelles : en 1317, le procès contre à Hugues Géraud, évêque de Cahors, accusé d'avoir intenté à la vie du pape par magie démoniaque et poison ; en 1318, la commission pontificale contre Robert de Mauvoisin ; la fameuse consultation d'experts de 1320 ; la même année, la lettre du cardinal-légat Guillaume de Peyre Godin envoyée au nom de Jean XXII aux inquisiteurs de Carcassonne et de Toulouse, Jean de Beaune et Bernard Gui, qui sera répétée en 1330. À cela s'ajoutent, entre 1318 et 1330, un ensemble de mandats pontificaux adressés à des cardinaux, des inquisiteurs ou des ordinaires locaux, ainsi que l'ouverture de plusieurs procédures sommaires contre des clercs et des laïcs suspectés d'user d'arts magiques[2]. La série ne s'arrête d'ailleurs pas à Jean XXII, mais se poursuit sous Benoît XII.

Qu'il me soit permis ici de signaler quelques travaux, récents ou en cours, autour de la magie et sorcellerie à partir de Jean XXII, qui doivent

2. Cf. Jean-Marie Vidal, *Bullaire de l'inquisition française au xive siècle et jusqu'à la fin du Grand Schisme*, Paris, Letouzey et Ané, 1913, p. xlix et n° 24, 29, 30bis, 50, 67, 72, 72bis, 77, 103 et 109-111 ; Nicolas Weill-Parot, *Les « images astrologiques » au Moyen Âge et à la Renaissance. Spéculations intellectuelles et pratiques magiques (xiie-xve siècle)*, Paris, Honoré Champion, 2002, p. 377-385 ; Jean-Patrice Boudet, *Entre science et « nigromance ». Astrologie, divination et magie dans l'Occident médiéval, xiie-xve siècle*, Paris, Publications de la Sorbonne, 2006, p. 450-458 ; Martine Ostorero, *Le diable au sabbat. Littérature démonologique et sorcellerie (1440-1460)*, Florence, Sismel (« Micrologus' Library », 38) 2011, p. 236-240 et 434-442 ; Julien Théry, Jean-Patrice Boudet, « Le procès de Jean XXII contre l'archevêque d'Aix Robert de Mauvoisin (1317-1318) : astrologie, arts prohibés et politique », *Jean XXII et le Midi*, Toulouse, Privat, « Cahiers de Fanjeaux, 45», 2012, p. 159-236 ; Irene Bueno, *Defining Heresy : Inquisition, Theology, and Papal Policy in the Time of Jacques Fournier*, Leiden-Boston, Brill, 2015.

beaucoup au *Satan hérétique*. Relevons tout d'abord que si l'attention du pape se concentre sur le royaume de France et surtout sur le Midi, d'autres territoires sont également contaminés par les actions judiciaires contre la magie démoniaque. Sylvain Parent a récemment réexaminé avec brio les procès engagés en Italie par Jean XXII contre les « rebelles » et les « ennemis de l'Église », assimilés à des hérétiques. Il démontre aussi comment, dans les affaires liées à la famille des Visconti et à la commune de Recanati dans la Marche d'Ancône (1320-1323), les accusations de magie et de démonolâtrie viennent renforcer la qualification d'hérésie[3]. Dans le procès intenté contre Muzio di Francesco d'Assise (1321-1322), accusé notamment de détenir un démon dans un anneau qui lui confère puissance et omniscience, la divination a bien la saveur de l'hérésie[4].

Ces préoccupations connaissent des rebondissements jusqu'en Irlande : l'affaire Lady Kyteler (1324-1325) doit tout à l'acharnement de l'évêque d'Ossory Richard Ledrede[5]. Formé dans le milieu avignonnais et fidèle à Jean XXII, Ledrede tente d'appliquer ses idées dans un terrain guère propice, en pourchassant des *heretice sortilege* au moyen de la procédure inquisitoire extraordinaire. L'accueil qu'il reçoit est glacial et l'oblige à s'exiler en retournant à Avignon. L'affaire Kyteler semble bien être l'exportation outre-Manche de l'obsession de Jean XXII face au *sortilegium* et au culte des démons.

L'importance de cette série d'affaires autour du pontificat de Jean XXII a déjà bien été relevée ; elle mériterait encore un réexamen d'ensemble, grâce à l'impulsion donnée par les réflexions d'Alain Boureau et par d'autres recherches récentes.

3. Sylvain Parent, *Dans les abysses de l'infidélité. Les procès contre les ennemis de l'Église en Italie au temps de Jean XXII (1316-1334)*, Rome, École française de Rome, 2014.

4. Stefano Brufani, *Eresia di un ribelle al tempo du Giovanni XXII : il caso di Muzio di Francesco d'Assisi, con l'edizione del processo inquisitoriale*, Spolète, Centre Italiano di studi sull'alto medioevo, 1991, p. 95-100 et 142.

5. *The sorcery trial of Alice Kyteler : a contemporary account (1324) together with related documents in English translation, with introduction and notes*, ed. by L.S. Davidson and J. O. Ward, Binghamton – New York, Center for Medieval and Early Renaissance Studies, 1993.

Au sein de cette série judiciaire figure bien sûr *Super illius specula*, « l'arbre qui cache la forêt », comme l'a si bien dit Alain Boureau, un document qui a des allures de bulle fantôme : ce n'est pas tant la question de son authenticité qui se pose que celle de sa promulgation officielle. En résumé, aucune trace d'enregistrement dans les registres pontificaux ni aucune expédition dans ces années-là n'ont pour l'heure été retrouvées. Pour autant, le message de *Super illius specula*, son tournant capital, correspond bel et bien à celui clairement attesté par ces documents du pontificat de Jean XXII, en premier lieu la lettre de 1320. Il fait entrer les pratiques magiques dans le cadre de l'hérésie, non seulement car celles-ci s'appuieraient sur un pacte passé avec le diable, mais surtout parce qu'elles impliqueraient un détournement abusif et sacrilège des sacrements, tels ceux du baptême et de l'eucharistie. L'assimilation normative de la magie démoniaque et du *maleficium* à l'hérésie est en marche. Un mouvement qui annule la distinction faite au titre *Accusatus*[6] et la fameuse saveur nécessaire de l'hérésie, sans laquelle toute procédure inquisitoriale (*i.e.* engagée par des inquisiteurs) est bloquée.

On le sait, la plus ancienne attestation de *Super illius specula* est celle de Nicolas Eymerich dans son *Directorium inquisitorum* (achevé vers octobre 1376 en Avignon), à partir duquel il a pu se diffuser plus largement[7]. Mais

6. *Sexte*, 5, 2, 8 (*Corpus iuris canonici*, éd. Friedberg, Emil, Graz, Akademische Druck- u. Verlagsanstalt, 1959, [Lipsiae, 1879-1881], II, col. 1070-72) et Joseph Hansen, *Quellen und Untersuchungen zur Geschichte des Hexenwahns und der Hexenverfolgung im Mittelalter*, Hildesheim, G. Olms, 2003 [Bonn, 1901], p. 1.

7. Cf. Boureau, *Satan hérétique*, p. 19-24 ; Boudet, *Entre science et « nigromance »*, *op. cit.*, p. 450-455 ; Julien Véronèse, « Le *Contra astrologos imperitos atque nigromanticos* (1395-1396) de Nicolas Eymerich (O.P.) », dans Ostorero, Martine, Modestin, Georg et Utz Tremp, Kathrin (dir.), *Chasses aux sorcières et démonologie. Entre discours et pratiques*, Florence, Sismel (« Micrologus' Library », 36), 2010, p. 271-329, sp. p. 274-275 ; Id., « Nicolas Eymerich et l'astrologie à la cour d'Aragon », dans Boudet, Jean-Patrice, Ostorero, Martine et Paravicini Bagliani, Agostino (dir.), *De Frédéric II à Rodolphe II. Astrologie, divination et magie dans les cours (XIIIe-XVIIe siècle)*, Florence, Sismel (« Micrologus' Library »), à paraître ; Agostino Paravicini Bagliani, « Il papato e il demoniao. Per una rilettura di alcune lettere pontificie del Due e Trecento », dans *Il diavolo nel medioevo. Atti del XLIX Convegno storico internazionale, Todi, 14-17 ottobre*, Spolète, Fondazione Centro italiano di Studi sull'Alto

le plus troublant est que Nicolas Eymerich ne mentionne pas *Super illius specula* dans son traité antérieur, alors même qu'il a connaissance de la consultation de 1320 et qu'il cite d'autres textes législatifs de Jean XXII, à l'exemple des bulles *Cum inter nonnullos* (1323) et *Quia quorundam* (1324). Comme l'a montré récemment Julien Véronèse de manière remarquable[8], ce traité encore inédit, le *De jurisdictione inquisitorum in et contra christianos demones invocantes*, daté de 1359, se lit comme une réaction, un manifeste de défense, face aux vives contestations que suscite son activité d'inquisiteur, de la part de l'épiscopat de Gérone et du roi d'Aragon Pierre IV le Cérémonieux. En manque cruel de soutien, et ponctuellement relevé de son office, il sollicite la protection et l'appui de l'autorité pontificale. Le choix même du sujet laisse supposer que le litige avec les ordinaires locaux concernait des procès entrepris contre des invocateurs de démons. L'analyse de Julien Véronèse prouve l'influence sur Nicolas Eymerich du carme catalan, Guido Terreni, grand défenseur de la souveraineté pontificale et inquisiteur de Majorque, consulté par Jean XXII en 1320 sur la question de l'assimilation de la magie à l'hérésie. La comparaison des deux textes est flagrante et permet de réévaluer l'importance et l'écho de la réponse de Guido Terreni, comme l'avait précédemment relevé Isabel Iribarren sur un autre aspect[9]. En 1376, Nicolas Eymerich reprend d'ailleurs presque mot pour mot l'argumentaire de son traité de 1359 dans la question 43 du *Directorium inquisitorum*, consacrée aux invocateurs de démons. Mais, au lieu du canon *Accusatus*, il reproduit la bulle *Super illius specula* qui renforce la qualification d'hérésie à

Medioevo « Centro Italiano di Studi sul Basso Medioevo – Accademia Tudertina », 2013, p. 101-115, sp. p. 113-115.

8. Julien Véronèse, « Nigromancie et hérésie : le *De jurisdictione inquisitorum in et contra christianos demones invocantes* (1359) de Nicolas Eymerich (O.P.) », dans Ostorero, Martine et Véronèse, Julien (dir.), *Penser avec les démons. Démonologues et démonologies (xiiie-xviie siècles)*, Florence, Sismel (« Micrologus' Library », 71), 2015, p. 5-56, sp. 12-14.

9. Cf. aussi Isabel Iribarren, « From Black Magic to Heresy: a Doctrinal Leap in the Pontificate of John XXII », *Church History*, 76, 2007, p. 32-60. Pour autant, Guido Terreni, dans son traité ultérieur sur les hérésies (*Summa de hæresibus*, vers 1340), ne retient pas les adorateurs des démons parmi les hérétiques.

la magie : c'est une transformation d'importance ![10] Nicolas Eymerich en aurait donc eu connaissance seulement après 1360 et avant 1376. Le mandat correspond en tous points à ses vues et confère davantage de légitimité à son action, puisque près d'une cinquantaine de procédures engagées par lui sur dénonciation ont concerné la magie et la divination[11].

Or, deux ans plus tôt, en 1374, Grégoire XI (1370-1378) adresse à Jacques de Morey, inquisiteur de France, une lettre commençant par les mots *Super specula militantis*. Il l'enjoint à la poursuite en procédure sommaire (*simpliciter et de plano ac sine figura iudicii*) des invocateurs des démons, tout en signalant les oppositions manifestées par « certains, même lettrés » à cette extension des charge inquisitoriales[12]. Grégoire XI réactualise le projet de Jean XXII, à l'attention de Jacques de Morey. On se plairait alors à imaginer qu'un mandat au contenu similaire aurait été adressé à Nicolas Eymerich lorsque le pape l'a confirmé comme inquisiteur après sa déposition par le roi d'Aragon. Quoiqu'il en soit, *Super illius specula* reste un projet de bulle vraisemblablement non promulguée au temps de Jean XXII, par prudence en raison des réticences, mais dont il ne faut pas douter la réalité ; n'aurait-elle pas été alors en quelque sorte remise en service par Grégoire XI un demi-siècle plus tard ?

Le dernier tiers du XIVe siècle et le début du XVe siècle est d'ailleurs marqué par une recrudescence de lettres pontificales en provenance

10. VÉRONÈSE, « Nigromancie et hérésie », *op. cit.*, p. 20 et 35-36.

11. En témoigne le fragment du registre tenu par le vicaire général d'Eymerich vers 1365-1374, cf. Johannes VINCKE, *Zur Vorgeschichte der Spanischen Inquisition. Die Inquisition in Aragon, Katalonien, Mallorca und Valencia während des 13. und 14. Jahrhunderts*, Bonn, Hanstein, 1941, p. 162-82. Les récents travaux de Pau Castell Granados démontrent l'importance et la précocité de la Catalogne dans la répression de la magie et de la sorcellerie, au tournant des XIVe-XVe siècles, à la suite d'Eymerich, puis sous l'influence de la prédication de Vincent Ferrier (1350-1419) : Pau CASTELL I GRANADOS, « *Sortilegas*, *divinatrices* et *fetilleres*. Les origines de la sorcellerie en Catalogne », *Cahiers de Recherches Médiévales et Humanistes*, 22, 2011, p. 217-241 ; ID., *Orígens i evolució de la cacera de bruixes a Catalunya (segles XV-XVI)*, Barcelona, Unpublished Ph.D., 2013 ; ID., « "Wine vat witches suffocate children". The Mythical Components of the Iberian Witch », *eHumanista. Journal of Iberian Studies*, 26, 2014, p. 170-195.

12. BOUREAU, *Satan hérétique*, p. 23 ; VIDAL, *Bullaire*, *op. cit.*, p. 405-406, n° 295.

d'Avignon visant à soutenir l'action inquisitoriale dans le royaume de France contre les invocateurs des démons et les pratiques de magie ou de sorcellerie. En septembre 1398, c'est au tour de la Faculté de théologie de l'université de Paris de s'imposer en la matière. La large condamnation de la magie rituelle qu'elle prononce acquiert une valeur normative en plein Schisme, très peu de temps après la soustraction d'obédience à Benoît XIII, et permet à l'université d'affirmer son autorité en matière de foi au sein de la chrétienté. Elle prend toute son ampleur dans la crise de l'obéissance et d'autorité que traverse le royaume de France, comme Jean-Patrice Boudet et Jacques Chiffoleau l'ont récemment montré. La série d'affaires de magie qui secoue les cours de France et de Bourgogne, d'une intensité similaire à celle du pontificat de Jean XXII, s'inscrit au cœur de la construction de la souveraineté et de la majesté royale[13].

Pour ma part, j'ai été tentée d'examiner les « conceptions démonologiques » des successeurs de Jean XXII afin de saisir quelle a été l'attitude de la papauté face à la sorcellerie et à la magie démoniaque au XVe siècle. Quelles sont les qualifications employées pour les désigner ? Est-ce que le « fantôme » de *Super illius specula* et les convictions de Jean XXII font à nouveau surface au XVe siècle ? La première moitié du XVe siècle est le temps fort de l'élaboration d'une nouvelle définition de la sorcellerie, à la fois collective et fondamentalement démoniaque, qui trouve son aboutissement dans le sabbat des sorcières et les sectes démonolâtres[14]. Ces notions sont-elles présentes dans la documentation pontificale ? Pour répondre à ces questions, je me limite ici à cinq temps

13. Jean-Patrice BOUDET, « Les condamnations de la magie à Paris en 1398 », *Revue Mabillon*, ns 12, t. 73, 2001, p. 121-157 ; Jean-Patrice BOUDET et Jacques CHIFFOLEAU, « Magie et construction de la souveraineté sous le règne de Charles VI », dans *De Frédéric II à Rodolphe II. Astrologie, divination et magie dans les cours (XIIIe-XVIIe siècle)*, *op. cit.*

14. Cf. notamment Martine OSTORERO, « Diable, démons et sorciers au sabbat : de nouveaux rapports entre les mauvais esprits et les êtres humains? », dans *Il diavolo nel medioevo*, *op. cit.*, p. 307-342.

forts des réactions des souverains pontifes face à la sorcellerie et à la magie entre 1409 et 1459, à savoir : la lettre d'Alexandre V de 1409 à l'inquisiteur franciscain Ponce Feugeyron ; la bulle contre les sorciers d'Eugène IV (1437/1445) ; le mandat de Nicolas V à l'inquisiteur dominicain Hugues Noir, qui souligne l'*enormitas* du crime de sorcellerie (1451) ; la réaction de Calixte III face à des sectes de sorciers dans le nord de l'Italie, en 1457 ; et enfin un mandat de Pie II de 1459 visant à enquêter contre des magiciens bretons[15].

L'examen de ces documents permet d'émettre cinq réflexions ou constats principaux[16]. Tout d'abord, les conceptions de Jean XXII ne sont que partiellement ou momentanément reprises par ses successeurs dans la première moitié du XVe siècle. Les échos les plus directs se trouvent dans une lettre d'Eugène IV conçue en 1437. Elle est adressée à deux reprises au moins à des inquisiteurs, rattachés pour l'un au couvent dominicain de Lyon cette année-là, et pour l'autre, en 1445 à l'inquisiteur de Carcassonne, Pierre Turelure. La terminologie employée

15. Ces documents sont édités, souvent partiellement, ou simplement mentionnés dans HANSEN, *Quellen*, *op. cit.*, p. 17-28. La bulle d'Alexandre V est éditée dans Shlomo SIMONSOHN, *The Apostolic See and the Jews. Documents : 1394-1464*, vol. 2, Toronto, Pontifical Institute of Mediaeval Studies (« Studies and Texts », 95), 1989, p. 658-661 n° 583 (p. 667-669 n° 590 et p. 824-827 n° 705 pour ses reprises en 1418 et 1435). Le document d'Eugène IV vient d'être édité et traduit dans Franck MERCIER et Martine OSTORERO, *L'énigme de la Vauderie de Lyon. Enquête sur l'essor de la chasse aux sorcières entre France et Empire (1430-1480)*, Florence, Sismel (« Micrologus' Library », 72), 2015, Annexe 5 et p. 185-191. Pour le mandat de Nicolas V, cf. OSTORERO, *Le diable au sabbat*, *op. cit.*, p. 91-96 et p. 738-739. Pour l'intégralité de la lettre de Calixte III, cf. Caesar BARONIUS, Odoricus RAYNALDUS, *Annales ecclesiasti*, 29, Bar-Le-Duc/Paris/Fribourg, 1880, p. 137-138, n° 90-91. Pour celle de Pie II, cf. Vatican, Archivio Segreto Vaticano, Reg. Vat. 502, fol. 238v°-239r° et Paris, BnF, ms. fr. 2707, fol. 228r°-v° (extrait partiel dans HANSEN, *Quellen*, *op. cit.*, p. 20).

16. Pour une analyse plus complète et approfondie du dossier, je me permets de renvoyer à mon article « Des papes face à la sorcellerie démoniaque (première moitié du XVe s.) : une dilatation du champ de l'hérésie ? », dans MERCIER, Franck et ROSE, Isabelle (dir.), *Aux marges de l'hérésie au Moyen Âge*, Rennes, Presses universitaires de Rennes, 2017. Je remercie chaleureusement Franck Mercier et Isabelle Rosé de m'autoriser à en livrer ici quelques résultats.

s'appuie clairement sur celle utilisée par Jean XXII entre 1320 et 1330[17]. Eugène IV incite les inquisiteurs à engager des poursuites contre ceux qui invoquent les démons, qui les adorent et leur rendent hommage. Le mandat vise également ceux qui, en vertu du pacte conclu avec les démons, commettent des maléfices et provoquent des tempêtes ; il dénonce encore ceux qui profanent et détournent les sacrements et les symboles de l'Église à des fins sacrilèges et baptisent des figurines de cire. L'injonction pontificale se coule dans une matrice rhétorique et conceptuelle élaborée pour l'essentiel sous Jean XXII et conçue contre la magie rituelle et maléfique. Cette matrice met au premier plan l'idolâtrie (la démonolâtrie et les invocations démoniaques) et les profanations sacramentelles, essentielles pour étendre le champ de l'hérésie, et surtout de l'apostasie, à la magie et à la sorcellerie.

Eugène IV marque ainsi une rupture avec le mandat qu'Alexandre V avait adressé à Ponce Feugeyron en 1409, et qu'il avait d'ailleurs ratifié en 1435. La lettre d'Alexandre V dénonçait les « nouvelles sectes de sorciers », juifs ou chrétiens qui invoquent les démons et qui se livrent à des « rites prohibés », en usant d'arts criminels (*nefarius*). Durant un quart de siècle est donc réaffirmé un même contenu, lequel lie étrangement les juifs et les chrétiens[18]. Or, c'est au même moment que se développe dans certaines régions, en particulier dans les Alpes occidentales, l'imaginaire d'un rituel qui rassemblent dans une « synagogue » des « hérétiques » qui complotent secrètement de détruire la société chrétienne. Pour autant, la piste d'une assimilation entre juifs et sorciers – chère à Carlo Ginzburg et à Agostino Paravicini Bagliani, qui traquaient les traits anti-judaïsant de la formation du sabbat – ne s'imposera pas fondamentalement, au-delà de la désignation du lieu-même du *sabbat* et de la *synagogue* des sorciers.

17. Notamment sur la lettre du 22 août 1320 envoyée par Guillaume de Peyre Godin aux inquisiteurs de Carcassonne et de Toulouse. Le pape reprendra ce même contenu en novembre 1330 pour s'adresser aux archevêques et inquisiteurs de Narbonne et de Toulouse. Sur le mandat d'Eugène IV, cf. OSTORERO, *Le diable au sabbat*, *op. cit.*, p. 88-91 et 419-420 et MERCIER, OSTORERO, *L'énigme de la Vauderie de Lyon*, *op. cit.*, p. 185-191.

18. Martine OSTORERO, « Itinéraire d'un inquisiteur gâté : Ponce Feugeyron, les juifs et le sabbat des sorciers », *Médiévales*, 43, automne 2002, p. 103-118.

En quelque sorte, Eugène IV, pris entre le mythe du sabbat naissant et celui du complot, choisit par prudence de reprendre la ligne de Jean XXII.

Le mandat de Pie II adressé en 1459 à des abbés de Bretagne se rapproche également de la rhétorique de Jean XXII, ce qui n'est pas étonnant puisqu'il s'appuie en partie sur le modèle de celle d'Eugène IV. Il ne vise d'ailleurs pas tant des groupes de sorciers démoniaques, mais plutôt des magiciens et devins et, à la lecture des dessous de l'affaire, des évêques soupçonnés de rébellion et de conjurations[19]. Elle s'insère davantage dans la ligne des affaires de magie à caractère politico-religieux dont on compte un nombre important au XIVe siècle. En ce sens, il apparaît logique que Pie II récupère le modèle de Jean XXII.

Hormis ces récurrences dans les lettres d'Eugène IV et de Pie II, les autres mandats pontificaux relatifs à la sorcellerie usent d'une terminologie et de qualifications juridiques particulières ; celles-ci retiendront notre attention dans un instant. Le fait est que l'ensemble de la documentation est marquée par une absence de linéarité et de continuité. La chancellerie pontificale conçoit à chaque fois des documents particuliers, qui marquent d'ailleurs souvent d'importantes ruptures avec les mandats antérieurs.

Ceci peut s'expliquer par un deuxième constat : les documents pontificaux pris en compte ici sont des réponses à des sollicitations précises, qui émanent non seulement d'inquisiteurs, mais également d'un nonce, dans le cas de Calixte III, et même d'un prince, le duc de Bretagne, qui écrit à Pie II. Force est de constater que les papes du XVe siècle, à l'inverse de Jean XXII, prennent rarement l'initiative, que ce soit pour définir le crime de sorcellerie sur une base conceptuelle stable ou pour édicter une nouvelle législation, alors qu'ils vivent le moment crucial du début des chasses aux sorcières. Les mandats pontificaux témoignent de l'implication principalement réactive des souverains pontifes qui, en répondant aux demandes des inquisiteurs, placent ceux-ci au centre de la construction de la sorcellerie démoniaque au XVe siècle. Cette attitude

19. Barthélemy-Amédée Pocquet du Haut-Jussé, *Les papes et les ducs de Bretagne : essai sur les rapports du Saint-Siège avec un État*, Rennes, 2000, [Paris, E. de Boccard, 1928], p. 660-661, 796-799 et 803-809.

contraste considérablement avec l'intérêt personnel et proactif marqué par Jean XXII pour les questions relatives à la magie et aux sortilèges, et que l'on sait intrigué par les manifestations démoniaques, comme l'a si bien montré Alain Boureau. La production pontificale est vraisemblablement orientée par des individus, voire par des groupes d'influence (on dirait aujourd'hui des lobbies), qui s'activent auprès de la Curie pour faire passer des informations et des idées dans le but d'infléchir la norme. De la manière dont celles-ci sont relayées dépend sans doute le succès de leur initiative, sans qu'il soit pour l'heure possible de préciser ces mécanismes.

Troisièmement, dans chacun des documents pontificaux, une grande prudence s'observe dans les descriptions des méfaits attribués. La terminologie adoptée est bien différente de celle employée par les fanatiques du réalisme du sabbat démoniaque. Les allusions à de « nouvelles sectes » restent discrètes : bien qu'elles figurent chez Alexandre V, Nicolas V et Calixte III, elles sont simplement juxtaposées aux crimes de sorcellerie. Le vocabulaire est très traditionnel et contrôlé : absence de synagogue, sabbat, « fasciniers », « faituriers », striges, lamies, etc., autant de termes qui témoignent de la richesse lexicale foisonnante que l'on rencontre dans les procès ou les traités contemporains. Le vol des sorciers au sabbat reste le grand absent de cette documentation, alors qu'il est la pierre d'achoppement des théoriciens de la sorcellerie au XVe siècle, dont les positions prennent appui sur le canon *Episcopi* pour débattre de la dimension réelle ou illusoire de la sorcellerie. Le vol magique ne pénètre pas dans les milieux pontificaux, un silence qui traduit peut-être un certain dédain face à cette croyance. Les papes du XVe siècle peinent à accepter la nouveauté du sabbat et le réalisme démoniaque, probablement parce qu'ils se situent davantage dans une position de défense de l'orthodoxie et de la tradition. De même, on n'y trouve aucune narration, même minimale, du sabbat des sorcières, qui ne cesse pourtant de se dire dans et autour des tribunaux, principaux laboratoires expérimentaux du mythe du sabbat. Alors que des inquisiteurs ou des démonologues s'acharnent à prouver combien la sorcellerie démoniaque est « la pire des hérésies », la papauté, s'efforce au contraire de maintenir une position mesurée et médiane face à cette qualification d'hérésie.

Par contre – quatrième constat – l'énonciation de la nouveauté du crime passe par l'accumulation des désignations et des qualifications juridiques. C'est ainsi qu'en 1451, Nicolas V donne à l'inquisiteur de Toulouse, Hugues Noir, pleine autorité pour agir :

> « contre les blasphémateurs, contre les idolâtres et les devins, même s'ils ne sentent pas manifestement l'hérésie, contre ceux qui commettent des crimes si énormes qu'ils provoquent la colère de Dieu, contre les sorcières qui copulent honteusement avec les bêtes sauvages, contre les sectes, quel que soit leur nom, et aussi contre les schismatiques d'opinion»[20].

Si chacun des termes de cet inventaire peut se lire comme la désignation d'un crime particulier, leur rapprochement dessine clairement les contours du sabbat des sorcières, qui réunit les paroles blasphématoires, les actes sacrilèges et contre-nature, la secte et le recours à la magie et à la sorcellerie. Relevons une nouveauté de taille contenue dans ce mandat de Nicolas V : l'autorisation à poursuivre la magie sans qu'elle ait manifestement saveur d'hérésie. La règle énoncée par Alexandre IV (*Quod super nonnullis*, 1258-1260), et fréquemment rappelée du fait de son insertion dans le droit canon au titre *Accusatus*[21], est annulée par Nicolas V. Certes, Jean XXII avait déjà fait un premier pas déterminant dans ce sens en considérant les arts magiques comme des faits hérétiques, mais sans oser la formule « même s'ils ne sentent pas manifestement l'hérésie ». La lettre de Nicolas V marque une dilatation explicite du champ d'action des

20. « […] *tibi presentium vigore attribuimus jurisdictionem contra omnes et singulos cuiuscumque dignitatis, status, gradus, ordinis, conditionis vel praeeminentiae existant, divino timore postposito in suarum detrimentum animarum Deum ac gloriosissimam virginem Mariam et sanctos eius blasphemantes, necnon sacrilegos et divinatores, etiam si haeresim non sapiant manifeste, patratores quoque sceleris illius tam enormis, propter quod ira Dei evenit in filios diffidentie, ac cum brutis animalibus carnaliter damnabiliter participantes quarreristas et cuiuscumque alterius, etiam quovis nomine nuncupate secte, et opiniones schismaticos* » (Ostorero, *Le diable au sabbat*, *op. cit.*, p. 738-739).

21. Cf. note 6.

inquisiteurs à la sorcellerie et aux pratiques magiques. Par conséquent, les inquisiteurs ne seraient plus contraints de faire avouer à de prétendus sorciers le pacte qu'ils auraient conclu avec le démon ou de tirer leurs actes vers l'hérésie ! Dans un contexte de concurrence avec les juridictions séculières qui tendent à s'emparer des causes de sorcellerie, comme c'est le cas dans le Midi de la France, dès la création du Parlement de Toulouse (1443), les décrets pontificaux confèrent aux inquisiteurs des dispositions qui leur permettent de s'occuper de ces cas de magie et de sorcellerie avec moins d'hésitations, sans toutefois devoir se prononcer sur la réalité des pouvoirs magiques ou sur les sectes démonolâtres.

Dernière tendance significative, en conséquence du constat précédent : dans les mandats de Nicolas V et de Pie II, et dans une moindre mesure chez Calixte III, la démonolâtrie s'estompe, au profit des notions de « lèse-majesté divine », d' « énormité » du crime et du « scandale » qu'il représente. Les allusions aux invocations démoniaques ou aux alliances avec les démons, largement décrites par Eugène IV, s'éclipsent. C'est ainsi que Nicolas V s'en prend aux « sorcières qui copulent avec les bêtes sauvages », une formule derrière laquelle on perçoit le fantasme du sabbat et ses orgies contre nature. La bestialité sexuelle, étroitement rattachée à la contre-nature et à la sodomie, figure ainsi dans le catalogue des délits que l'inquisition peut poursuivre. Depuis *Vergentis in senium* d'Innocent III (1199), puis *Vox in rama* de Grégoire IX (1233), les crimes contre-nature sont considérés comme des actes qui lèsent la majesté divine et qui dépasse l'hérésie tout en l'englobant[22]. Nicolas V évite d'évoquer explicitement la démonolâtrie, mais il la remplace par la contre-nature, qui n'est pour autant jamais très éloignée de la diabolisation.

22. Cf. Jacques CHIFFOLEAU, « *Contra naturam*. Pour une approche casuistique et procédurale de la nature médiévale », *Il teatro della natura. Micrologus. Nature, Sciences and Medieval Societies*, IV, 1996, p. 265-311, sp. 294-304 ; ID., « Sur le crime de majesté médiéval », dans *Genèse de l'État moderne en Méditerranée. Approches historique et anthropologique des pratiques et des représentations*, Rome, École française de Rome (« Collection de l'Ecole française de Rome », 168) 1993, p. 183-213 ; ID., « "Ecclesia de occultis non iudicat". L'Église, le secret et l'occulte du XIIe au XVe siècle », *Il segreto. Micrologus. Nature, Sciences and Medieval Societies*, XV, 2006, p. 359-481.

Le même Nicolas V souligne par ailleurs que certains de ces crimes sont « si énormes qu'ils provoquent la colère de Dieu ». Le recours à la notion d'*enormitas*[23], de crimes dont l'énormité offense Dieu et lèse la majesté divine, permet de contourner le champ de l'hérésie et de la démonolâtrie, comme l'a récemment montré Julien Théry. Marqueur de la gravité extrême des faits incriminés, son exceptionnalité justifie le recours à la procédure inquisitoire extraordinaire. Au cours du XVe siècle, cette qualification, susceptible de dépasser celle d'hérésie, trouve avec le crime de sorcellerie démoniaque et du sabbat un cadre de déploiement d'importance. À travers les notions d'*enormitas* et de contre-nature, Nicolas V élargit le champ d'action de l'inquisiteur au-delà de la poursuite des hérésies *stricto sensu*.

Eugène IV, Calixte III et Pie II s'appuient pour leur part sur la qualification de lèse-majesté divine qui caractérisent les crimes des sorciers ou des magiciens. C'est ainsi qu'en 1457, Calixte III enjoint à l'extirpation, dans la région de Brescia et de Bergame, « de toutes ces hérésies pestifères et condamnables, qui offensent la majesté divine ». Les crimes des sorciers sont considérés sans détour comme des hérésies à éradiquer et, au-delà, comme autant d'offenses à la majesté divine. La référence implicite à la célèbre décrétale *Vergentis in senium* d'Innocent III (1199) permet de souligner l'extrême gravité du crime et de justifier le recours au mode inquisitoire sommaire[24]. À nouveau, la dilatation du champ de l'hérésie vers la magie et la sorcellerie est accomplie sans même préciser la potentielle composante démoniaque des arts magiques. Pie II souligne pour sa part le scandale et l'offense à la majesté divine, qui permettent de faire l'impasse sur les descriptions précises des actes dont sont suspectés certains magiciens bretons, en se réfugiant sous l'indicible.

23. Julien THÉRY, « *Atrocitas/enormitas*. Esquisse pour une histoire de la catégorie d'"énormité" ou "crime énorme" du Moyen Âge à l'époque moderne », *Clio@Themis. Revue électronique d'histoire du droit*, 4 (2011), p. 1-48 (URL : http://www.cliothemis.com/Clio-Themis-numero-4), p. 1-48.

24. Jacques CHIFFOLEAU, « Note sur la bulle *Vergentis in senium*, la lutte contre les hérétiques du Midi, et la construction des majestés temporelles », dans *Innocent III et le Midi*, Toulouse, Privat (Cahiers de Fanjeaux, 50), 2015, p. 89-144.

L'assimilation de la sorcellerie et de la magie à la lèse-majesté est ici pleinement opératoire.

Force est de constater que le recours à ces qualifications juridiques évite de préciser ou de nommer le diabolisme. Or, au même moment s'élabore l'imaginaire du sabbat, qui s'articule autour de la figure dominante du diable et qui marque l'apogée de la démonolâtrie sectaire et du pacte avec Satan. Ce décalage traduit certainement le scepticisme des autorités pontificales à l'égard de la réalité des alliances diaboliques. À l'aube des grandes chasses aux sorcières, une distance se marque ainsi progressivement avec les conceptions démonologiques et les élaborations de Jean XXII conçues plus d'un siècle auparavant.

Si le rapprochement entre la sorcellerie et l'hérésie a favorisé au tournant du XVe siècle l'élaboration fantasmagorique du sabbat démoniaque dans et autour des tribunaux, comme l'a très bien démontré Kathrin Utz Tremp[25], son caractère délirant n'a-t-il pas incité ensuite la papauté à la prudence ? En effet, la sorcellerie n'est pas une hérésie *stricto sensu*, dans sa nature dogmatique, en dépit de l'innovation – ou de la dérive – de Jean XXII visant à la qualifier de fait hérétique ; par conséquent, elle doit être construite juridiquement. S'expliquerait ainsi la formulation de Nicolas V (1451), qui distingue à nouveau les arts magiques de l'hérésie (ceux « qui ne sentent pas manifestement l'hérésie »), tout en requalifiant la sorcellerie et la magie par la notion d'*enormitas*. D'où aussi l'insistance de Calixte III et de Pie II (et déjà d'Eugène IV) à souligner le scandale et l'offense à la majesté divine. En dépit des efforts et des convictions de Jean XXII, l'équation de la magie et de la sorcellerie au *factum hereticale* ne va pas de soi et fait débat ; soumise au filtre des juristes, que ce soit à l'intérieur ou à l'extérieure de la Curie pontificale, elle doit procéder par l'accumulation des crimes énormes : idolâtrie, apostasie, détournement

25. Kathrin UTZ TREMP, *Von der Häresie zur Hexerei. "Wirkliche" und imaginäre Sekten im Spätmittelalter*, Hannover, Hahnsche Buchh. (« Monumenta Germaniae Historica, Schriften », 59), 2008 ; EAD., « La "naissance" du sabbat. Autour de l'arrière-plan hérétique des *Errores Gazariorum* », *Cahiers de Recherches Médiévales et Humanistes*, 22, 2011, p. 243-253.

sacramentel sacrilège, contre-nature et lèse-majesté divine. C'est cette addition qui confère toute sa saveur à l'hérésie de la sorcellerie. Ainsi, la dilatation du champ de l'hérésie vers la sorcellerie passe aussi par une requalification de celle-ci et contribue en fin de compte à éclipser la notion-même d'hérésie ! C'est d'ailleurs ce qui est à l'œuvre dans *Summis desiderantes affectibus* en 1484, lorsqu'Innocent VIII déclare que les sorciers renient la foi chrétienne et « ne craignent pas de commettre [...] d'autres crimes et excès infâmes, à l'instigation de l'Ennemi du genre humain, au péril de leurs âmes, en offense à la majesté divine, en exemple pernicieux et au scandale de la plupart des gens »[26]. Il se garde de parler d'hérésie. Le rescrit d'Innocent VIII n'est pas la « première bulle des sorcières », comme on le lit encore fréquemment. Mais cela, Alain Boureau l'avait dit depuis longtemps déjà, en nous invitant à un saut chronologique de cent cinquante ans auparavant.

26. HANSEN, *Quellen*, *op. cit.*, p. 25, n° 36 : « aliaque quamplurima nefanda, excessus et crimina, instigante humani generis inimico, committere et perpetrare non verentur, in animarum suarum periculum, divinae maiestatis offensam ac perniciosum exemplum ac scandalum plurimorum ».

L'ange et le roi nain
Réflexions sur la royauté suédoise à la fin du Moyen Âge

Corinne PÉNEAU

À la toute fin de son livre, *En somme*, dont le titre malicieux révèle ses significations à la lecture du sous-titre, *Pour un usage analytique de la scolastique médiévale*, Alain Boureau affirme qu'« il suffit d'entrer dans cette auberge scolastique pour en devenir l'hôte »[1]. Ce qu'il ne dit pas est que cet hôte peut être de passage, comme je le fus sans doute en fréquentant le séminaire d'anthropologie scolastique, mue non par un intérêt spécifique pour les traités théologiques, mais par goût pour la lecture serrée des textes qu'on y pratiquait et par l'étendue des perspectives révélées par l'interprétation. Prendre le temps de s'arrêter sur quelques phrases d'un texte fictionnel ou spéculatif, les prendre au sérieux, peser ce qu'elles disent *vraiment*. La lecture attentive des textes pratiquée au séminaire d'Alain Boureau a souvent été pour moi l'occasion de mieux comprendre, au détour d'une phrase apparemment anodine, des pans entiers de la pensée médiévale qui prenaient place dans un ensemble cohérent. La méthode est en apparence d'une exquise simplicité mais

1. Alain BOUREAU, *En somme. Pour un usage analytique de la raison scolastique* (2011), p. 85.

elle permet de trouver du sens là où l'œil moins exercé peine à déceler du contemporain. Je l'appliquerai ici à un à un sujet réduit, pour tout dire quelques vers suédois d'une œuvre du début du XIVe siècle, quelques vers qui n'ont pas retenu l'attention des commentateurs, si ce n'est pour dire qu'ils seraient sans équivalent dans la littérature médiévale[2]. Le choix de cette source pourrait sembler incongru, mais, comme dans les meilleurs traités scolastiques, on y parlera d'un ange ou d'un « envoyé du ciel ». Il a aussi pour but de saluer la dimension irrémédiablement politique de beaucoup des objets d'étude d'Alain Boureau, qu'il s'agisse de l'élection, du contrat, du vœu, du serment, de l'état d'exception, de l'abdication, autrement dit des processus dont l'interprétation et la mise en œuvre forment le socle de la société médiévale.

Le *Duc Fredrik de Normandie* pourrait être appelé un roman s'il n'était écrit en suédois. Il fait partie d'un ensemble de trois textes en vers nommés en Suède les « Chansons d'Eufemia » (*Eufemiavisorna*), parce qu'il s'agit de traductions commandées par la reine Eufemia de Norvège en l'honneur de son gendre, le duc suédois Erik Magnusson[3]. Grâce à son mariage avec Ingeborg, la fille de Håkon V Håkonsson (1299-1319) et d'Eufemia, Erik était censé devenir le futur roi de Norvège. Il ne devint que le héros de l'*Erikskrönika*, la première tentative suédoise d'écriture de l'histoire sur le même modèle que ces « Chansons d'Eufemia », après être mort de faim dans les geôles de son frère, le roi suédois Birger Magnusson. On ne sait de ces trois textes que ce que leurs derniers vers veulent bien livrer, le nom de la reine de Norvège, le fait qu'il s'agit de traductions de romans français et une simple date.

Il est possible de lire ces trois « chansons » comme des romans à clefs. *Herr Ivan*, adaptation d'*Ivain, le chevalier au lion*, fut écrite en 1303,

2. Florian BAMBECK, *Hertzog Friedrich von der Normandie. Der altschwedische Ritterroman Hertig Fredrik av Normandie: Text, Übersetzung, Untersuchungen*, Imagines Medii Aevi 24, Wiesbaden, Reichert Verlag, 2009, p. 197-199. L'ouvrage de Florian Bambeck contient une édition critique à laquelle il sera fait référence par la suite sous l'abréviation *Hertig Fredrik av Normandie*.

3. William LAYHER, *Queenship and Voice in Medieval Northern Europe*, New York, Palgrave Macmillan, 2010, p. 91-130.

sans doute en hommage à Erik qui portait le lion des Folkungar dans ses armoiries. La dernière des œuvres, achevée en 1312, est une traduction de *Floire et Blancheflor*, un conte oriental dont le personnage principal, comme Erik, est fils de roi. Dans la chanson datée de 1308, le héros, le duc Fredrik de Normandie, lui ressemble aussi, en raison de son titre, de l'écho de son prénom et, surtout, de la description de ce qui aurait dû ressembler au destin du duc suédois : Fredrik réussit à séduire, grâce à un anneau magique qui le rend invisible, l'héritière d'Irlande que le roi son père maintenait enfermée dans une tour. Il l'épouse et devient roi d'Irlande. La fin du récit contient une description de son pouvoir forcément parfait[4] : le refus de l'impôt (remplacé par des cadeaux spontanés), les dons aux églises, la protection des femmes, la défense de la vérité, l'exercice impartial de la justice. Cette leçon politique n'avait pas attendu les Chansons d'Eufemia pour pénétrer en Suède, puisqu'on la trouve dans la légende de saint Erik au XIIIe siècle[5]. Vers le milieu de ce siècle, la protection des églises et des femmes avaient également permis l'essor d'une législation royale en Suède. Au début du XIVe siècle, la description du bon règne du roi Fredrik n'était pas bien neuve[6].

D'après ses derniers vers, le *Duc Fredrik de Normandie* serait un roman français, que l'empereur Othon aurait fait traduire en allemand. Il est difficile de saisir l'originalité de cette traduction et la manière dont le ou les auteurs ont adapté leur matière au contexte scandinave. Alors que nous pouvons apprécier comment *Yvain* et *Flores et Blancheflor* ont été transformés, directement à partir des romans français, pour s'adapter aux réalités sociales et politiques de leur lectorat nordique[7],

4. *Hertig Fredrik av Normandie*, vers 3078-3124.

5. Jean Marie MAILLEFER, « Saint Éric de Suède : une mythologie politique et dynastique. Étude critique d'une hagiographie royale », *Razo*, 1988, p. 87-101.

6. Il s'agit bien là des « platitudes atemporelles » évoquées dans *La religion de l'État. La construction de la République étatique dans la discours théologique de l'Occident médiéval (1250-1350)* (2006), p. 17.

7. Voir en particulier Sofia LODÉN, *Le chevalier courtois à la rencontre de la Suède médiévale. Du* Chevalier au lion *à* Herr Ivan, Forskningsrapporter/Cahiers de la recherche 47, Stockholm University, 2012 et Joseph SULLIVAN, « Rewriting the Exercise

ne subsistent du *Duc Fredrik de Normandie* ni l'original français, ni la version allemande, ni même, comme c'est le cas pour les deux autres textes, une saga, c'est-à-dire une adaptation en vieux norvégien et en prose. La géographie, assez fantaisiste, ne permet pas d'ancrer avec certitude l'original dans un contexte anglo-normand : le héros passe allégrement de l'Écosse à l'Irlande à cheval ou s'égare, en partant à la chasse, entre la Normandie et la montagne qui marque l'entrée du royaume des Nains. Bien que le contexte historique et géographique du roman soit hautement fantaisiste, rien ne permet de faire non plus du *Duc Fredrik de Normandie* une invention purement suédoise[8], même si les ajouts réalisés lors des adaptations successives restent hors de notre portée. Dans le contexte suédois, le but du texte était de faire participer les élites suédoises à la culture courtoise, de proposer un divertissement efficace – le roman n'a rien perdu de sa drôlerie – et d'esquisser une critique assez originale du pouvoir royal à travers un dévoilement de ses racines fictionnelles.

Ce n'est pas lorsqu'il énonce des règles de bon gouvernement que l'auteur ou le traducteur se montre le plus politique, mais dans la façon dont il décrit la conquête, ou plutôt, la reconquête du pouvoir par Malmrit, le roi des Nains, dans le premier épisode du roman. L'histoire peut être résumée en quelques mots : Malmrit est un roi très riche, qui vit dans un palais digne du prêtre Jean. Au moment où Fredrik le rencontre, il a pourtant perdu le pouvoir sur le peuple des Nains. Un nouveau roi, Otrik, s'est emparé de la couronne royale, influencé par le conseiller du roi Malmrit, Yrrik. Grâce à Fredrik, véritable géant au pays des Nains, Malmrit triomphe de ses ennemis. La grâce royale donne toute la mesure de son pouvoir recouvré : Otrik, qui se soumet, n'est pas puni sous prétexte qu'il n'était pas entré dans la fidélité du roi avant de le renverser, mais

of Power in the Landuc Segment of the Old Swedish *Hærra Ivan* and Chrétien's *Yvain* », *Neophilologus*, 93, 2009, p. 19-33.

8. Un fragment d'épopée en moyen néerlandais, que l'on peut dater du début du XIIIe siècle, au sujet d'un duc Henric de Normandie offre quelques thématiques proches et pourrait indiquer une source commune : voir William LAYHER, « Origins of the Old Swedish epic *Hertig Fredrik af Normandie*: a Middle Dutch link », *Tijdschrift voor skandinavistiek*, 21, 2000, p. 223-249.

Yrrik, l'instigateur de la prise de pouvoir, qui a trahi la confiance du roi, est décapité. Malmrit explique :

iach vnthe honum aff hiærtath wæl	« Je l'aimais de tout cœur.
iach loth honum landh och giorda han rik[9]	Je lui donnai des terres et je le fis riche. »

L'ancien pouvoir de Malmrit fonctionnait selon les bases du contrat féodal. À l'amour du roi et à ses dons devaient répondre la fidélité des Nains. Mais le contrat a été brisé et la mise à mort d'Yrrik montre que le roi refuse de le renouveler. Ce qui est attendu des Nains est désormais uniquement la soumission des vaincus. Le roi comprend toutefois assez rapidement que son pouvoir ne repose que sur la force de Fredrik, qui aspire à retourner en Normandie. Comment faire perdurer un pouvoir sans le bras armé qui l'a établi ? Pour pallier l'absence de Fredrik, Malmrit a recours à une ruse. La victoire sur les révoltés conduit une refondation de la relation entre Malmrit et les siens grâce à une fiction inventée par le roi : elle consiste à faire passer, aux yeux des Nains, Fredrik pour un envoyé du ciel :

Tha mælte konungh Malmrit	Le roi Malmrit dit alors :
talen widh mik hemmelik	« Parle avec moi en secret !
iak bidher idher swa innerlik	lui demanda-t-il instamment –
i görin thet for gudh i himerik	et fais ceci pour Dieu au Ciel :
j sighin her oppenbaræ	Vous direz ouvertement
for allan thenne dwærgæ skara,	À toute cette troupe de Nains,
at j hörden käre	Que vous avez entendu,
j himmerike tha ij varin thäre	Au royaume céleste, lorsque vous y étiez,
hwat orät mina män mik giörde ;	Quelle injustice mes hommes ont commis à mon égard.
then tidh gudh thet hörde,	Je pense que Dieu l'a entendue.

9. *Hertig Fredrik av Normandie*, vers 684-685.

tha badh han idher hiit komma	C'est pourquoi il vous a demandé de venir jusqu'ici
och frälssä mik medh idher fromma.	Et de me sauver grâce à votre hardiesse.
Än nokor mälir mik igen,	Si on me fait à nouveau du tort,
antighe riddar eller swen,	Qu'il s'agisse de chevaliers ou d'écuyers,
mäden the magho liffuä,	Il ne leur pardonnera pas,
tha skal han them ey forgiffuä	Tant qu'ils seront en vie,
wtan sendä thaghar härä	Mais Il en enverra ici,
xx tolika som j ärä	Vingt semblables à vous,
och latha them badhä stekä och swida,	Et Il les fera à la fois brûler et rôtir,
om the ey görä hwat wi biudhä.	S'ils n'obéissent pas à nos ordres.
The vardha swa redde aff tolik hoot,	Ils seront si effrayés par une telle menace,
the thora mik aldre görä j moth.	Qu'ils n'oseront jamais s'opposer à moi. »
Han iätte honum görä swo;	Il lui répondit que c'est ce qu'il ferait
then litle konung var gladh ok fro[10].	Et le petit roi fut ravi et joyeux.

Fredrik accepte la ruse du roi et adresse ce discours aux Nains :

hørin mik och forstandin wæl	« Écoutez-moi et comprenez-moi bien,
och gømin gørlæ hwat iach sigher	Et prêtez attention à ce que je vous dis :
iach ær sender aff himmerik nider	Je suis envoyé du Ciel ici-bas

10. *Hertig Fredrik av Normandie*, vers 752-775.

then ømkelik gudh j himmerik	Par le Dieu du ciel miséricordieux
then otroskap ther her begik	Pour la trahison qui a été perpétrée
tha j idher rættæ herra forsmadda	Lorsque vous avez rejeté votre seigneur légitime
och driffuin han for spoth och hadha	Et que vous l'avez conspué et moqué,
wndhrykten honum landh och æræ	Lui avez pris ses terres et son honneur.
idher ærffuæ herra matte wæræ	Il doit être votre seigneur par héritage.
gørin j nokon tiidh optare swa	Si vous agissez à nouveau de la sorte,
tha skulen j waræ wis pa	Alors vous pouvez être sûrs
han sender xx tolikæ hær	Qu'il en enverra ici vingt autres
myklæ større æn iach ær	Beaucoup plus grands que je ne suis
och later allæ dræpæ och fanga	Et qu'il vous fera tous tuer ou capturer,
och aldrik en skal vndan ganga[11]	Et pas un n'en réchappera. »

Ce que décrivent ces vers est une accession à la souveraineté : Malmrit qui fondait son pouvoir sur la fidélité de ses hommes instaure, après avoir été trahi par eux, un autre type de contrat, qui privilégie le lien avec Dieu. Dans la fiction présentée aux Nains, la bataille remportée par Fredrik n'était pas seulement une ordalie, mais le signe d'une protection divine constante, d'un contrat sans limite entre le roi et Dieu. Seule la force de Fredrik a permis à Malmrit de recouvrer le pouvoir, mais cette force, sur laquelle le roi ne peut plus compter, devient virtuellement permanente. Sous la menace d'une vengeance divine, le peuple des Nains se soumet.

11. *Hertig Fredrik av Normandie*, vers 780-794.

Tous sont appelés à prêter serment au roi, sans contrepartie, et le serment est accompagné de sa mise par écrit. Malmrit établit une monarchie que l'on peut qualifier d'administrative : la parole donnée ne suffit plus et ne peut effacer la méfiance du roi vis-à-vis de ses vassaux, méfiance désormais constitutive de sa manière de gouverner et qui conduit à la rédaction de documents écrits. La multiplication même des serments transforme de fait les Nains, non plus seulement en des vassaux, mais en des sujets du roi. Plus important encore, la relation verticale entre le roi et ses hommes apparaît comme secondaire par rapport à un contrat qui surpasse tous les autres, celui qui lie – ou est censé lier – le roi à Dieu.

Comme l'a montré Alain Boureau, il existe bien une théorie contractuelle de la royauté au Moyen Âge. Le contrat peut être scellé entre le roi et ceux qui acceptent son pouvoir, comme ce fut le cas dans le royaume électif suédois. Il peut aussi servir de fondement à un essor absolutiste du pouvoir lorsque l'accent est mis non sur la relation entre le roi et la société, mais sur celle qui unit le roi et Dieu[12]. N'est-ce pas un tel pouvoir, absolu, que Malmrit met en place ? Notons que Fredrik évite de se soumettre à ce pouvoir en déclinant poliment les dons de terres, récompenses qui le feraient entrer dans la dépendance du roi nain. Il accepte seulement l'anneau d'invisibilité, qui lui permettra de se marier et de devenir roi à son tour. Fredrik pouvait-il se soumettre à celui qu'il avait fait roi et dont il avait contribué à asseoir le pouvoir à l'aide d'une fiction ? L'ironie de l'histoire est que le pouvoir du roi nain, loin de reposer sur une intervention divine, est lié à l'usage de la force de Fredrik, tandis que Fredrik réussit effectivement à devenir roi grâce à un recours au surnaturel, en se rendant invisible. Le pouvoir absolu repose sur une ruse fondatrice, vérité dévoilée par le roman à quelques lecteurs choisis, à une élite qui accepte de participer au secret du pouvoir. Le succès relatif du texte en Suède – les seuls manuscrits connus sont suédois – s'explique sans doute par le fait que la figure du roi nain ne pouvait que rassurer les élites suédoises sur leur choix politique d'un roi au pouvoir limité,

12. Alain Boureau, « Pierre de Jean Olivi et l'émergence d'une théorie contractuelle de la royauté au XIIIe siècle » (1995).

les conforter dans la position collective qu'ils occupaient vis-à-vis d'un pouvoir qu'ils s'employèrent même à faire disparaître à plusieurs reprises au cours du XVe siècle.

Peut-être faudrait-il replacer le *Duc Fredrik de Normandie* dans l'histoire européenne d'un dévoilement des fictions du pouvoir au XIVe siècle, entre le trône de Fauvel reposant sur du vide[13] et le thème du roi nu exprimé pour la première fois par don Juan Manuel vers 1335[14]. Il est impossible de dater ou de situer l'original, s'il a existé, du *Duc Fredrik de Normandie*, mais on peut s'interroger sur la concomitance probable entre la rédaction de ce roman et les réflexions sur la manière dont « la relation politique continue en l'absence d'une apparente source de pouvoir »[15], en particulier chez Pierre de Jean Olivi. Voilé de signes et d'apparat pour en habiller les fondements obscurs, le pouvoir perdure grâce à une série de conventions.

Le roi Magnus, fils du duc Erik, devint roi de Suède et de Norvège en 1319. Grâce à un inventaire réalisé le 6 juin 1346, on sait qu'il conservait, dans sa forteresse de Bohus, « *I. librum de hærtogh fræthrik* »[16] au milieu des *regalia*, des épées et des bannières de soie. Mis sur le trône suédois à la suite d'une révolte qui chassa son oncle Birger, Magnus Eriksson voulut consolider un pouvoir qui lui semblait mal établi. Il fit rédiger, sans doute pour ses fils, un miroir, inspiré par le *De regno* de Thomas d'Aquin et par le *De regimine principum* de Gilles de Rome. Sa première partie contenait une argumentation contre le principe de

13. « Tromperie, Fausseté et Ruse, / Tenaient suspendu en l'air le siège », *Le Roman de Fauvel*, Strubel, Armand (éd.), Paris, Livre de Poche, Lettres Gothiques, p. 271, vers 1315-1314.

14. Olivier BIAGGINI, « L'évidence et le secret : sur l'exemple 32 du *Conde Lucanor* », dans Darbord, Bernard et Delage, Agnès (dir.), *Le partage du secret. Cultures du dévoilement et de l'occultation en Europe, du Moyen Âge à l'époque moderne*, Paris, Armand Colin, 2013, p. 97-122.

15. Alain BOUREAU, *Satan hérétique. Histoire de la démonologie* (2006), p 114.

16. Hildebrand, Bror Emil (éd.), *Diplomatarium Suecanum*, vol. IV, Stockholm, Riksarkivet, 1853, n° 3484, p. 710. Pour la datation du document, voir Herman SCHÜCK, *Rikets brev och register: arkivbildande, kanslivasen och tradition inom den medeltida svenska statsmakten*, Stockholm, LiberFörlag, 1976, p. 104.

l'élection royale, pourtant garantie par la loi suédoise. Cette instrumentalisation des connaissances rapportées par les étudiants suédois qui avaient étudiés à Paris ne remporta cependant aucun succès avant le XVIIe siècle, lorsque le texte, préparé par Johannes Bureus à la demande de Gustave-Adolphe, fut finalement dédicacé à la jeune reine Christine[17]. Magnus pensa trouver en Brigitte une femme capable de lui dire qu'il était élu de Dieu, mais leur relation s'envenima lorsque la sainte se mit, au contraire, à critiquer vertement le comportement du roi. Elle se brisa lorsque Brigitte finit par déclarer, à travers une révélation mariale, que Dieu voulait un autre roi pour la Suède[18]. À vouloir étayer son pouvoir par d'autres principes que l'approbation de son peuple, Magnus ne fit qu'en saper les fondements.

17. Le texte médiéval n'est connu, pour l'essentiel, que par cette édition imprimée à Stockholm en 1634 : Lennart MOBERG (éd.), *Um styrilsi konunga ok höfthinga*, Samlingar utgivna av Svenska Fornskriftsällskapet 69:1, Stockholm, 1964.

18. Cette révélation, l'Extravagante 80 (Sancta Birgitta, *Revelaciones extravagantes*, Hollman, Lennart (éd.), Samlingar utgivna av Svenska Fornskriftsällskapet, ser. 2, Latinska skrifter V, Uppsala, 1956) a exceptionnellement été conservée dans sa version originale suédoise (Bertil HÖGMAN (éd.), *Heliga Birgittas Originaltexter*, Uppsala, 1951, p. 81-83).

Trouver ailleurs ce qu'on ne cherche pas

Fanny COSANDEY

Rien n'est moins rationnel, dans une démarche scientifique, que de ne pas chercher dans les corpus *ad hoc* des réponses aux questions que posent des archives souvent contradictoires, et d'aller musarder sur des terres lointaines sans espérer y faire une moisson prometteuse. À l'heure où le *new management* gagne la fonction publique, où « la mesure des activités de l'enseignant chercheur » fait l'objet d'une réflexion collective afin « de mieux reconnaître la contribution de chacun » en une opération qui « permettra l'attribution de primes fonctionnelles »[1], s'éloigner un moment de son terrain d'enquête semble déraisonnable. Car comment justifier le temps ainsi perdu qu'aucune page d'article ou chapitre de livre ne puisse restituer, qu'aucune prime ne vienne récompenser, qu'aucune charge collective n'aide à compenser, dédouanant par là même l'absence de production qu'entraîne une telle errance ? Les sources elles-mêmes ne sont-elles pas traitées avec plus de profit en les interrogeant par mots-clés en plein texte plutôt que d'hasarder une laborieuse lecture dans d'énormes registres dont on n'est pas certain qu'ils porteront des fruits ?

Les temporalités imposées aux chercheurs soulèvent aujourd'hui la question essentielle d'une démarche scientifique qui reste irréductible

1. Note interne relative à l'activité des enseignants-chercheurs de l'EHESS, juin 2016.

au calibrage des tâches et suppose des détours pour éviter les pièges d'une trop grande tentation à confirmer d'emblée, par une voie toute tracée, des hypothèses qui sont une base d'analyse, non un point d'arrivée. Dans les lignes qui suivent, il ne s'agit que de proposer un témoignage offrant l'occasion de souligner la valeur heuristique d'une plongée, sans objectif précis, dans des univers n'ayant qu'un rapport très ténu avec nos sujets d'études. Ce retour d'expérience est ainsi, à toute petite échelle, un plaidoyer pour perdre son temps.

Au cours des quinze années durant lesquelles j'ai suivi le séminaire d'Alain Boureau consacré à la pensée scolastique dans ses résonnances avec la société médiévale, j'ai bénéficié d'une extraordinaire formation par l'attention portée à la rhétorique des textes, comme j'y ai trouvé, aussi, une compréhension en profondeur de ce qui fait le substrat de la monarchie d'Ancien Régime, la matière, en quelque sorte, d'un « État moderne » en formation. Mais au-delà, j'en ai tiré des clés essentielles pour interpréter certains problèmes rencontrés dans les sources et que la connaissance du contexte d'énonciation ne suffisait pas à expliquer. C'est l'une de ces clés qui sera ici présentée, afin de montrer l'apport incommensurable des chemins de traverse, parfois seuls capables de fournir, par un déplacement radical, des solutions à l'apparente incompatibilité des données.

Tandis que je travaillais sur les incessants conflits de rangs dans le cérémonial monarchique des XVIe-XVIIe siècles, Alain Boureau abordait, dans son séminaire, la question du mal au Moyen Âge. L'une des séances était consacrée au traité de Thomas d'Aquin, *De Malo*, écrit vers 1270[2] : rien ne semblait plus éloigné de mes préoccupations scientifiques du moment, essentiellement fondées sur les problèmes de l'ordonnancement hiérarchique dans la société de Cour. Un éclairage décisif est malgré tout venu de ce commentaire de document, par une approche oblique

2. « Histoire des systèmes de croyance dans l'Europe du Moyen Âge et de la Renaissance », enseignement de l'EHESS, année 2005-2006, séance des 9, 16, 22 novembre et 7 décembre 2005. (Voir aussi Annexe 2).

qu'un impensé théorique empêchait jusqu'alors d'examiner. Quoi de plus naturel que de voir dans les querelles de préséances le résultat d'ambitions contrariées – ou contrariantes – pour se hisser d'un cran et gagner par là même une place avantageuse ; quoi de plus attendu que d'examiner les pratiques courtisanes à l'aune des espérances d'une conquête de pouvoir ? Or l'analyse de Thomas d'Aquin conduisait à une proposition radicalement différente et bouleversait les certitudes qu'une dénonciation relative aux usurpateurs, récurrente dans les sources, contribuait à renforcer.

À partir de l'idée, nouvelle, de substantiver l'adjectif, Thomas d'Aquin pose la question de l'existence du mal : ce dernier doit-il se concevoir en tant qu'être, et en cela s'appréhender du côté de la substance, ou au contraire dans la négation de l'être ? À travers son raisonnement, le mal n'apparait pas comme quelque chose, mais comme la privation de quelque bien particulier. La *privatio*, entendue comme « absence de », ou inexistence, s'oppose dans le texte à la forme, c'est à dire à la *possessio*[3]. Le mal est donc du côté de l'inexistence, une inexistence ontologique, dans son opposition au bien, de sorte que tout ce qui est, de façon naturelle, désire conserver son être et fuir tout ce qui produit une destruction de l'être. Ainsi, dans le mal, subsiste toujours une trace de la privation de ce bien. Forçant la main d'Aristote, Thomas d'Aquin met le bien et le mal dans la catégorie de l'avoir.

Et c'est alors que j'ai compris ce qui était engagé dans les débats de préséances, à savoir que cette conception du mal entendu comme affaiblissement du bien était encore la position adoptée par ceux qui se battaient pour un rang, que, donc, le bien n'était pas du *plus*, mais l'absence du *moins* ou, dit autrement, que le bien devait être envisagé comme ce qui est, tel un état stable, et que le mal était dans la soustraction à ce bien, ce qui se traduisait par la permanence d'une marque du bien dans le mal. Le bien étant substance, la crainte portait sur la perte possible de ce bien, la privation d'une possession, ce qui revenait à un affaiblissement du patrimoine. Cette perspective renversait totalement la manière

3. Alain Boureau, *La Religion de l'Etat. La construction de la République étatique dans le discours théologique de l'Occident médiéval (1250-1350)* (2006), p 33 & suiv.

d'appréhender les conflits hiérarchiques. Car, alors, les acteurs ne se battaient pas pour gagner des places, augmenter leurs acquis et se mettre en position d'ascension sociale ; ils s'évertuaient avant tout à conserver leurs biens, lesquels consistaient, là, en titres et qualités exprimés par la place dans l'ordre cérémoniel. En d'autres termes, ils se battaient pour se maintenir, redoutant à chaque cérémonie un déclassement qui, par la perte d'un rang, s'apparentait au mal tel que Thomas d'Aquin pouvait le définir.

Nombre de situations rendant très incertaines les places à occuper, les parties en présence s'acharnaient à ne surtout rien perdre en réclamant, dans le doute, une disposition qui leur fût favorable. Car les batailles intervenaient chaque fois entre titres équivalents, en un même degré de qualité où, finalement, des critères marginaux produisaient l'infime distinction qui permettait à terme d'établir une hiérarchie censément définitive et constamment remise en cause[4]. Moins qu'une volonté de promotion, les débats engagés trahissaient en réalité un idéal de conservation. Celui-ci s'exprimait, par ailleurs, dans la demande sans cesse réitérée de fixer le rang et de stabiliser le cérémonial. À titre d'exemple, les grands audienciers espèrent, en 1660, « que l'antien ordre sera observé » lors de l'entrée royale[5] ; le comte de Fleix supplie la reine et le jeune roi, au temps de la régence, qu'« ils leurs plaisent luy conserver et a ceux de sa famille, le rang qui est deu a sa naissance »[6] ; tandis que les pairs rappellent à Louis XIV « l'ordre des rangs qui devoit estre gardé »[7]. La référence au passé en tant que modèle à respecter pour que rien ne change renvoyait à une conception patrimoniale des places considérées au même titre que les dignités, transmises par le lignage et

4. Je me permets de renvoyer à Fanny Cosandey, *Le Rang. Préséances et hiérarchies dans la France d'Ancien Régime*, Paris, Gallimard, Bibliothèque des Histoires, 2016.

5. Paris, Bibliothèque de l'Institut, Mss. Godefroy 394, fol. 425.

6. Paris, BnF, Mss. Clairambault 718, p. 225, « Mémoire du comte de Fleix pour défendre son rang ».

7. Paris, BnF, Mss. Clairambault 721, p. 263, « Relation de ce qui s'est passé touchant les differens pour les rangs de Mrs les Ducs et Pairs a l'entree du Roy et de la Reyne a Paris en 1660 ».

constitutives de la position sociale. Les acteurs insistaient sur ce point, selon une rhétorique qui mêlait habilement la puissance monarchique et la fidélité aux valeurs ancestrales : « sa majesté connoit assez l'interest qu'elle a de conserver en leur lustre des dignités qu'elle seulle a pouvoir de conferer, qui ne deppendent que d'elle et qui sont inseparablement attachées par leur institution, par leur debvoir et par leurs propres interests a sa personne et a son estat ». L'enjeu est ici du côté du maintien, garant d'un ordre social qui est aussi la manifestation d'une permanence du politique. Mais le bénéfice en revenait d'abord aux sujets, prompts à trouver dans cette assise matière à conforter leurs acquis, ce qu'ils avouaient à demi-mots, tels ces ducs écrivant à leurs pairs. « Nous avons grand interest de nous maintenir dans l'ordre et dans la regle »[8] les préviennent-ils en préambule d'un long mémoire destiné à anticiper une probable querelle. Le souverain en revanche, parce qu'il était « seul à pouvoir conférer », tenait à garder la main sur le cérémonial ; il se refusait à toutes dispositions définitives, quand bien même les désordres engendrés par les multiples querelles étaient susceptibles d'altérer le bel ordonnancement qui donnait à voir un royaume bien réglé. L'incertitude était entretenue par la remise en cause des places assignées que des situations nouvelles produisaient nécessairement à chaque événement ; elles alimentaient des tensions qui servaient la monarchie. De fait, le souverain jouait de cette incertitude pour s'imposer en arbitre suprême lors des disputes, régler les différents et renforcer ainsi son autorité. Par ailleurs, l'ordre étant, aussi, la traduction des évolutions politiques et sociales, le roi procédait à des ajustements qui étayaient sa politique tout en exprimant son aptitude à ordonner, dans tous les sens du terme. Il en jouait d'autant plus que la perspective d'une possible déchéance – transcription, en termes cérémoniels, d'un affaiblissement de l'héritage – entretenait un « affect d'angoisse », pour emprunter un concept à la psychanalyse chère à Alain Boureau qui est ici repris des analyses

8. Paris, Bibliothèque de l'Institut, Mss. Godefroy 394, fol. 378, « Memoire pour soutenir les prerogatives de Mrs les Ducs et Pairs envoié a ceux qui estoient absents » (v. 1659-60).

de Pierre Ansart[9]. Cette inquiétude cultivée par l'instabilité relative des rangs requérait la protection royale et subséquemment la reconnaissance de cette justice souveraine propre à (r)établir l'ordre ; elle permettait aux rois d'être « les maitres absolus, et les arbitres souverains des rangs et des honneurs »[10].

Tout prenait sens. Depuis les désordres suscités par les acteurs désireux d'un ordre immuable jusqu'au refus royal de fixer les rangs par quelques règlements susceptibles d'entraver l'exercice de l'autorité, les contradictions apparentes des comportements en dissonance avec l'aspiration à l'ordre hautement proclamé trouvaient leur cohérence. Mais cela supposait de changer radicalement de perspective en ce qui concernait les enjeux du rang et, de ce fait, réviser le point de vue de ceux qui suscitaient les conflits. Il fallait renoncer à l'explication trop évidente d'une espérance d'élévation sociale, élévation dont les sources conservent volontiers la mémoire en laissant dans l'oubli les marques de l'échec, livrant ainsi à la postérité le témoignage d'une réussite qui dépasse le projet. La solution impliquait de chercher les engagements dans le substrat idéologique de la société d'Ancien Régime, à savoir ce long héritage venu d'un passé qui peut être profond. Et ne pas voir dans les effets produits par les conflits de rang un mode d'explication mais bien les conséquences d'une tension alimentée par des intérêts divergents, ceux du pouvoir royal attentif à s'imposer et ceux des sujets, jusqu'au plus haut de l'échelle hiérarchique, soucieux de se maintenir. La situation peut être résumée par cette double assertion dont les termes mêmes expriment l'écart d'appréciation des règles cérémonielles : « la pleine distribution des rangs est au plaisir absolu du Roy »[11], et pourtant ce dernier « ne peut en aucune manière changer l'usage »[12]. Au premier revient la puissance sans limite ; aux seconds les droits au rang qui brident

9. Pierre ANSART, « Le pouvoir et la forme. Pour une approche psycho-anthropologique du protocole », dans Deloye, Yves, Haroche, Claudine et Ihl, Olivier (dir.), *Le Protocole ou la mise en forme de l'ordre politique*, Paris, L'Harmattan, 1996, p. 21-31.

10. Paris, BnF, Mss. Clairambault 721, p. 857.

11. Paris, BnF, Mss. Dupuy 931, fol. 103, « Faveurs et diversités pour les rangs ».

12. Paris, BnF, Mss. Clairambault 515, p. 674.

un pouvoir que personne ne conteste. Dans ce cadre formel, la victoire des parties ne réside pas dans les gains obtenus par une place favorable, mais dans l'assurance que la prééminence n'est en rien affaiblie et que le roi a su respecter des droits clairement revendiqués.

Les transformations de l'ordre cérémoniel sont alors le produit paradoxal d'un désir de perpétuation lignagère fondée sur la stabilité, seule capable de préserver le patrimoine sans rien y soustraire, sans introduire ce mal qui est une perte de bien(s). Une telle analyse permet finalement de comprendre des motivations qui ne sont pas inscrites dans le temps de l'action ni, dès lors, dégagées à partir des résultats obtenus comme autant de succès dans les opérations menées, mais conditionnées par des formes de pensée et de raisonnements forgées loin en amont. Identifier ces prérequis, remettre en cause des lieux communs qui forment, aussi, notre bagage intellectuel, n'a rien de spontané car cela implique d'être capable de saisir les défauts d'appréciation de nos propres raisonnements. Et, donc, de trouver ailleurs ce qu'on ne cherche pas.

Si la Santa Casa de Loreto avait été transportée par des anges…

Pierre Antoine Fabre

Situation

Le transport de la Santa Casa

Deux dates : 1291, fin du siège d'Acre et défaite chrétienne ; selon la légende, la chambre de Marie, dans la maison de Nazareth, où l'archange Gabriel avait annoncé à la jeune femme la prochaine naissance du Fils de Dieu, qu'elle abriterait dans son ventre pendant neuf mois, à compter du jour de cette annonce, qui n'est donc pas seulement une annonce, mais l'acte de l'incarnation du Fils de Dieu introduit dans le corps de Marie par la parole de Gabriel – la chambre de Marie est transportée par une cohorte d'anges loin de la Palestine. Dans ce transport, elle devient la *Santa Casa*, plus seulement chambre mais maison. Elle est, dans le moment même où elle quitte l'Orient, déposée sur la côte adriatique, près de Trsat, l'actuel port et ville croate de Rijeka, à cette époque cité dalmate. 1294 : la *Santa Casa*, pour des raisons qui ont fait couler beaucoup d'encre depuis[1], est transportée une seconde fois, cette fois-ci sur

1. Les mauvais traitements réservés à la « relique » par les habitants de Trsat ? Un coup de main apologétique donné par Dieu lui-même à la célébration de ses miracles

l'autre rive de l'Adriatique, dans la région des Marches ; puis les anges la soulèvent pour trois derniers voyages, sur ces mêmes terres, jusqu'à son dernier et toujours actuel séjour, près d'Ancône.[2]

L'écart

Le problème qui m'a retenu à diverses reprises dans ces dernières années, à l'occasion d'un programme de recherches sur les sanctuaires adriatiques[3] et d'une série de travaux sur le jésuite Louis Richeome, dont son *Pèlerin de Lorette* publié en 1603, c'est celui de l'*écart* entre le transport supposé de la Santa Casa et la première formulation achevée du récit de ce transport, en 1525, date de publication d'une *Virginis lauretanae historiae*, qui fixe un certain nombre de moments essentiels de la légende, quelques années après l'approbation pontificale du sanctuaire, en 1507. Je dois rappeler brièvement ici les acquis de ces recherches, qui conduisent à une réduction progressive de l'écart

en rendant vérifiable le transport de la *Casa*, ce qu'il était plus facile de faire d'un bord à l'autre de l'Adriatique que d'une rive à l'autre de la Méditerranée, en fonction de l'effacement des traces – il faut imaginer la maison de Nazareth refermant les plaies de la blessure provoquée par l'expulsion de la chambre – et de l'hostilité politique et religieuse du contexte. Or cette vérification était essentielle, car comment prouver sinon qu'une chose qui est là ne l'était pas et qu'inversement une chose qui était là n'est plus là ? Sinon par l'empreinte précaire laissée sur les herbes couchées par la maison envolée ? L'argumentation a varié en fonction de l'évolution des relations entre l'occident et l'orient de l'Adriatique. Elle est en tout cas un passionnant sismographe de ces relations.

2. Comme le signale la légende de la représentation de l'Annonciation dans le recueil de gravures des *Evangelicae historiae imagines*, commandité par le jésuite Jérôme Nadal et publié en 1593, c'est « la petite chambre (*cubiculum*) de Lorette, où est Marie (*ubi est Maria*) ». 1593 : trois siècles après le transport de la *Casa*, mais quatre ans seulement avant la parution du premier grand récit de très large diffusion de ce transport, par le jésuite Orazio Torsellini, recteur du collège de Lorette dans les dernières années du siècle, auquel je vais revenir.

3. Recherches partagées avec Marie-Elizabeth Ducreux et d'autres collègues, publiées dans les *Cahiers du Centre de recherches historiques* en 2008 sous le titre de *Sanctuaires et transferts de culte*, Cahiers auxquels je renvoie d'autant plus volontiers qu'ils ont aussi accueilli une série de travaux *Pour une histoire comparée du vœu* conduits en compagnie d'Alain Boureau entre 1996 et 2000.

entre ces dates[4]. Comme nous le verrons ensuite, Alain Boureau porte un dernier coup fatal à cet écart, en même temps qu'il le rouvre, mais au terme d'un déplacement épistémologique dont la portée me semble considérable – d'où l'hommage que je rends ici à cet aspect du travail de notre ami.[5]

D'une part, la double origine du sanctuaire nous ramène à une époque postérieure au transport miraculeux (1291-1294), mais largement antérieure à la première publication de sa légende (1525). Deux nouvelles dates ici : en 1320, une première bulle de Jean XXII[6] concède l'indulgence ordinaire pour le pèlerinage de l'« *ecclesia Beate Maria de Loreto* » ; le terme de ce pèlerinage est alors l'image d'une vierge avec l'enfant. En 1470, une seconde bulle, de Paul II, reconnaît à ce sanctuaire une « fondation miraculeuse », parce qu'une « image de la glorieuse Vierge

4. Observons du reste que le dossier de Loreto présente d'entrée de jeu une particularité par rapport à de nombreux récits légendaires chrétiens élaborés au XVIe siècle et adossés à un passé médiéval plus ou moins lointain (pour une série d'exemples, voir l'ouvrage récent, très attentivement documenté, de Nicolas Balzamo, *Les miracles dans la France du XVIe siècle*, Paris, Les Belles-Lettres, 2015). La plupart de ces récits marquent trois temps : le premier plonge dans un passé indéfiniment éloigné, celui de la « naissance » d'une image ; le second est celui de l'invention ou de la découverte de cette image ; le troisième celui de l'écriture d'un récit. Dans le cas de Loreto, le premier temps se confond quasiment avec l'objet même de la légende, que l'on considère la « chambre » – relique de contact, comme l'écrira Richeome, puisque les souffles de l'ange et de Marie la traversèrent et s'y mêlèrent – ou l'image de Marie et de l'enfant, qui leur est contemporaine. Ne restent donc plus que les deuxième et troisième temps, le récit de 1525 renvoyant au transport de 1294.

5. Je conserve à dessein ici certaines traces de parole, qui compenseront la brièveté excessive de ce texte en rappelant sa circonstance, la diffraction d'une œuvre dans le cercle de ses lecteurs, de ses « amis » dans le sens ancien de ce mot : le partage d'une même vision du monde, aussi évidente que souvent trop peu distincte. La rencontre de Reid Hall avait certainement pour horizon la recherche d'une telle distinction : que partagent les amis-lecteurs d'Alain Boureau ?

6. Je rappelle qu'Alain Boureau s'est par ailleurs intéressé de près à Jean XXII, pour cette même année 1320, dans *Le pape et les sorciers : Une consultation de Jean XXII sur la magie en 1320*, (2004). Le lien est d'autant plus précis que l'une des inquiétudes du Pape dans cette consultation concerne les rituels de consécration, de baptême, bref d'installation des images dans les lieux de culte et l'orthodoxie de ces pratiques.

Marie, miraculeusement apportée par les anges y a été placée par la clémence de Dieu ». Cette bulle est rapidement suivie, en 1472, d'un premier témoignage du transport miraculeux, *non pas seulement de l'image, mais de « l'église » elle-même*, selon le terme du témoignage produit par Pietro Tolomei, ou Terramano, employé au sanctuaire depuis 1430. Dans ce récit, une seule date figure, nouvelle pour nous, celle de 1296, quand la Vierge vue en vision certifie l'authenticité de sa maison. Comme on le constate, nous ne trouvons plus que vingt-cinq ans d'écart à peine entre les derniers faits et les premiers récits. Curieusement, le premier développement complet de la légende dans le récit de Giovanni Angelita, en 1525, déplace à Trsat, sur l'autre rive de l'Adriatique, le récit de cette vision, qui devient contemporaine de la première station de la *Santa Casa*, en 1291. On mesure par ce bref exemple la complexité de l'échange : cet épisode a-t-il été emprunté à Trsat en 1472, importé par Trsat entre 1472 et 1525 ou seulement projeté sur l'autre rive par l'auteur du texte de 1525 ? Y-a-t-il, selon la réponse à cette première question, réappropriation d'une légende dalmate ou insertion de la Dalmatie dans la légende occidentale ?[7]

En 1597, lorsqu'Orazio Torsellini publie sa *Lauretanae historiae*, il achève de produire cette double origine *en modifiant l'énoncé* de la Bulle de Paul II, qui devient : « *Virginis gloriosa domus et imago angelico comitante collocata existit* ». « *Imago* » et « *domus* » sont désormais embarqués dans la même carrière légendaire.

D'autre part, si l'on reconstitue l'histoire de cette image, on découvre qu'elles ne sont pas une mais deux : d'abord une image peinte, ensuite perdue ; puis une image sculptée, qui accompagne d'abord la première,

7. Le débat n'est pas mineur, puisque la Dalmatie marque la première frontière de l'Orient. L'engagement important de la Compagnie de Jésus sur le site de Loreto (elle gouvernera le sanctuaire dès la fin du XVIe siècle) est en particulier lié à l'ouverture du Collège d'Illyrie en 1580, destiné à la formation des futurs envoyés dans l'empire ottoman (et dans les communautés chrétiennes orthodoxes), à l'écart de Venise avec laquelle, on le sait, les jésuites n'étaient pas en bonne intelligence, spécialement pendant le temps de leur expulsion, entre 1606 et 1657.

puis en tient lieu. Cette reconstitution construit par une autre voie un effeuillement du temps, qui fait venir vers nous une procession d'images[8].

L'événement

L'événement, c'est *L'inconnu dans la maison*, d'Alain Boureau, en 2010. Je ne pourrai m'en tenir ici qu'à une description minimale. Le point de départ est le même que celui qui a été le mien à l'instant : le rappel de la légende, avec ses « force détails chronologiques et topologiques », puis : « pendant deux siècles, personne n'évoqua l'événement »[9].

Mais : « je pense avoir découvert une exception au silence médiéval sur la légende, dans une question quodlibétique du franciscain Richard de Mediavilla (…) La question II, 2 s'énonce ainsi : "Est-ce que Dieu pourrait mouvoir localement un corps d'Orient en Occident, selon un mouvement rectiligne, en un instant ?" Cette question rassemble et accomplit la totalité du processus de transfert miraculeux ».[10] Alain Boureau complète cependant cette question centrale par une série d'autres

8. L'avantage est par ailleurs, dans le contexte immédiatement post-tridentin, de court-circuiter les types bi- et tri-dimensionnels d'images : l'image peinte est perdue mais elle devient la plus ancienne des deux, plaçant ainsi à la source le type idéal d'une représentation de moindre matérialité, propice à la promotion du canon tridentin d'une fonction exclusivement cognitive des « saintes images » ; tandis que la statue tient lieu seulement d'image et arrive, de plus, comme la benjamine, à contre-emploi donc de l'archaïsme supposé et redouté de l'image sculptée – une image « symbolique », selon les catégories de l'*Esthétique* de Hegel – par rapport à l'image peinte, « classique ». Il faudrait de ce point de vue étudier très précisément l'ordre d'entrée en scène de ces différents types dans le récit de la légende, Louis Richeome produisant une synthèse de cette longue séquence dans son *Pèlerin de Lorette* – synthèse dont il devient lui-même l'un des termes en faisant illustrer de gravures son ouvrage. Je renvoie sur cet aspect à mes travaux antérieurs, en particulier « L'Esclavonie, escale sur la route de l'Occident : la Santa Casa de Nazareth transportée par les Anges (1291-1294) », *Sanctuaires et transferts de culte*, *op. cit.*

9. Alain Boureau, *L'inconnu dans la maison. Richard de Mediavilla, les Franciscains et la Vierge Marie à la fin du XIIIe siècle* (2010), p. 15.

10. Id., p. 16.

questions repérées dans le même manuscrit, dont celle-ci (I, 6) : « Un auréole revient-elle au Christ ? ».[11] Comme il le démontre, cette question débouche dans le manuscrit de Richard de Mediavilla sur une justification de l'auréole mariale et par exemple de « l'étincelante et lourde couronne d'or » d'une Madone conservée aujourd'hui encore à Trsat, en Croatie, selon une tradition orientale dont l'origine peut remonter à l'icône fondatrice du sanctuaire de Loreto. Selon Richard de Médiavilla, note Alain Boureau, « le Christ n'a pas eu "la gloire du corps en réalité, mais sous forme d'attente". On ne peut s'empêcher de rapporter cette remarque à l'autre détentrice de l'auréole, Marie. Richard de Médiavilla signifierait que la Vierge doit être révérée d'abord dans ses actes, plus que dans sa conception. Le miracle de Lorette serait aussi une arme dans la résistance au dogme de l'Immaculée Conception, en gestation dans les années 1290 ».[12] L'essentiel du livre est ensuite occupé par la solution d'une difficulté chronologique : ce manuscrit de Richard de Mediavilla a toujours été daté des années 1284-1287. Alain Boureau va donc s'attacher à retarder ce manuscrit jusqu'à la date de 1295. Mais le foyer du livre, son étincelle, son moteur sont dans ces premières pages, d'une importance considérable à mon avis à plusieurs égards. C'est pourquoi je les prolongerai, à la manière quodlibétique, par trois questions, qui sont peut-être trois propositions de travail, pour Alain Boureau, pour moi-même ou pour d'autres.[13]

1. Comment concevoir une réduction de l'écart, *non plus temporel, mais spatial*, entre les côtes des Marches et Naples, c'est-à-dire entre le miracle du transfert de la Santa Casa et sa première glose ? Par où l'information a-t-elle pu passer ? Ou en d'autres termes : faut-il prendre

11. Id., p. 30.
12. Id., p. 33.
13. Je pose ces trois questions d'autant plus volontiers que la critique, assez polémique, de Max Lejbowicz dans les *Cahiers de Recherche Médiévale et Humaniste* ne me semble pas être entré très loin dans la discussion de l'hypothèse d'Alain Boureau ou pour le dire autrement, ne semble pas s'être posé un instant la question de savoir pourquoi il l'élaborait.

au sérieux l'hypothèse proposée par Alain Boureau, en vertu de la critique de deux opinions triviales : d'une part, celle selon laquelle les nouvelles iraient de plus en plus vite ; d'autre part, celle – qui n'est pas indépendante de la première – selon laquelle les connexions s'accélèreraient dans un monde globalisé. Car la circulation de la nouvelle du miracle dès cette époque implique, quel que soit l'aspect que privilégie la discussion quodlibétique, une irruption de l'Orient dans l'Occident très largement antérieure, par exemple, au développement des premiers *Sacri Monti* dans le nord du Milanais dans les dernières années du XVe siècle. Ainsi, le franciscain, ancien pèlerin, Bernardino Caimi, n'« invente » t-il le Monte de Varallo que dans les années 1480[14].

2. Quels sont les enjeux de la discussion franciscaine du point de vue d'une histoire de la théologie ? Peut-on concevoir que la Vierge Marie, mandée par Dieu et ses anges, intervienne par la voie de cette translation dans les disputes qui la concernent à cette époque sur le sujet de l'Immaculée Conception ? Et si cette hypothèse se confirmait, n'est-ce pas là une manière très forte de rompre le cercle enchanté des discours dans l'autonomie de leur développement, y compris de leur développement controversial ? N'est-ce pas une manière de faire revenir un récit dans le discours, c'est-à-dire de désigner le fondement et le talon d'Achille de l'édifice théologique dans son rapport avec son ultime justification, le récit évangélique ?[15]

14. Voir sur ce sujet les recherches d'Anne Lepoittevin (dont le doctorat est en cours de publication) ; P.A. Fabre, « Le bien fondé des grilles des chapelles dans les *Sacri Monti* du Milanais » (article à paraître) ; et de nombreux travaux italiens, souvent assez étroitement monographiques, sur Varallo, Varese, Orta, etc. Voir aussi, plus ancien mais essentiel M. Halbwachs, *La topographie idéale de l'évangile en terre sainte*, Paris, PUF (« Quadrige »), 2008 (1941).

15. J'attache d'autant plus d'importance à cette seconde question, en attente de réponse, que *L'inconnu dans la maison* me semble être une sorte de synthèse, ou de conflagration, de deux orientations essentielles du travail d'Alain Boureau, ou de deux séductions, narrative (dans la *Légende dorée* évidemment, mais aussi dans d'autres cas de figure narratifs, comme celui de la Papesse Jeanne, par exemple), et discursive, principalement à partir de la conversion du massif scolastique en *organon* d'intelligibilité,

3. Si cette discussion a bien eu lieu très peu de temps après le transport miraculeux de la *Casa*, il faut bien admettre que le miracle et avec lui cette discussion sont ensuite tombés dans l'oubli pendant deux décennies au moins, jusqu'à la bulle de 1320 qui, rappelons-le, ne fait pas mention de ce transport mais seulement d'un culte rendu à l'image d'une vierge sur l'emplacement du futur sanctuaire de Loreto. Un écart se creuse à nouveau ici : mais il ne concerne plus l'invention d'une image miraculeuse et le récit de cette invention ; il concerne ce que l'on pourrait appeler le rejet ou le refoulement d'un miracle par ceux qui auraient pu, tout au contraire, en assurer le relais et en faire fructifier l'interprétation.[16]

Je voudrais cependant conclure par une dernière interrogation. Lorsqu'Alain Boureau, dans les dernières pages de son livre, recherche les raisons du silence (relatif comme on l'a vu) dans lequel le miracle de la Santa Casa est tombé – dans une discussion que je viens à mon tour de prolonger – jusqu'au XVe siècle, il note finalement : « la vraie

et non plus seulement en témoignage d'intelligence. La scène napolitaine de 1295, quand un groupe de théologiens reçoit de plein fouet la maison volante de la Vierge Marie, me semble de ce point de vue, oui, un événement dans ce travail.

16. Pour qui concerne la première question, la discussion qui a suivi la présentation de ce bref exposé a permis à Alain Boureau d'insister sur la rédaction napolitaine du traité de Mediavilla, dans le contexte politique très spécifique de ce tournant du XIIIe siècle, marqué par un développement des ambitions du royaume de Naples dans les Marches. La troisième question demande l'ouverture d'un vaste chantier (dans le prolongement des remarques du livre sur la justification théologique discutée des auréoles du Christ et de la Vierge) : celui des conflits internes à la famille franciscaine elle-même sur la signification du paradigme marial, selon que l'on privilégie le pôle de l'Incarnation de Jésus, ou celui de l'Immaculée Conception de Marie. La seconde option devient dominante dans le camp franciscain autour de Duns Scot, de telle sorte que la promotion du sanctuaire de Loreto apparaît comme une initiative anti-franciscaine, puisqu'elle privilégie le pôle de l'Incarnation : ceci pourrait expliquer la marginalisation du débat napolitain dans la postérité de Richard de Mediavilla, une marginalisation d'autant plus durable que le transport miraculeux de la chambre de Marie restera d'une « urgence théologique » inférieure par rapport au dogme de son Assomption et de son Immaculée Conception, qui ne seront eux-mêmes, comme on le sait, que très tardivement reconnus (Boureau, *L'inconnu dans la maison*, p. 164).

question serait celle du *retour de la croyance* »[17]. Mais le problème de la croyance n'intervient lui-même que très tardivement dans sa démonstration, quand il soupçonne Richard de Mediavilla d'avoir fait de ce miracle « un exercice de croyance dans le pouvoir divin », « une représentation de la puissance divine », une manifestation du « possibilisme métaphysique » du théologien, porté à ses plus extrêmes conséquences, ou en d'autres termes : pourquoi pas, car « si cela ne cesse pas d'être étonnant, cela ne sera pas incroyable ».[18] Or dans toute la première partie du livre, c'est bien, en effet, la *possibilité* du transport angélique de la Casa qui est quodlibétiquement argumentée, et non pas du tout sa *crédibilité*. De croyance, il n'est question que dans ces toutes dernières pages. En vérité, tout se passe comme si nous n'avions pas affaire à un « retour de la croyance » au XVe, puis surtout au XVIe et ensuite, mais au retour, *comme croyance*, de ce qui s'était d'abord manifesté comme un « événement », un fait étonnant, auquel il allait falloir progressivement croire. Le livre se termine sur cette *étonnante* détermination de l'époque moderne.

17. Id., p. 161.
18. Id., p. 160.

HISTOIRES D'UN HISTORIEN

Vingt ans de séminaire

Béatrice DELAURENTI

Évoquer Alain Boureau en séminaire est une tâche plaisante et délicate. Pour préparer ma contribution, j'ai fait appel à une source inhabituelle, mes propres notes manuscrites. Les premiers feuillets sont datés du mercredi 20 décembre 1995, 18h : étudiante fraichement inscrite en DEA, j'assistais pour la première fois au séminaire de mon directeur de recherches. J'avais raté la séance introductive. Ce jour là, j'ai été introduite sans préambules au cœur d'un monde inconnu. Le document se poursuit, avec seulement quelques interruptions ponctuelles, jusqu'au dernier feuillet daté du mercredi 8 juin 2016, jour du dernier séminaire. Vingt ans ont passé dans l'intervalle. L'horaire a changé, la salle, le public aussi. Pas le bâtiment, ni l'orateur.

Ce sont ces années-là que je voudrais raconter. Cet exercice de relecture m'a fait percevoir combien le séminaire d'Alain Boureau a travaillé de l'intérieur mes propres recherches. Je n'en ferai donc pas une présentation objective. Je le raconterai plutôt tel que je l'ai vécu, dans ses pleins et ses déliés, et aussi pour ce qu'il a été dans ma formation : un lieu d'expérimentation historique, celle du maître, et un lieu d'apprentissage et d'expérience, celle de l'auditeur, en l'occurrence la mienne.

Rythmes

Toute expérience est soumise au temps et à l'espace. Le séminaire d'Alain Boureau était hebdomadaire et annuel. Il avait lieu le mercredi, autrefois de 18h à 20h, depuis l'automne 2005 à 17h. Dans mes souvenirs anciens, Alain s'y rendait à pied depuis le bureau du Centre de Recherches Historiques situé au 54 boulevard Raspail. Puis le Groupe d'Anthropologie Scolastique nouvellement créé s'est installé boulevard Saint Michel : une marche plus importante demandait de prendre la rue d'Assas dans toute sa longueur. En 2009, le GAS a déménagé au 96 boulevard Raspail : nous sommes restés ensuite dans cet espace-temps là, celui du bureau d'en face avec une simple rue à traverser. La grande salle 8 a été le théâtre des premières années ; à partir de 2005, le séminaire s'est tenu dans la salle 4, la chère salle d'Alain, ni trop grande ni trop petite.

Les séances suivaient un déroulement bien rôdé, presque immuable. En ouverture, les nouveautés éditoriales de la semaine, puis la présentation de la problématique dans ses enjeux médiévaux et contemporains, suivie du portrait soigneux des auteurs du jour. Le cœur de la séance était consacré à la lecture et au commentaire des textes. Lecture en latin bien sûr, parfois aride malgré la traduction. Avec le temps et les nouvelles technologies, la méthode s'est assouplie. L'auditeur a souvent disposé, d'une traduction en français ; grâce au mail, il a reçu chaque semaine un résumé du séminaire précédent. La séance, enfin, se terminait presque invariablement sur l'aveu d'un manque de temps pour tout dire et sur le renvoi à la semaine prochaine pour la suite.

Changeons d'échelle. Suivre un séminaire pendant vingt ans permet d'en percevoir les cycles thématiques pluriannuels. À mon arrivée, le séminaire poursuivait un cycle consacré au droit : la notion de privilège, la juridisation de la société, les conflits de normes ont constitué les thèmes des premières années. En 2001, le séminaire sur « les mauvais pouvoirs » a fait transition entre ces interrogations juridiques et une nouvelle thématique : la perception du mal dans l'anthropologie scolastique. Le cycle sur le mal a occupé trois années de 2005 à 2007 ; il a repris en 2010 autour de la perversité. Un troisième cycle s'est entrecroisé avec celui-ci, sur la dévotion : la dévotion au Saint Esprit (2003), puis le vœu religieux (2011). À partir de 2008 a démarré le cycle « Richard de Médiavilla ».

Quelques années enfin n'entrent pas dans cette présentation cyclique. Le séminaire de 2002, par exemple, portait sur la construction des communautés. C'était un objet nouveau à la jonction de l'histoire sociale et intellectuelle, mais il intégrait des préoccupations anciennes sur l'Inquisition, la règle monastique, l'Université. Les thèmes des dernières années – le vide, l'inégalité sociale, le déterminisme – occupent aussi une place singulière et autonome dans ce tableau.

Méthodes

En déroulant ces intitulés, nous risquons cependant de manquer l'épaisseur du réel, ce qui fait du séminaire de recherche autre chose qu'une suite d'articles scientifiques. Celui d'Alain Boureau aura été un espace d'expérimentation où furent testés des objets historiques, des interrogations, des traductions, avant publication : pour reprendre une formule de l'intéressé, ce fut « un lieu de convergence orale entre diverses contributions qui alimentent la recherche en amont de sa mise à l'écrit »[1]. À ce sujet, la méthode d'Alain Boureau avait quelques arrêtes saillantes que je voudrais maintenant évoquer.

D'abord, l'usage du paradoxe comme instrument d'analyse : il caractérise une grande partie des objets choisis. Ainsi le privilège, cette exception qui fonde la construction du droit ; la perversité, ce « mot dangereux et puissant »[2] qui définit un mal opéré sans cause ; ou encore « le vide heureux »[3], « la quête de l'inégalité »[4] et même l'oubli, auquel une séance a été consacrée au printemps 2011[5]. Avec de tels objets,

1. Séance du 15/05/2015.
2. Séance du 03/11/2010.
3. Année 2012-2013.
4. Année 2013-2014.
5. Séance du 30/03/2011.

le séminaire n'avait pas pour but d'affirmer une thèse ; il visait plutôt à mettre à l'épreuve un concept, un questionnement.

Un autre trait marquant de la méthode Boureau en séminaire était la volonté d'ancrer la réflexion dans l'actualité, de faire le lien entre des interrogations contemporaines et les sources scolastiques. Je ne veux pas seulement parler des débats en histoire ou en sciences sociales, mais aussi d'une actualité plus ordinaire et plus concrète. Ainsi, le dossier sur le saignement du cadavre fut introduit par une comparaison avec le film d'Abel Ferrarra qui venait de sortir, *Nos funérailles*[6]. Ce film noir évoque les règlements de comptes de la mafia américaine dans les années 1940 ; il comporte une scène dans laquelle un cadavre saigne et dénonce son assassin. De même, la célèbre formule de Richard Virenque, « à l'insu de mon plein gré », fut convoquée pour faire comprendre une idée franciscaine, l'autonomie des puissances de l'âme par rapport à la volonté[7].

Ceci m'amène à un troisième aspect du séminaire, frappant pour l'auditeur, formateur pour l'étudiant : l'attention portée aux mots, aux manières de dires. J'en donnerai pour exemple la bulle « *Ad fructus uberes* » de Martin IV étudiée lors de la séance du 21 février 1996. Ce texte accorde un statut spécial aux ordres mendiants, le droit de délivrer la confession sans autorisation du curé ou de l'évêque. L'énoncé du privilège est accompagné d'un « *nihilominus* », un « cependant » qui complique tout, car il peut être interprété dans un sens fort ou dans un sens faible. La portée théologique et politique de la bulle de Martin IV dépend du sens que l'on donne à ce « *nihilominus* »[8]. D'une manière comparable, l'expression « *ex certa scientia* » a fait l'objet d'un examen spécifique[9]. Cette clausule de droit fut employée par le pape Innocent III dans son conflit avec les moines d'Evesham pour manifester la plénitude du pouvoir pontifical ; c'est une formule centrale de la construction de l'absolutisme.

6. Séances du mois de mai 1996.

7. Séance du 07/05/2008.

8. Séance du 21/02/1996.

9. Séance du 14/03/1996 ; analyse poursuivie en janvier-février 2004, puis lors de la séance du 17/12/2005.

La question de la traduction participait de la même attention aux mots. Ce fut une préoccupation constante. Alain Boureau plaidait pour des « choix radicaux de traduction », ce qui a pu l'amener parfois à des propositions provocatrices, comme en 2013 lorsqu'il traduisit « *species* » par « schème intelligible » et par « structure formelle »[10].

Enfin, il y avait les mots du maître lui-même, son appétence pour les formules-choc qui frappent l'auditoire. Le XIIIe siècle fut décrit comme « un vaste séisme, la rencontre de deux plaques tectoniques »[11] ; le vœu religieux, comme un souhait qui « met Dieu dans le coup et échappe aux hommes »[12]. Quant à Satan ... « Selon Olivi, Satan va au supermarché de l'être et fait son propre panier, alors que pour Thomas d'Aquin, il prend tout ou rien. »[13] Dans le même esprit, les métaphores agricoles ont été recueillies dans les sources médiévales comme autant de pépites pour le chercheur et l'enseignant, de la greffe de Pierre de Jean Olivi[14] à la fève collante de Richard de Médiavilla[15], jusqu'à la châtaigne d'Albert le Grand, ce « modèle réduit du tremblement de terre, qui éclate en cuisant »[16].

On pourrait encore évoquer de mémorables séances de mise au point historiographique, par exemple le 7 février 2007 sur le mythe de la personne humaine. De non moins mémorables schémas esquissés au tableau, comme celui du « système du mal » selon Richard de Médiavilla, avec une gradation depuis le non-bien jusqu'au démérite en passant par le vice, le péché et la faute[17]. Sans oublier les « feuilletons », selon l'expression même d'Alain Boureau, ces chroniques qui visaient à rendre compte de la progression d'une transcription en ne cachant rien des problèmes de lecture, de découpage, d'attribution du manuscrit.

10. Séances du 23/01/2013 et du 10/04/2013.
11. Séance du 03/11/2010.
12. Séance du 23/11/2011.
13. Séance du 09/02/2011.
14. Séance du 10/05/2006.
15. Séance du 07/01/2009.
16. Séance du 08/06/2011.
17. Séance du 16/03/2011.

Ces aspects ne sont pas anecdotiques. Ils convergent dans un projet unique de redécouverte du monde scolastique. Il s'agissait, pour reprendre une formule du 11 juin 2003, lors du séminaire sur les communautés, « d'introduire de l'historicité et des tensions dans un monde trop lisse ». Le regard se portait sur l'homme, non sur l'idée. Même « le scribe est une personne »[18]. Quant au texte qui fait source, il était décrit comme un « espace d'intuition » dans lequel un auteur médiéval se débrouille avec deux univers non-compatibles, l'univers chrétien et l'univers aristotélicien[19]. L'objectif était d'éviter « une histoire finalisée » et de « repérer les changements de concepts, d'objets, de problématiques »[20], parfois sur un temps très court, sans cesser pour autant de « tenir une distance qui permette la réflexion »[21]. Une approche d'historien et non de philosophe.

Silhouettes

Mais le séminaire n'est pas seulement un lieu où l'historien teste ses recherches, où il les met à l'épreuve. C'est aussi un lieu peuplé et investi par différentes personnes. L'auditeur y faisait l'expérience d'un profond dépaysement. Le nouveau-venu traversait d'abord l'épreuve redoutée du tour de table. Il y a les années où il déroulait à toute vitesse le titre de sa thèse ; puis celles où il se permettait un peu de lenteur, quelques phrases d'explication. Une fois passé le premier choc, ce nouvel arrivant intégrait le groupe générationnel des étudiants d'Alain Boureau. Il y avait de la solidarité dans ce groupe ; un esprit facétieux aussi, des clins d'œil sur la cravate ou les chaussettes du maître. Les soutenances ont rythmé ces années. La coutume des repas de fin d'année au « Florissant », les pots dans le petit café de la rue d'en face, tous ces instants ont créé des liens.

18. Séance du 11/03/2009.
19. Séance du 29/04/2009.
20. Séance du 4/11/2009.
21. Séance du 03/11/2010.

Au-delà des étudiants et des habitués, l'autre partie du public était formée par les invités et les collègues de passage. Chaque année, des conférenciers étrangers sont venus exposer leurs travaux depuis Varsovie[22], Helsinki[23], Oxford[24], les États-Unis[25], l'Australie[26], etc. À l'heure de l'histoire mondialisée, je peux dire que le séminaire d'Alain Boureau a été un lieu international où se sont croisés étudiants et collègues venus de tous horizons. Dès les premiers temps de mon arrivée, j'ai baigné dans une ambiance multiculturelle. Il y a eu le pôle américain et italien, puis le pôle roumain, sans oublier le latin, deuxième langue du séminaire. Pour une auditrice parisienne et francophone, ce fut une expérience de décentrement.

Le séminaire a connu deux crises, au sens hippocratique du terme : des moments décisifs, des paliers. La première eut lieu en 2004, l'année de la chute. De cet épisode dramatique, je retiens la coupe de champagne que nous avons échangé à l'hôpital, Alain et moi, le lendemain de la soutenance de ma thèse. La seconde crise eut lieu en 2008, l'année de la dispute scolastique autour de Richard de Médiavilla. Ces soubresauts ont formé le versant sombre du séminaire.

Il a eu aussi un versant lumineux. Le séminaire a eu ses héros. Certains sont des comètes qui l'ont traversé une année. L'archevêque de Canterbury, John Peckham, a ainsi servi de point de référence dans une exploration du rapport entre univers scolastique et monde pratique[27]. Le pape Jean XXII fut étudié pour sa position à la croisée de trois tendances : la naissance d'une idéologie de l'État, la mise en place de procédures judiciaires d'exception et la montée d'un absolutisme pontifical[28].

D'autres personnages sont de petits héros : Job, le Juste persécuté, ou encore Thomas de Malborough, ce « petit moine » d'Evesham,

22. Jerzy Pysiak, séance du 29/11/2000.
23. Simo Knuutila, séance du 19/03/2003.
24. Matthew Kampshall, séance du 26/03/2003.
25. Steven Marrone, séance du 28/05/2003 ; Robert Lerner, séance du 19/01/2005.
26. Constant Mews, séance du 26/01/2005.
27. Année 1998-1999.
28. Année 2000-2001.

en Angleterre, parti seul plaider la cause de son abbaye devant le pape. Ses lettres ont été au cœur d'une analyse microscopique de l'histoire monastique anglaise[29].

D'autres enfin sont des valeurs sûres, des figures récurrentes et familières. J'en vois quatre : Pierre Lombard, car « malgré des tournures maladroites, c'est un grand fondateur, qui fait un travail intelligent et persévérant, même s'il n'est pas exceptionnel »[30] ; Thomas d'Aquin, présent chaque année - « Contrairement à ce qu'on dit, Thomas d'Aquin est un penseur qui prend des risques. Mais il sait les entourer d'un apparat »[31] ; Pierre de Jean Olivi, que « l'on connait depuis un certain temps dans le séminaire », décrit comme « celui qui met le doigt sur les problèmes délicats »[32] ; et bien sûr, Richard de Médiavilla. Ce dernier a fait son apparition en novembre 2008, sans avoir été annoncé. Ont suivi deux années de lecture intense de ses textes inédits. Pour Alain Boureau, Richard de Médiavilla est celui qui comble le « trou » de la fin du XIIIe siècle, il incarne « la génération manquante » entre Thomas d'Aquin et Jean Duns Scot[33]. Il a été un proche compagnon en scolastique, presque un alter ego.

D'année en année, le séminaire d'Alain Boureau a ainsi formé une génération de chercheurs. Il leur a donné une structure intellectuelle, une discipline de travail et une méthode d'analyse qui les rassemblent en une communauté, un réseau. Lieu d'expérimentation et d'expériences, le séminaire a marqué les esprits.

29. Plusieurs séances à partir de janvier 1996.
30. Séance du 10/03/2004.
31. Séance du 19/01/2011.
32. Séance du 06/05/2015.
33. Séance du 4/11/2009.

Arriver dans le livre

Christian Jouhaud

Alain Boureau est l'un des co-auteurs de *L'Ogre historien* consacré en 1999 à l'œuvre de Jacques Le Goff[1]. Le titre du livre est évidemment inspiré du mot fameux de Marc Bloch : « Le bon historien ressemble à l'ogre de la légende. Là où il flaire la chair humaine, il sait que là est son gibier ». Regardons un instant l'historien – le bon historien – avec les lunettes de Charles Perrault, suffisamment anciennes pour que la « légende », si on lui demande d'en parler, ne puisse évoquer en même temps d'autres ogres – ceux-là sanguinaires – autrement qu'en image. Donc l'ogre :

> Fleurait à droite et à gauche, disant qu'il sentait la chair fraîche. Il faut, lui dit sa femme, que ce soit ce Veau que je viens d'habiller que vous sentez. Je sens la chair fraîche, te dis-je encore une fois, reprit l'Ogre, en regardant sa femme de travers, et il y a ici quelque chose que je n'entends pas. En disant ces mots, il se leva de Table, et alla droit au lit. Ah, dit-il, voilà donc comme tu veux me tromper, maudite femme ! Je ne sais à quoi il tient que je ne te mange aussi ;

1. Co-auteurs : Marc Augé, Jérôme Baschet, Jacques Berlioz, Jean-Claude Bonne, Alain Boureau, Pierre Dumayet, Daniel Fabre, Bronislaw Geremek, Alain Guerreau, Christiane Klapisch-Zuber, Louis Marin, Pierre Nora, Michel Pastoureau, Marie Anne Polo de Beaulieu, Krzysztof Pomian, Jacques Revel, Jean-Claude Schmitt, Pierre Toubert et André Vauchez. Édition de Jacques Revel et Jean-Claude Schmitt, Paris, Gallimard, 1999.

> bien t'en prend d'être une vieille bête. Voilà du Gibier qui me vient bien à propos pour traiter trois Ogres de mes amis qui doivent me venir voir ces jours ici. Il les tira de dessous le lit l'un après l'autre. Ces pauvres enfants se mirent à genoux en lui demandant pardon ; mais ils avaient à faire au plus cruel de tous les Ogres, qui bien loin d'avoir de la pitié les dévorait déjà des yeux, et disait à sa femme que ce serait là de friands morceaux lorsqu'elle leur aurait fait une bonne sauce.

L'ogre est trompé : on s'interpose entre l'objet de son désir et sa consommation ; mais il n'est pas dupe longtemps. Et puis il est sociable et généreux avec ses amis ogres. Il réclame une bonne sauce. Cela ne cadre guère avec la figure de l'historien trop souvent rencontré au coin du bois : facilement dupe, peu accueillant à ses congénères, praticien de sauces qui sont rarement bonnes. Et puis surtout, seule la chair fraîche intéresse l'ogre, alors que celle que l'historien va tirer de dessous les lits du temps est morte, décomposée, et même disparue : il ne reste que l'os. Mais parfois trop d'os : quand il y en a trop, au lieu de se détourner, le bon historien, l'autre, commence à s'ébrouer, par exemple quand il rencontre les trois radius officiels de sainte Reine d'Alise[2].

Historien de traces menues et de grands problèmes, de reliques incertaines et de textes-rébus, Alain Boureau n'est pas un historien-ogre. On se demande d'ailleurs quel ogre glouton ne considérerait pas d'emblée la scolastique comme indigérable (nous verrons plus bas qu'on peut en boire). Si l'on veut rester avec le Petit Poucet, il vaut mieux faire intervenir un autre personnage, qui d'ailleurs ne se montre pas dans le conte, le loup, qui n'est pas un Ysengrin mais une noble et féroce hantise des forêts profondes (*per silvas profundas*). Donc, promenons-nous dans les bois, si le loup y était.... On sait comment cela se termine : par « J'arrive ! ». Quand, où, dans quoi, comment, l'historien arrive-t-il après avoir mis, non pas sur lui (chemise, culotte, chaussettes, veste, bottes, chapeau), mais dans sa recherche tout ce qu'il avait à y mettre en préalable ?

2. Alain BOUREAU, « Adorations et dévorations franciscaines. Enjeux et usages des livrets hagiographiques » (1987), p. 71.

1 – *Quand ?* Trop tard, affirme Alain Boureau dans son article « L'historien et le stigmate de l'événement »[3]. Soit la mort de François d'Assise le 3 octobre 1226 : le vicaire de l'ordre franciscain l'annonce aussitôt par écrit à tous les frères à travers l'Europe. Un seul de ces « faire-part » a été conservé : « entre l'événement et son annonce, sa mise en texte, l'intervalle paraît mince, d'une minceur soulignée par le hasard de la conservation : le document, sans opacité, disparaît avec sa fonction » ; mais « l'intervalle est déjà là ». Dans sa publication même, l'événement se transforme en « fait hagiographique », « ou plutôt il se dédouble entre la trace d'un événement et le signe sûr et codé du fait » ; l'activité hagiographique « trie le sens avant de le distribuer », « mais au terme de ce tri l'événement se perd tout à coup »[4].

L'événement est annoncé en son temps, et c'est par cette annonce qui le médiatise qu'il existe, et non par sa seule survenue. L'historien arrive donc toujours trop tard : « l'annonce a sonné le glas de l'événement que le faire-part couche dans la glace du papier ». Pas d'événement brut ou pur, donc. Aucun n'échappe à la contrainte de sa publication qui le dissout ; il est dans un même temps révélé, voire proclamé, et effacé. Ce constat rappelle que le temps de l'historien n'est pas le temps de l'événement, mais souligne aussi que le temps de l'annonce, de la première « donation » de l'événement, n'est pas non plus le temps de l'événement quoiqu'en pensent les phénoménologues. Rechercher ce qui, malgré tout, demeure vraiment du temps de l'événement dans ses traces, c'est-à-dire ce qui le fait unique et non sa morale, et non ce qu'il ferme ou ce qu'il ouvre, bref sa vérité et non ce que son interprétation utile produit, est un geste de connaissance à la fois vain, désespéré peut-être, mais seul à même, au fond, de justifier que l'historien écrive.

Le mot *écrire* n'est pas simple et la distinction de Roland Barthes entre écrivant et écrivain ne sert pas à grand-chose en la matière : tout texte publié a été écrit, mais il y a une certaine manière d'entrer dans le temps, de le mettre en intrigue si l'on veut (cette notion n'est pas

3. Alain Boureau, « L'historien et le stigmate de l'événement » (1991).
4. *Ibid.*, p. 141 et p. 142.

complètement satisfaisante non plus) qui incite à considérer que le temps de l'historien est *encore* le temps de l'événement, que l'historien arrive certes toujours trop tard, mais qu'il finit par arriver. L'annonce écrite de l'arrivée, dans l'acte même d'arriver, laisse voir loyalement l'empreinte du discours dans le récit qui vient [5]. La manière qu'a Alain Boureau de dire « j'arrive ! » est un des traits les plus remarquables de son écriture d'historien, de part en part de son œuvre.

1985, ouverture de *L'Aigle. Chronique politique d'un emblème*[6], livre pour lequel, comme lecteur ami, je garde une particulière affection :

> Au printemps 1815, à Lublin, au fond de la Pologne (c'est-à-dire nulle part, comme diraient Marie-Thérèse d'Autriche ou Alfred Jarry), le maître juif hassidique Yaakob Yitzhak commente les nouvelles du jour : « l'aigle a dû abandonner le terrain au vautour, dit le Rabbi. Le tour des corneilles viendra aussi » (Martin Buber, *Gog et Magog, Chronique de l'époque napoléonienne*). Et sans aucun déchiffrement, l'entretien avec le disciple laisse Napoléon à son sort funeste pour rouler sur le pouvoir et la communauté. Ici, comme en mille circonstances, se manifeste l'intégration simple immédiate du symbolisme animalier dans le langage poétique européen : une désignation doublée d'une valorisation. L'évidence multiforme de ce code semble ruiner la pertinence d'une histoire générale du symbolisme politique de l'aigle, qui échappe à l'événement ou bien s'y engloutit totalement.

Un maître hassidique, le couple étrange de Marie-Thérèse et Alfred Jarry, Martin Buber, Napoléon, Lublin : les noms propres assurent le dépaysement et « l'estrangement » du phénomène culturel de longue durée que fut, et qu'est peut-être encore (bien que vidé de sa puissance de signification), la représentation emblématique et, en même temps – c'est cela qui compte –, lui ouvrent des espaces adéquats et larges de

5. Sur ce point la récente publication de l'inédit de Michel FOUCAULT « Homère, les récits, l'éducation, les discours », *Nouvelle Revue Française*, 616, janvier 2016.

6. Paris, Editions du Cerf, 1985.

contextualisation. Car ce qu'il s'agit de tenir, c'est bien une réalité qui « échappe à l'événement ou s'y engloutit », insaisissable donc : tout à fait dehors ou tout à fait dedans au point d'y disparaître. Cette mise en intrigue de l'insaisissable ouvre la route d'une longue histoire qui s'achève dans ce qui la nie : l'emblème nazi, « ce piège visuel », qui « méduse », « occupe le regard vidé des masses ». Face à ce « regard vidé » – scène indésirable [7]-, le constat accablé de la folle et criminelle fiction du temps arrêté remplace l'alacrité des contextualisations du symbolisme vivant quoique disparu.

2 – *Où ?* N'importe où ? Sûrement pas. Mais partout. Ce qui est l'antichtone du nulle part de Marie-Thérèse et Jarry. En Angleterre, bien sûr, car « l'Angleterre est un pays bien étrange », toujours en « avance »[8] : on ne saurait guère tailler plus large avant de plonger dans deux siècles d'histoire du droit. Mais, changement d'échelle, la doctrine n'est pas sans lieu, elle prospère d'abord quelque part et puis elle traverse de nombreux paysages où elle s'accroche plutôt qu'elle ne se répand. Son action ne peut se passer de décors. Et si l'Angleterre est un pays bien étrange, Oxford en est l'ombilic de subsidence doctrinal[9]. Il importe en ce point de ne surtout pas confondre d'un côté des analyses qui fabriquent à longueur de pages de la métonymie rétrospective (et la mode de l'histoire globale n'annonce pas la fin de ce péché), qui passeraient, par exemple, directement de « l'Angleterre » à « Oxford », du royaume de France à Reims, Provins ou Cluny, ou l'inverse, l'englobant valant pour l'englobé et réciproquement, avec, de l'autre, l'œil littéraire de l'historien – l'œil de l'aigle emblématique peut-être ou du gardien de phare – qui arrive à son objet, ou voit arriver son objet à lui, dans l'infinie diversité des paysages qui, précisément, en permettent la vision, autant de paysages vivants avec ruines, comme les ont tant aimés les peintres romains du *seicento*.

7. Voir Michel Gribinski, *Les scènes indésirables*, Paris, éditions de l'Olivier, collection penser/rêver, 2009.

8. Alain Boureau, *La Loi du Royaume. Les moines, le droit et la construction de la nation anglaise (xie-xiiie siècles)* (2001).

9. Alain Boureau, *Théologie, science et censure au* xiiie siècle. *Le cas de Jean Peckam* (1999).

Mais cet œil littéraire de l'historien constate d'abord que « Saint Bernard ne remarquait rien des paysages qu'il parcourait ni des lieux où il vivait, selon ses hagiographes qui l'en louaient fort ». Et, de là, il pose la tension qui va parcourir tout le livre : « Cette haute indifférence pourrait assez bien caractériser une visée démesurée de l'Église médiévale : faire oublier aux hommes qu'ils sont attachés à un lieu, à des contraintes, à un contexte. Par une curieuse réussite de ce dessein, nous avons tendance à oublier que le christianisme a traversé un paysage, tant il s'y est projeté et l'a façonné »[10]. La sainte indifférence aux lieux, au paysage des lieux en tout cas, c'est-à-dire à l'inscription des lieux dans le temps qui les marque d'une foule de signes, engendre l'oubli – l'oubli qui traverse le temps. La « maîtrise narrative » de l'événement fondateur élague la mémoire qu'elle transmet et conduit l'oubli jusqu'à nous, l'oubli des paysages traversés. Dans le *landscape* arasé, l'historien narrateur ne manque pas alors d'être saisi par les lapsus de la maîtrise elle-même qui, fugitivement, se déchire et donne à voir, à qui peut voir, des *timescapes* crûment éclairés par l'accomplissement d'un acte oublié, mais à restituer après le commencement visionnaire des premières lignes[11].

Quel événement illustre mieux la « persévérance totalisante du christianisme médiéval » que la canonisation de Thomas d'Aquin ? Soudain, pourtant, dans l'enquête qui va y conduire, Jean Blasio se rappelle avoir vu Thomas boxer le diable sur la terrasse du couvent dominicain de Naples – spectacle édifiant ? – et déroule à partir de là le récit de ses propres rencontres diaboliques. C'est par cette porte napolitaine, si clairement fichée dans le temps et le paysage, qu'arrive l'historien du *Satan hérétique*[12]. Cet historien pratique depuis longtemps la traversée des paysages de sa recherche. Il les évoque sans les décrire en déployant les noms propres de lieux, leur puissante résonance géographique, leur modeste sonorité, leur étrangeté questionnante. « Adorations et dévorations

10. Alain Boureau, *L'événement sans fin. Récit et christianisme au Moyen Âge* (1993).

11. La notion de *timescape* est mise en place par Ruth Klüger dans *Refus de témoigner. Une jeunesse*, Paris, Viviane Hamy, 1997.

12. Alain Boureau, *Satan hérétique. Histoire de la démonologie (1280-1330)* (2004).

franciscaines » résonne ainsi des noms de L'Aquila (lumière, brouillard, ruines), Chasteloy-Hérisson en Bourbonnais, Combronde, Alise-Sainte-Reine (eau, miracles, hôpital psychiatrique), Flavigny (bénédictins et bonbons à l'anis), qui tous emplissent la bouche de qui les prononce. Derrière les moines se découpent des figures où se rencontrent le temps de l'action et l'action du temps sur les hommes qui vivent là : Cacchio l'éditeur imprimeur, le curé Cadiou opérateur de la rencontre commerciale entre eau miraculeuse et eau médicinale.

3 – *Dans quoi ?* À première vue dans le bruissement d'une actualité où l'histoire « revient » comme hantise. Mais déposer son objet passé, un instant, dans ce présent proclamé renverse en réalité l'évidence attendue, celle qui intime à l'histoire de dire quelque chose pour le présent. Et cela vaut aussi pour un passé cité à comparaître en tant qu'ancien présent : « "Qui croirait qu'il y a aujourd'hui à Rome des gens qui attachent beaucoup d'importance à l'histoire de la papesse Jeanne ", écrivait Stendhal vers 1830. Cet étonnement ne l'empêchait d'ailleurs nullement de traiter longuement de la question. Plus de 150 ans après, l'historien de Jeanne affronte souvent le même étonnement à la fois condescendant et alléché »[13]. Stendhal protège ici d'une demande « alléchée » et intrusive qu'il faut bien regarder en face au moment où on la congédie. Le présent futile colle aux basques de l'historien qui transforme cette adhérence en auto-ironie, par exemple à l'égard du polar historique : « Ce livre aurait pu s'intituler *L'archevêque et les cadavres*. De fait on y trouvera un cadavre qui saigne devant un meurtrier, de mauvais coups, de la véhémence, de la fureur, de la haine, de funestes destins. Mais… »[14].

Sur le fond, en réalité évanescent, du présent, le passé se découpe comme réel et c'est le présent sans forme qui vient le hanter. Présent du *sexual harassment* (en 1992) pour le droit de cuissage[15] ; présent de l'angoisse de la dissolution de l'État : « L'État se meurt. Le sort de

13. Alain Boureau, *La Papesse Jeanne* (1988).

14. Boureau, *Théologie, science et censure au* XIII*e siècle*.

15. Alain Boureau, *Le droit de cuissage. La fabrication d'un mythe (*XIII*e-*XX*e siècle)* (1995).

l'Europe actuelle le montre : que reste-t-il entre les régions et l'entité globale, qu'elle soit perçue comme une fédération ou un "super-État" ? »[16] ; présent de la crise de la « valeur savoir » à l'échelle de « l'Occident » : « L'Occident, depuis un certain temps, perd cette illusion séculaire qui affirme que le savoir est bon pour l'homme, noble pour l'espèce humaine, quelle que soit son utilité pratique, son rôle social »[17].

À chaque fois, dans ces commencements, l'angoisse du présent devient l'écho de celle du passé (et non l'inverse) clairement située en son temps, alors que le présent flotte : il ne faut y voir aucun surplomb transhistorique, nulle morale de la leçon de l'histoire, mais bien plutôt une manière d'avancer le pied pour coincer la porte du temps entrebâillée, pour commencer à imposer les coups de force, parfois discrets, qui vont faire advenir ici et maintenant le passé médiéval dans son altérité et, plus difficile, dans sa proximité. Me vient ici en mémoire la critique du livre de Lucien Febvre *Le problème de l'incroyance au XVIe siècle. La religion de Rabelais* entendue lors d'une fameuse conférence d'Alain Boureau. Et aussi cet extrait des *Mémoires* d'Henri de Campion, cité par Hélène Merlin-Kajman dans son dernier livre. Il est question de la prise d'une ville :

> Pendant ce temps nous entrâmes, et les soldats, ne trouvant de résistance, firent tous les maux dont ils se purent aviser, et le feu qui s'étendait de tous côtés les rendait encore plus licencieux. La plupart des femmes furent violées et les biens échappés au feu pillés. Tout cela me fit une pitié que je ne puis exprimer mais l'on ne pouvait rien empêcher.[18]

En face de cette description, malheureusement banale, des malheurs de la guerre au XVIIe siècle, l'historien bienveillant a tendance à souligner

16. Alain BOUREAU, *La religion de l'Etat. La construction de la République étatique dans le discours théologique de l'Occident médiéval* (1250-1350) (2006).

17. Alain BOUREAU, *L'Empire du Livre. Pour une histoire du savoir scolastique (1200-1380). La Raison scolastique II* (2007).

18. Cité par Hélène MERLIN-KAJMAN, *Lire dans la gueule du loup. Essai sur une zone à défendre, la littérature*, Paris, Gallimard, Nrf Essais, 2016, p. 233.

l'empathie de l'honnête Campion à l'égard des souffrances des vaincus, bien en rapport avec son stoïcisme chrétien, et à considérer avec lui que cette violence était une des fatalités du temps : « l'on ne pouvait rien empêcher ». Mais ne pouvait-il vraiment rien empêcher ? Lui était-il impensable de pratiquer un héroïsme chrétien du sauvetage des vaincus ? Impensable aussi cet autre héroïsme : mettre en danger l'autoreprésentation du narrateur en gentilhomme obéissant, fidèle à des supérieurs laxistes face à la violence des soudards, des généraux du plus haut sang aristocratique persuadés qu'il fallait bien lâcher la bride, alors que les mêmes étaient capables, en d'autres circonstances, d'imposer une féroce discipline aux troupes ? L'historien posant ces questions a-t-il sombré dans le péché d'anachronisme (mortel comme on sait) ? Pourquoi dédouaner Campion si facilement de sa passivité, au nom de la brutalité des mœurs passées, tout en soulignant son honnêteté (dans tous les sens du mot), sa délicatesse et son humanité aujourd'hui transparentes à « notre » sensibilité ? L'avenir de cette affirmation d'impuissance ne devrait-il pas nous conduire à la scruter de plus près ; le déni de responsabilité n'a-t-il pas un présent, un passé bien plus récent, qui vient hanter rétrospectivement les récits du « Grand Siècle ? ». Coincer la porte du temps entrebâillée serait ici travailler l'hypothèse que l'ethos du noble guerrier, dissimulé sous un pathos scripturaire qui substitue le texte à l'action (« une pitié que je ne puis exprimer »), fonctionne à l'oubli, celui de la conviction, exprimée en d'autres registres d'actions, l'hypothèse que la volonté animée par l'idéal chrétien pourrait faire barrage à la fatalité. L'excuse facile et paresseuse de l'anachronisme a souvent été dénoncée par Alain Boureau. Au risque du silence : que l'athéisme soit impossible au XVIe siècle ou que les horreurs de la guerre aient été une fatalité au XVIIe est historiquement réfutable, même si les propositions inverses ne sont pas démontrables au niveau de généralité qui conviendrait pour fonder un récit pédagogiquement utile.

Dans cet esprit, il est arrivé que l'historien médiéviste, parti du « cénotaphe superbe » d'une œuvre admirée, doive vite affronter le silence du mort absent du tombeau. Condamné au risque d'une historiographie travaillée par ce silence, il assume – y étant allé – avec panache et rigueur l'épreuve nécromantique qui lui advient. Entré, pour la collection

« L'un et l'autre » de Jean-Bertrand Pontalis, dans le « monument » Kantorowicz, Alain Boureau, en proie au vertige d'un silence *insistant* (comme une présence qui ne lâche pas) au milieu d'informations intriées qui, en réalité, foisonnent, fait entendre les mots d'une fiction entrée en contexte pour produire un passé[19]. Avec Michel de Certeau, on mesure alors à quel point le passé ne nourrit pas un savoir comme un autre, qu'on pourrait posséder, mais s'établit dans une écriture, « sous la forme d'un discours organisé par une présence manquante », et « altérante » dans son absence même. Dans le cas *d'Histoires d'un historien*, la technique – requise par l'exercice scrupuleux d'un métier – conduit à sa limite, avec *Le voyageur en vins* et franchit la frontière du pays des morts qui est la frontière du pensable et de l'impensable : « le roman, c'est le rapport que la théorie entretient avec l'apparition événementielle de ses limites » écrivait Michel de Certeau[20]. Les *histoires d'un historien* fonctionnent donc dans un mouvement tout contraire à celui de la théorie des « deux corps du roi » inventée par ledit historien : « Pour Kantorowicz, la théorie consiste en une série de *fictions* articulées (théologiques, juridiques, philosophiques). La fiction fonde le pouvoir dans et par le langage, non pas dans le réel empirique ou spirituel (la croyance). [...] De cette fiction, les souverains ne sont que les personnages épisodiques ou les usagers. Certes la fiction permet de résoudre des problèmes pratiques de gouvernement [...]. Mais *la fiction précède le besoin* et ne fait que lui donner une expression possible »[21].

4- *Comment* ? L'apparition événementielle et le traitement d'un « particulier » dans la théorie est précisément ce que la scolastique offre à notre présent ; il y a là une puissance théorico-pragmatique qui a pacte lié avec la question de la visibilité : « La dialectique entre le cas concret et les élaborations spéculatives qu'il permet fit la richesse de la scolastique.

19. Alain Boureau, *Histoires d'un historien. Kantorowicz* (1990).

20. Michel de Certeau, Le « roman » psychanalytique. Histoire et littérature », dans *Histoire et psychanalyse entre science et fiction*, Paris, Gallimard, Folio essais, 1987, p. 124.

21. Alain Boureau, *Le simple corps du roi. L'impossible sacralité des souverains français, XVe-XVIIIe siècle* (1988), p. 19.

La particularité d'une question dévoile précisément un problème général et pressant dont la formulation, hors du particulier, ne susciterait que des réponses convenues »[22]. Le surgissement événementiel de la particularité n'est pas décrit ici, mais il est clair que c'est une affaire de récit. Ce récit mêlé de la particularité et de la manière dont celle-ci fait effraction dans la théorie, la déchire en quelque sorte, impose narrativement l'évidence du caractère événementiel de ce qui advient. Avec ce soulignement que toute théorie qui n'est pas dérangée par l'événement du retour de ce qui l'a engendrée, ou de la manifestation de ce qu'elle vise, est condamnée à des « réponses convenues ». Aujourd'hui, à un moment où, dans l'histoire des sciences humaines et sociales, l'institution suscite et récompense les « réponses convenues », cet anticonformisme scolastique rassérène. Il adhère au « scénario du sic et non » : « le sens n'est pas au milieu ; il est toujours contre et contre le contre, sans fin ». Et de là seulement se détachent les grandes questions (ou supposées telles, grandes en tout cas par la taille de la surface discursive qu'elles couvrent), le pourquoi et le comment.

Mais l'un l'emporte sur l'autre : « Le discours scolastique, muni des possibilités d'une causalité ample, a l'impertinence de demander souvent *pourquoi* les choses sont ainsi. Ma formulation est dangereuse, ajoute Alain Boureau ; on me dira que je traite les scolastiques de grands enfants. Non, ils ont l'audace de la persistance. L'adulte et la modernité nous ont appris que la bonne question, c'est plutôt *comment* ? »[23]. Les arrivées de l'historien dans ses livres – leurs modalités, leur discours, leurs coups de force – semblent permettre une dérive ; dérive qui conduit au télescopage des deux adverbes interrogatifs : du pourquoi et du comment. Et finalement au *pourquoi du comment*, ce qui est, me semble-t-il, l'objectif à moitié caché de *En somme*, dont le premier chapitre, « La scolastique et moi », est ainsi ouvert :

22. Alain Boureau, *En somme. Pour un usage analytique de la scolastique médiévale* (2011), p. 56.

23. *Ibid.*, p. 10-11.

> Mes proches m'ont parfois perçu comme un alcoolique de la scolastique. Tout m'est occasion d'en consommer ; toute question trouve sa solution – on me dit sa dissolution – dans ces textes qui se bonifient si on les garde, mais dont il faut vérifier périodiquement – souvent – la bonne conservation. Je consomme donc, mais les réserves abondent. Je tente de me résoudre à l'hygiène : ne pas prendre la scolastique à jeun, ne pas commencer dès le matin. Je tente de faire passer l'élixir avec des nourritures solides. Je mâche des substances plus neutres en espérant les humecter.

Il fallait donc s'en nourrir (s'en boire n'est pas possible, s'en picoler non plus), en humecter le neutre. Mais pourquoi ? « Je » répond par une rime en « ique » (scolastique / alcoolique). Le jeu de la solution et de la dissolution est excitant, mais c'est aussi une épreuve de vérité (elle peut laisser flotter des brimborions « en solution »), une épreuve de vérité sur les limites de la capacité à la digérer, la scolastique. Une manière de penser, panser, l'excès. La chaine métaphorique cache peut-être une ou plusieurs absences : celle de la frontière de l'abus scolastique, celle de l'inconsommable, celle de l'avarié, du tourné, du mal vieilli, du bouchonné. Dans « Adorations et dévorations franciscaines » il était question de manger du texte (morceaux de papier ou de parchemin) ; peut-on en boire ? La question est peut-être moins futile qu'il y paraît. Pour l'auteur de *En somme*, la scolastique doit couler (de source) pour se conserver. L'enjeu est d'en finir avec les « destructions » de monuments historiographiques – « baroques » à leur manière – (symbole politique de l'aigle, papesse, cuissage) et « de faire de l'instabilité des évaluations la matière solide de mon propos », de faire de l'incertitude de ce qui existe la certitude qu'il y a de l'existence et (donc ?) de l'être. La *funditas* de Richard de Mediavilla, l'avidité béante, s'accorde mieux au liquide (on se rappelle une illustration célèbre du *Gédéon* de Benjamin Rabier : un ivrogne est couché sous le tonneau débondé, la gueule ouverte) qu'au solide. La conversion liquide du sens s'opère le mieux à partir du manuscrit qu'on touche pour que les mots puissent sourdre de leur gangue quand celle-ci n'est pas trop épaisse, et alors c'est là « que je jouis pleinement des textes scolastiques ». Quand les graphies anciennes n'ouvrent que sur le creux sec du sens « qui a dû exister » mais « s'est éclipsé avec son auteur », tout n'est pas désespéré pour autant, puisque « les portes d'un sens virtuel battent », ce qui me fait penser à un paragraphe du beau texte de Julien Gracq, *La presqu'île,* que je comprends aujourd'hui à la lumière du désir de manuscrit médiéval de l'historien scolasticien, et que je lui dédie comme miroir de ce désir : « Il laissa son imagination un moment courir la poste sur ce tohu-bohu plaisant. Cette petite agitation de fantômes qu'il évoquait venait peupler sans effort l'heure dorée et béante qui lui semblait à peine réelle ; il avait parfois le sentiment vif de ces joints mal étanches de sa vie où la coulée du temps un moment semblait fuir et où, rameutées l'un à l'autre par un même éclairage sans âge, le va-et-vient des seules images revenait battre comme une porte »[24].

24. Julien GRACQ, *La presqu'île*, Paris, Corti, 1970, p. 141.

Histoire, alter histoire, ego histoire

Etienne ANHEIM

Dans un passage très frappant d'*En somme*, publié en 2011, Alain Boureau remarque que si « l'adulte et la modernité nous ont appris que la bonne question, c'est plutôt : *comment* ? »[1], « le discours scolastique (...) a l'impertinence de demander souvent *pourquoi* les choses sont ainsi »[2]. Fidèle à cette intuition, je voudrais relire quelques-uns des pages qu'il a écrites en me demandant moins *comment* il fait de l'histoire, que *pourquoi* il en fait. Cette question confronte l'historien que je suis à une question souvent refoulée dans notre métier, celle du *désir*, et en l'occurrence, du désir d'histoire. Je ne chercherais donc pas à faire une lecture biographique ou sociologique de ce qui peut expliquer la disposition à faire de l'histoire chez Alain Boureau, à travers les écrits qui pourraient s'y prêter, mais plutôt à suivre une interrogation présente très tôt dans son œuvre, et qui paraît s'intensifier : pourquoi l'historien fait-il ce qu'il fait – et en particulier, pourquoi lui, avec sa culture et son expérience singulière (existentielle, historienne, littéraire, analytique...), se livre-t-il à ce travail sur le temps et les textes qui est aussi un travail sur lui-même ?

1. Alain BOUREAU, *En somme. Pour un usage analytique de la scolastique médiévale* (2011), p. 11.
2. *Ibid.*, p. 10.

Bien sûr, à l'aune de l'épistémologie de l'histoire, il s'agit seulement de ce qu'il nomme lui-même, en parlant d'Ignace de Loyola et de l'anecdote en 1991 dans *Alter Histoire*, « une micro-pratique individuelle »[3] – mais il me semble qu'à l'exemple de la lecture d'Ignace par Alain Boureau, cette micro-pratique est généralisable, tout en « laissant aussi flotter quelque trouble », selon ses propres mots[4]. Vingt ans plus tard, le trouble a bien sûr changé de nature : ce n'est plus celui que l'historien éprouve face à la contingence du texte, c'est celui qu'il ressent en son for intérieur, après l'accident majeur constitué par sa chute de décembre 2004. Mais de l'un à l'autre, on retrouve « le manque de signification », qui « appelle l'interprétation »[5].

Puisque mon ouverture repose sur l'anecdote, jouons le jeu de la mise en abyme et revenons à cette étude d'Ignace de Loyola proposée dans *Alter Histoire*. On se souvient que dans cet extraordinaire essai collectif d'histoire expérimentale, Alain Boureau analyse un passage de l'autobiographie d'Ignace dictée à la fin de sa vie, qui raconte la rencontre entre le futur saint et un maure avec qui il dispute de l'Immaculée conception[6]. Après avoir abandonné son contradicteur, Ignace hésite à le poursuivre pour le frapper à cause de son impiété et s'en remet à la providence, incarnée par sa monture, qui choisit finalement un autre chemin. Ce fragment textuel conduit l'historien à s'interroger sur son usage professionnel de l'anecdote. Au lieu d'en faire une lecture contextuelle, Alain Boureau choisit de retourner le point de vue – et c'est là la dimension expérimentale – en partant de l'anecdote elle-même. Il montre que c'est son manque apparent de signification qui suscite l'interprétation de l'historien et, finalement, qui le conduit sur la piste du sens, « une nouvelle distribution des instances du moi qui fait émerger la notion de conscience et son intégration dans un ordre catholique et monarchiste par

3. Alain BOUREAU, « Ignace et le Maure : histoire, anecdote et détachement du sens » (1991) p. 201.

4. *Ibid.*, p. 202.

5. *Ibid.*, p. 189.

6. *Ibid.*, *passim*.

le biais d'une mystique de l'assentiment, de la volition »[7]. L'historien, finalement, accepte ainsi, allant au bout de la démarche débutée avec sa thèse consacrée à la *Légende dorée*[8], d'être le jouet du récit, de se laisser prendre dans les nœuds de son fil infiniment déroulé, des nœuds qui, sans être borroméens, forment néanmoins la structure d'une parole subjective, la parole d'un autre sujet, d'une autre histoire – celle d'Ignace –, des nœuds qui, pour l'historien, finissent parfois par devenir coulants.

Et c'est ainsi qu'en 2011, vingt ans après, l'historien lui-même est devenu le sujet du récit. L'histoire d'un autre, Ignace, *alter histoire*, s'est muée en une histoire de soi, une *ego histoire*, et Alain lui-même est le sujet de l'anecdote dramatique qui suscite le livre. La trajectoire rappelle ce qui pourrait être un roman de Philip K. Dick, dans lequel l'historien croirait être à l'extérieur, mais serait en fait un personnage du livre[9]. Non pas pour raconter sa vie comme tant d'autobiographies platement narratives, mais justement, pour se livrer tout entier à cette exploration de la parole par la parole – scolastique en l'occurrence. Et c'est finalement peut-être là le point extrême de l'expérimentation, épistémologique mais aussi existentielle, et une première réponse à notre question. Pourquoi l'historien fait-il de l'histoire ? Pour entrer lui-même dans le livre, devenir un sujet parmi d'autres, par souci de se *conformer*, dirait Alain Boureau[10].

Mais ne brûlons pas les étapes ; entre l'alter et l'ego, il y a un tiers, l'histoire : c'est tout le sens de la scolastique. Avant qu'Alain Boureau s'intéresse à la scolastique, ce tiers a parfois pris figure humaine, comme dans le cas d'Ernst Kantorowicz, dont il fait l'histoire en historien[11], à bonne distance, apparemment, des anecdotes d'Ignace de Loyola et de sa propre histoire. Ce livre est consacré à un auteur qui le fascine par

7. *Ibid.*, p. 201.

8. Alain Boureau, *La légende dorée. Le système narratif de Jacques de Voragine (+1298)* (1984).

9. Voir par exemple Philip K. Dick, *Ubik*, Paris, Robert Laffont, 1970 [1969], et Emmanuel Carrère, *Je suis vivant et vous êtes morts*, Paris, Seuil, 1993.

10. Boureau, *En somme* p. 26.

11. Alain Boureau, *Histoires d'un historien. Kantorowicz* (1990).

ce qu'il appelle son talent de narrateur, qui « s'installe en un point du passé où tout est déjà là (...) et, gourmand de surprise, déclare : “ce n'est point ainsi que les choses se sont passées, je vais vous raconter”. Et il raconte l'histoire invraisemblable et vraie des deux corps ; le passé prend corps par le récit »[12]. Or c'est exactement ce à quoi se livre Alain dans *Histoires d'un historien*, en 1990. L'ouvrage construit une série de vies parallèles d'Ernst Kantorowicz, à mi-chemin entre la méthode des variations concomitantes de la sociologie durkheimienne et la littérature de science-fiction sur les univers parallèles. Des vies réelles, comme celles de Gershom Scholem, de Ernst von Salomon, de Marc Bloch ou de Hermann Kantorowicz, et des vies de papier, empruntées aux romans de Leo Perutz ou de Hermann Ungar, deviennent le moyen d'explorer la biographie d'Ernst Kantorowicz, comme une nouvelle forme d'expérience, à la fois scientifique et littéraire, qui donne une force particulière au mot de Gérard Genette à propos de Jorge Luis Borges, sur « l'érudition comme forme moderne du fantastique »[13]. Ce faisant, Alain Boureau prolonge une virtualité présente chez Ernst Kantorowicz lui-même, puisqu'il voit dans le *Frédéric II* de 1927 une « biographie secrète » de l'historien allemand[14]. Il s'agit finalement d'une vertigineuse galerie des glaces : Ernst Kantorowicz aurait pu être Ernst von Salomon ou un personnage de Leo Perutz, mais il s'est imaginé Frédéric II, qui s'est lui-même cru l'empereur Auguste, tandis qu'Alain Boureau n'est pas loin, parfois, dans ce livre, de se rêver en Ernst Kantorowicz.

Ce stade du miroir, en quelque sorte, est une alternative aux nœuds des récits hagiographiques médiévaux, de la papesse Jeanne à Jacques de Voragine. Alain Boureau y propose la mise en place d'un nouveau dispositif historiographique, dans lequel le reflet est aussi la sortie de soi. Ce dispositif, crucial pour que l'historien puisse faire de l'histoire tout en faisant quelque chose avec l'histoire, paraît s'ébaucher chez lui entre la fin des années 1980 et le début des années 1990, et ne demande plus

12. *Ibid.*, p. 16-17.

13. Gérard GENETTE, « L'utopie littéraire », *Figures I*, Paris, Seuil, 1966, p. 126.

14. BOUREAU, *Histoires d'un historien* p. 42.

qu'à être rempli d'une substance historique. C'est alors que la scolastique survient, comme la figure idéale du tiers aux mille visages, à laquelle l'historien peut se confronter sans fin. Et c'est ainsi qu'on peut revenir vers ce livre singulier qu'est *En somme*, dans lequel les justifications de l'intérêt historique de la scolastique, même si elles sont fondamentales, semblent finalement moins compter que le rôle de la scolastique pour l'historien lui-même. Elle devient l'objet par excellence, non seulement au sens des sciences sociales, mais presque au sens du fétiche – ce qui anime le désir de l'historien.

C'est d'une certaine manière ce que dit Alain Boureau quand il écrit que « le travail sur la scolastique meuble [son] absence à soi-même »[15], et qu'elle procure une « vie rêvée comme une recherche sans trêve des pensées, autres et siennes, captives, fugitives, poursuivies, assemblées »[16], qui permet de « faire de l'instabilité des évaluations la matière solide de [son] propos »[17]. Mais il y a plus encore que cela, comme le montre l'exemple du *Dahlia noir* et des structures narratives de James Ellroy[18] : non seulement le retour sur soi, mais sa réitération. La scolastique permet à l'historien de retrouver sans cesse la même scène. Décidément, il y a bien un trouble qui flotte autour de cette expérience individuelle : ne laisserait-elle pas penser que tous les objets historiques seraient des fétiches, comme autant de clés des singulières jouissances des historiens ?

On le comprend, l'ego histoire qui se dévoile, aux côtés de l'histoire et de l'alter-histoire, n'a rien à voir avec l'illusion biographique des récits traditionnels de tant d'historiens. En faisant de l'étude de la scolastique une « activité de traitement de la contingence »[19], Alain Boureau propose en réalité une anthropologie analytique de l'historien – qui n'est pas réservée à son propre usage, même si la scolastique lui permet, par ses propriétés particulières, de la mettre mieux en lumière qu'un autre. L'historien, c'est finalement celui qui sait identifier l'objet qui l'attend, et qui va

15. Boureau, *En somme*, p. 9.
16. *Ibid.*, p. 11.
17. *Id.*
18. *Ibid.*, p. 12.
19. *Id.*

lui permettre de se mettre à distance tout en se regardant en face, en se rendant capable de contrôler son désir dans le cadre d'un rituel savant autant que privé. Et c'est là que les substitutions successives de Siger de Brabant, Thomas d'Aquin, Pierre de Jean Olivi ou Richard de Mediavilla dans le discours d'Alain Boureau prendrait finalement tout leur sens. De même, les questions « qu'est-ce que l'âme ? » et « qu'est-ce qui vit et meurt avec elle ? »[20], ou les interrogations sur la nature de l'intellect et sur la conformité prennent un sens historiographique, méthodologique, mais aussi métaphysique. Rien de surprenant dès lors à ce qu'il fasse de la scolastique la matière de la transposition et de la recomposition de questions existentielles : elle constitue comme une bulle spéculative, qui est aussi le lieu d'une expérience de subjectivation de l'historien.

Notre question de départ revient alors une dernière fois : pourquoi l'histoire ? Ce que le parcours à travers ces trois textes d'Alain Boureau fait entrevoir, c'est que, éclairé sous la bonne lumière, le travail de l'historien pourrait être une manière bien particulière de perlaboration. L'historien n'est plus au-dehors de son objet, il est au-dedans, moins comme l'observateur de la physique moderne dans une perspective épistémologique, qu'en tant qu'il est pris dans un procès de savoir qui est aussi un procès de désir, toujours recommencé. Sans doute, dans ce passage de l'extérieur vers l'intérieur, la chute a-t-elle joué un rôle décisif, celui d'une brutale traversée du miroir, de la confrontation avec la contingence absolue, qui radicalise le désir de son traitement par l'histoire. Mais, la lecture des travaux analytiques d'Alain Boureau ou de son Kantorowicz le montre, ce travail était inscrit dans l'œuvre en devenir – et c'est exactement ce qu'on entend quand il parle, à propos de la scolastique, d'un travail « patient »[21], où le mot « patient » résonne de toutes ses harmoniques latines, entre la peine, l'attente et la guérison. Si l'on fait de l'histoire pour mener ce travail sur soi à travers des existences et des pensées rêvées, alors, comme dirait Calderón, la vie de l'historien est un songe.

20. *Ibid.*, p. 14.
21. *Ibid.*, p. 84.

Entre les lignes

Michel Gribinski

Alain et moi nous nous connaissons depuis trente ans. C'est le plus exigeant des amis, le plus inattendu aussi, et le plus loyal. Il a été le rocher de bronze des comités de rédaction de la revue *penser/rêver*, dont il a fait partie pendant les quinze ans qu'elle a duré, où il a introduit de remarquables auteurs – Mme Vassas, Elsa Marmursztejn, Julie Claustre, Piroska Nagy, uniquement des femmes – et où il a publié quelque vingt-cinq articles. Il a tenu bon quand nous avons publié un numéro intitulé « La maladie chrétienne ». Son estime me remplit de bonheur.

La première fois que nous nous sommes vus – il ressemblait à Nietzsche avec une queue-de-cheval et des chaussettes orange – c'était lorsque j'étais rédacteur à la *Nouvelle Revue de Psychanalyse,* tandis que lui était en train de devenir le spécialiste de ce qui n'existe pas : les fantômes ou fantasmes du titre du colloque – la papesse Jeanne, le droit de cuissage, et avec eux nos excitations de lycéens soudainement désenchantées, et jusqu'à une Histoire, au sens absolu, qui s'est absentée devant les histoires, relatives et multiples, exemple Kantorowitz. Satan lui-même montrait le chemin du négatif aux capacités d'un Alain en *terminator* de la doxa. « C'était un temps déraisonnable », comme dit le poète, où Alain Boureau d'une part et d'autre part Claude Lévi-Strauss nous enseignaient que seules

les formes nous apprendraient à vivre. Alain a-t-il alors senti le danger ? On sait qu'il a remonté la pente en vingt ou vingt-cinq ouvrages, de plus en quodlibétiques et donc fiables, puisque la question (sa forme même) y résout en tant que telle ce que le contenu a toujours de trop plein. La question comme solution de sa réponse.

Cependant, la phase inexistentielle d'Alain Boureau eut deux destins très précis et encore mal connus de la communauté historienne.

Le premier – second dans la chronologie – fut un séminaire à l'École des Hautes Études en Sciences Sociales sur « Le rendement décroissant » – vous voyez comment le goût du négatif, sorte de taupe de l'inexistence, peut mener au pire, pour citer Eugène Ionesco –, où j'ai été invité à faire un exposé. Or le rendement décroissant décroissait tellement séance après séance, que j'ai vu le nombre de participants diminuer, puis fondre et, le codirecteur, Daniel Milo, ayant lui aussi fondu, lorsqu'est venu mon tour, il ne restait plus – c'est absolument authentique – qu'Alain et moi. Décroissance, certes, mais *di qualitá*. C'est avec le plus grand sérieux que nous nous sommes installés l'un en face de l'autre et qu'après que je lui ai infligé ma quinzaine de pages sur l'analyse finie et infinie en le regardant dans le blanc des yeux, il m'a fait des commentaires absolument passionnants (qui resteront notre propriété secrète, à lui et moi – bien fait pour les autres.)

Le second destin de l'inexistence, objet intime des travaux d'Alain Boureau, est un texte que vous ne connaissez peut-être pas, que je vais lire *in extenso*, un texte très court, paru en 1989, je crois (pas vérifié – 1991, ndlr), dans la *Nouvelle Revue de Psychanalyse* et qui s'intitule : « Note pour introduire l'idée de lecture négative ». Merci d'avance de votre attention : si vous ne saisissez pas l'action de la forme dans ce texte aussi énigmatique qu'aimable et d'apparence bénigne, vous ne comprendrez jamais vraiment l'œuvre de l'immense historien qu'est mon ami Alain Boureau, ni son rapport à la psychanalyse.

« Note pour introduire l'idée de lecture négative »

Quel livre a marqué votre existence ? (c'était le thème d'un devoir imposé par la Rédaction). *La question suscite un instant de panique, comme lorsque, au cours d'une conversation, je dois décliner une identité, mes racines, mes projets ou même mon âge* (vous voyez : cet historien étrange trouvait déjà révoltants les *data*, les données concrètes ou positives). *Depuis le temps, j'ai appris à ruser contre ce vif vertige de l'identité. J'ai quelques réponses agrafées à un commentaire, à un récit, mémoires non de mon existence, mais de réponses possibles, « intéressantes ». En revanche, sur la lecture décisive, rien, ou rien encore. Là aussi, l'identité fuit. Des livres, certes, ont compté, comme compte le temps, par instants, dont l'amas ne fait pas durée. L'un, puis l'autre, sans retour* (ici, l'écrivain qu'est Alain imprime à la tonalité de ces lignes, en même temps que la concision d'un Paul Valéry, une inflexion inquiétante) ...*Des instants dont l'amas ne fait pas durée. L'un, puis l'autre, sans retour.*

Je pourrais, sans fabuler, continue Alain, *reconstruire des enchantements réels, mais déjà accomplis (Giono, Bernanos, les Allemands de Weimar). Je pourrais même dire qu'au temps lycéen où la vie scolaire mime les choix existentiels, un livre m'a converti : je suis passé des sciences aux lettres pour avoir lu le* Balzac *de Gaëtan Picon. J'ai oublié le texte. Je ne le relirai pas. Un jour,* Paulina 1880 *a déclenché un feu de plus parmi d'autres flammes du moment. Mais l'acte de lecture a disparu, ou s'est entièrement dispersé en moi. Il n'en reste qu'une encoche dans le tronc de l'existence* – Alain ! c'est du Arthur Koestler ! Comment ai-je pu laisser passer une image aussi affreuse ? –, *repérable comme l'année de ma naissance, qui me permet, sous la question, le rapide calcul mental de mon âge. Les volumes eux-mêmes se volatilisent, égarés, prêtés, perdus.*

Là, c'est le temps mélancolique classique, de tout texte bien construit, avec cet « égaré, prêté, perdu », le temps discret d'une rhétorique qui, avec une remarquable économie de moyens, installe le lecteur à l'intérieur même du propos. Le cœur se serre, on maîtrise un soupir. On se dit... quoi ? que le choix d'Alain va se porter sur Robinson Crusoe ? Ou bien qu'il va se mettre à évoquer l'influence sur *Deuil et mélancolie* du quodlibet n°14.443 bis de Pierre de Jean Olivi – Olivi dont on se rappelle à temps qu'il n'est pas encore né (nous sommes en 1988 ou 1989), quelle chance !, pas plus né d'ailleurs que le doux Mediavilla ou aigre-doux, toujours là à asticoter son monde, et qui a appris à cohabiter avec moi, ou l'inverse, numéro de *penser/rêver* après numéro de *penser/rêver*. On attend donc Robinson, ou bien on se dit encore qu'est venu le moment obligé où l'auteur, désormais carrément en proie à la mélancolie, va hésiter dans la quête du livre qui a marqué son existence entre Maurice Blanchot et Mme Edwarda. Pas du tout. Alain s'est déjà redressé :

Pourtant, un livre m'accompagne depuis bien longtemps et franchit les épreuves des déménagements et des mues. Il est singulier, car je peux le trouver immédiatement dans ma bibliothèque, sans la connaissance fraîche des emplacements récents, ni la recherche tâtonnante parmi les livres de travail, masse molle et approximative, peu classée, tour à tour érodée et augmentée. Ce livre, je ne l'ai jamais lu. (Alain, tu as du génie !). *C'est l'*Essai pour introduire en philosophie le concept de grandeur négative*, d'Emmanuel Kant. J'ai acheté ce petit volume il y a vingt ans. Il en avait lui-même vingt. Déjà vieux avec sa couverture de papier gris et fort (assez fort seulement), il garde son aspect neuf : ses pages ne sont pas coupées. Aucun fétichisme, pourtant, déniais-je. Je* vais *lire ce livre (voilà bien,* continue Alain dans une parenthèse, *l'image existentielle attendue : le perpétuel futur proche). Ce livre m'intéresse vraiment. J'aime ce titre ; je l'ai toujours aimé, en le percevant de diverses façons au fil du temps, lorsque la lubie pythagoricienne animait les ambitions formelles des sciences humaines, puis quand le « concept » prit de la force ténébreuse. Enfin, vint le moment où, devenu historien, je devinais dans ce titre la saveur du temps de la raison, ardente et héroïque, celle des écrits révolutionnaires ou du rapport du docteur Itard sur Victor, l'enfant-loup de l'Aveyron. Et que d'« amour des commencements » partagés dans ce titre !* (allusion au plus beau des livres de Pontalis qui était notre ami à tous deux et dirigeait la *NRP*.)

Sur la couverture méticuleuse de l'édition Vrin, les patronymes alignés défient le temps. Sous la mention du vieil initiateur de la modernité, se trouve le nom du préfacier, G. Canguilhem, grand maître au temps de mes études, bardé d'un titre qui fait référence à une fonction encore reconnaissable, mais qui se pare déjà d'un halo à la Giraudoux (Inspecteur général de l'instruction publique). Entre Kant et Canguilhem se loge le nom du traducteur et commentateur, Roger Kempf. Autre aménité du temps : l'édition date de 1949. Or j'ai rencontré Roger Kempf il y a quelques années dans un colloque : c'est un homme encore jeune, en pleine activité (c'est ce qu'on va dire de toi, Alain, dès demain, dans les repas en ville).

Le livre est discret ; aucun regard, hormis le mien, ne s'y accroche. D'ailleurs, le dos, minuscule, ne donne qu'un raccourci terne et trompeur : Essai sur le concept.

Je me prépare à la lecture. J'ouvre le volume. Le papier, de qualité médiocre, a la couleur ivoirine des vieilles choses et me rappelle le temps de mon enfance, l'après-guerre pauvre, antérieure au bouffant et au glacé. Le texte de Kant, très court, protégé par la grosse préface, ne se découvre que sur deux fois deux pages. Le début ni la fin ne se laissent atteindre, pris dans l'épaisseur des pages non coupées. J'effleure juste une phrase qui me plaît, pris par la robustesse antique de l'exemple : « Mais supposez que la même personne ait aussi une dette passive de 100 florins » (p. 81). La dernière phrase lisible avant le couperet futur au bas de la page 97 renvoie l'objet même de la quête au texte encore inaccessible de la fin : « Mais l'introduction de cette dénomination ne servirait de rien ici et ne vaudrait guère mieux qu'un jeu de mots. Mon intention ne concerne que ce qui suit », écrit donc Kant.

La mienne aussi, écrit Alain qui termine par un fier *Je vais lire ce livre.*

C'est là, dans le négatif de ce futur proche, que se trouve le rapport d'Alain Boureau à la psychanalyse, dont j'étais plus ou moins censé parler, à la psychanalyse et à sa fonction de lecteur rédacteur dans la revue *penser/rêver* : il sait lire entre les pages, entre les lignes, sans les abîmer, sans les couper, avec générosité et fermeté, une capacité étonnante de relever un travail ou un autre sur lequel j'aurais volontiers passé l'éponge, mais il s'avère dans les discussions qu'il a toujours raison. C'est aussi que s'il donne à son rapport à l'objet plus d'importance qu'au contenu, c'est sans pour autant ignorer l'apport concret de connaissances, l'apport de l'auteur – l'*auteur* et l'*autre*, c'est presque le même mot. Alain est curieux de l'auteur et de l'autre et de l'altérité, d'une curiosité noble, dépourvue d'avidité, très rare. Il se contente authentiquement du peu qu'on lui dit. Il sait que le contenu est de l'ordre de la vie privée, et que la vie privée d'un livre ou d'un patient ne regarde que lui, le livre, l'article de revue, ou le patient, et en tout cas ne se partage pas sans précaution. Alain a le talent de ne pas se jeter sur sa trouvaille. Il attend le moment venu, comme le fait sagement l'analyste en séance. Il travaille avec ce que Sigmund Freud a appelé les *Erwartungsvorstellungen*, les représentations d'attente, expression étonnante où on ne sait si c'est l'attente qui est représentée ou si c'est la représentation qui est mise en attente, qui est devenue l'attente même. Tout est ainsi dans le « je vais » final de cette note d'introduction à la lecture négative : *Mon intention ne concerne que ce qui suit*. Je vais *lire ce livre*.

Alain, très cher Alain, je ne sais si, comme historien, tu vaux quelque chose, bien que j'aie un *a priori* plutôt favorable. Mais comme psychanalyste, « tu vas » faire des étincelles !

« *Qui suis-je réellement ?* »
Notes marginales à quelques pages de Jorge Luis Borges

Ruedi Imbach

> Le discours scolastique se murmure à mon oreille. Je prétends que ces bruits et chuchotements peuvent s'adresser à d'autres.
>
> Alain Boureau

Notre profession nous déforme. Cela est bien connu, un professeur ne sait écrire que des notes en bas de pages. Tel est indubitablement mon cas. La lecture d'un passage de Borges dans une note sur Pascal, m'a redonné confiance et m'a fait espérer que *parfois* les notes puissent être utiles. Dans un petit essai sur Pascal[1], Borges commente l'édition préparée par Zacharie Tourneur (Paris, 1942) qu'il vient de découvrir :

1. Je cite les œuvres de Borges d'après l'édition suivante : Borges, *Œuvres complètes*, I-II, préface de l'auteur, édition établie, présentée et annotée par Jean Pierre Bernès, Paris Gallimard, 1993, abrégé OC. Le texte intitulé *Pascal* est paru en 1952 dans *Otras Inquisiciones* qui réunit des essais de 1937 à 1952 (OC I, p. 744-747).

> Cette édition se propose de reproduire, moyennant un système complexe de signes typographiques, l'aspect « inachevé, hirsute et confus » du manuscrit. Il n'est pas douteux qu'elle a atteint ce but. Les notes, par contre, sont pauvres. (OC I, p. 746.)

Cette remarque m'encourage à rédiger quelques notes complémentaires à l'édition française, largement et amplement commentée des œuvres de Borges, en dépit de la sentence du poète : « Il n'y a pas d'exercice intellectuel qui ne soit finalement inutile. » (OC I, p. 474.)

Le sujet des réminiscences médiévales dans l'œuvre de Borges est assurément immense et l'on comprend fort bien qu'un historien de la philosophie médiévale italien, Massimo Parodi de l'Université de Milan, y ait consacré un numéro entier d'une revue électronique[2]. Les lignes qui suivent sont moins ambitieuses, ce ne sont que quelques épis glanés par Ruth (Ruth 2,17).

I

Pour commencer, on pourrait ici évoquer les rappels de la machine à penser de Raymond Lulle dont il est encore question dans une œuvre très tardive (1984), lors d'un voyage à Majorque :

> Raymond Lulle, un homme de génie qui avait doté Dieu de certains attributs (la bonté, la grandeur, l'éternité, la puissance, la sagesse, la volonté, la vertu et la gloire), imagina une sorte de machine à penser faite de cercles concentriques en bois, pleins de symboles des attributs divins et que l'investigateur faisait tourner pour obtenir

2. « Medioevo storico e medioevo fantastico in Jorge Luis Borges », *Doctor virtualis*, 2 (2003), avec une préface de Massimo Parodi [en ligne] : riviste.unimi.it/index.php/DoctorVirtualis. Le volume comporte neuf études parmi lesquelles je voudrais mentionner en particulier : Gina Lagorio, « Borges e Dante » ; Massimo Parodi, « La promessa come imagine dell'eternità. Tonalità agostiniana in Borges » ; Maria-Isabella Angelina, « I labirinti : il dramma del percorso ».

une somme indéfinie et presque infinie de concepts théologiques. (OC II, p. 906-907.)

Borges avait consacré une chronique à *La machine à penser de Raymond Lulle* en 1937 dans la revue *El Hogar*[3]. Dans ces deux textes, l'inutilité de ce mécanisme combinatoire est toutefois mentionnée, mais elle « ne diminue en rien leur intérêt ... j'ai dit que cette machine à penser ne fonctionnait pas. Je l'ai calomniée : elle ne fonctionne que trop, elle fonctionne de façon accablante. » (OC I, p. 1107). Se souvenant d'une remarque de Fritz Mauthner[4], Borges la décrit comme un instrument poétique et littéraire[5].

Il serait également intéressant d'analyser les nombreuses références à Jean Scot Erigène dont la conception de Dieu a fasciné Borges puisque l'Irlandais prétend que Dieu est « l'unique réalité, mais qui ne sait ce qu'il est, parce qu'il n'est pas quelque chose, et qu'il est incompréhensible à lui-même et à toute intelligence. » (OC I, p. 779.) Par conséquent :

> Il n'est Rien ni Personne. Ceux qui l'ont ainsi conçu l'ont fait avec le sentiment que cela vaut davantage que d'être Quelque chose ou Quelqu'un. (OC I, p. 780.)

3. Traduction dans OC I, p. 1106-1110.

4. Borges connaît notamment le *Wörterbuch der Philosophie* de cet auteur (1849-1923) qui était incontestablement un de ses auteurs préférés, cf. OC I, p. 1109. À propos de ce philosophe cf. Jacques Le Rider, *Fritz Mauthner. Scepticisme linguistique et modernité. Une biographie intellectuelle*, Paris, Bartillat, 2012, et mon compte rendu, *Revue des sciences philosophiques et théologiques*, 96, 2012, p. 391-395.

5. Il est remarquable que parmi les œuvres de Pierre Ménard, dans le conte qui lui est consacré, figure « une monographie sur l'*Ars magna generalis* de Raymond Lulle » (OC I, p. 468) ; d'autre part que l'essai *Note sur (à la recherche de) Bernard Shaw*, OC I, p. 789-792, s'ouvre sur une évocation de Lulle : « À la fin du XIIIe siècle, Raymond Lulle (Ramón Lull) se prépara à pénétrer tous les arcanes de l'univers au moyen d'une armature de disques concentriques, inégaux et tournant, subdivisés en sections portant des inscriptions latines. » Il concevait donc la métaphysique comme un « jeu combinatoire ». L'enseignement essentiel que l'on peut en tirer concerne la nature dynamique du livre : « Le livre n'est pas un entité close : c'est une relation, c'est un centre d'innombrables relations. » (OC I, p. 790.)

Cela tient assurément au fait que toute détermination est une négation :

> Être une chose, c'est – inexorablement – ne pas être toutes les autres ; l'intuition confuse de cette vérité a induit les hommes à imaginer que ne pas être est davantage qu'être quelque chose, qu'en quelque façon c'est être tout[6]. (OC I, p. 781.)

Il vaudrait également la peine de s'arrêter un instant à l'étonnante exégèse proposée du célèbre passage d'*Exode* 3,14, particulièrement dans l'essai intitulé *Histoire des échos d'un nom* (OC I, p. 790-796) où le poète, après avoir évoqué l'interprétation ontologique du nom divin, trouve comme une souvenance du passage biblique dans l'agonie de Jonathan Swift[7]. Un autre texte qui, dans notre perspective, mérite de retenir l'intérêt est la nouvelle *La quête d'Averroès*. Inspiré par une remarque d'Ernest Renan dans son célèbre ouvrage sur le philosophe arabe et sa réception dans le monde latin[8], Borges tire une remarquable leçon méthodologique, invitant l'historien à avouer inlassablement son ignorance :

> Je compris qu'Averroès s'efforçant de s'imaginer ce qu'est un drame, sans soupçonner ce qu'est un théâtre, n'était pas plus absurde que moi, m'efforçant d'imaginer Averroès, sans autre document que

6. Silvia Magnavacca a écrit une belle étude à ce sujet : « Il Dio dell'Eriugena », *Doctor virtualis*, 2 (2003), *op. cit.*, p. 77-100. Le passage cité est extrait de l'essai *De quelqu'un à personne* (OC I, p. 778-781) ; voir aussi *Histoire de l'éternité* (OC I, p. 379).

7. Voici comment Borges relate cet événement : « Et un après-midi, vieux et fou, et déjà moribond, on l'entendit répéter, avec résignation ou avec désespoir, nous ne savons, ou comme quelqu'un qui s'affermit et s'ancre dans son intime essence invulnérable : "Je suis ce que je suis, je suis ce que je suis". » (OC I, p. 795).

8. *Averroès et l'averroïsme. Essai historique*, Paris, Michel Lévy, 1861, p. 48 : « S'imaginant, par exemple, que la tragédie n'est autre chose que l'art de louer, et la comédie l'art de blâmer, il (Averroès) prétend trouver des tragédies et des comédies dans les panégyriques et les satires arabes, et même dans le Coran. » Voir aussi OC I, p. 1634.

quelques miettes de Renan, de Lane et d'Asin Palacios[9]. (OC I, p. 622-623[10].)

II

Je voudrais cependant consacrer mon attention un peu plus longuement à deux autres réminiscences médiévales chez Borges. Le premier exemple, je crois, atteste que parfois l'érudition peut être éclairante et que l'annotation de l'édition citée de Borges est sur ce point insuffisante. Le début de la *Bibliothèque de Babel* (1941) compte sans doute parmi les textes les plus connus de Borges[11]. Le narrateur, désigné comme un homme de la Bibliothèque, dit au terme d'une première description de l'institution dont il est question : « J'affirme que la Bibliothèque est interminable. » (OC I, p. 492.) Et pour illustrer cette affirmation, il ajoute :

> « Qu'il me suffise, pour le moment, de redire la sentence classique : "La Bibliothèque est une sphère dont le centre véritable est un hexagone quelconque, et dont la circonférence est inaccessible". » (OC I, p. 492.)

Une note érudite sur ce passage devrait comporter – *au moins* – les éléments suivants. Borges lui-même nous donne des indications

9. Allusion à Edward William Lane, traducteur des *Mille et une nuits*, et Miguel Asin Palacios (1871-1944), arabiste espagnol.

10. On pourrait ici aussi évoquer la présence d'Augustin (le livre XI des *Confessions*) et de Boèce dans la deuxième partie de l'*Histoire de l'éternité* ; à ce propos voir l'article de Parodi cité à la note 2. Comme on le sait, Borges a écrit plusieurs études sur Dante qui mériteraient une étude détaillée, en particulier les *Neuf essais sur Dante* (OC II, p. 825-862).

11. Sur diverses dimensions de ce conte cf. l'ample commentaire OC I, p. 1578-1582. Borges lui-même mentionne (OC I, p. 1580), comme source d'inspiration le recueil *Traumkristalle* de Kurd LASSWITZ (1848-1910). Il s'agit de la pièce intitulée *Die Universalbibliothek* qui en effet, à bien des égards anticipe le texte de Borges : *Traumkristalle. Neue Märchen*, Leipzig, s.d. [1911], p. 136-151. Ce conte a été traduit en français par François-Guillaume LORRAIN, dans *NRF*, 565, 2003, p. 337-351.

extrêmement précieuses à propos de cette sentence dans le texte intitulé *La sphère de Pascal* (1951), un essai consacré à la thèse que l'histoire universelle n'est que l'histoire de quelques métaphores, en l'occurrence celle de la sphère[12]. La lecture de cet essai nous fait aussitôt comprendre que la « sentence classique » de la *Bibliothèque de Babel* est manifestement inspirée par l'axiome que Borges attribue au théologien français du XIIe siècle, Alain de Lille, et qu'il commente ainsi dans son texte sur Pascal[13] :

> Dieu est une sphère intelligible dont le centre est partout et la circonférence nulle part. (OC I, p. 677.)

Borges mentionne également cette sentence dans un autre essai qui porte simplement le titre *Pascal*. À propos du fragment 72 (dans l'édition Brunschvicg), il écrit ceci[14] :

12. OC I, p. 676 : « Peut-être l'histoire universelle n'est-elle que l'histoire de quelques métaphores. » Voir aussi l'essai *La métaphore* (OC I, p. 400-403).

13. Au cours de son rappel historique, Borges établit un lien avec Hermès Trismégiste qui « avait dicté des livres, en nombre variable [...], toutes les choses du monde y étaient écrites. Des fragments de cette bibliothèque imaginaire, compilés ou forgés à partir du IIIe siècle, composent ce qu'on appelle le *Corpus hermeticum* ; dans tel d'entre eux, ou dans l'Asclepios, également attribué à Trismegiste, le théologien français Alain de Lille – Alanus de Insulis – découvrit à la fin du XIIe siècle cette formule. » (OC I, p. 676-677). Suit alors la « sentence classique » dont nous allons parler.

14. Je cite les *Pensées* d'après la remarquable édition électronique de D. Descortes et G. Proust : www.penseesdepascal.fr, en indiquant la référence à la numérotation de Brunschvicg et Lafuma. Le texte auquel Borges fait allusion se trouve dans le fragment *Transition,* 4/8 (Brunschvicg 72/Lafuma 199) : « Que l'homme contemple donc la nature entière dans sa haute et pleine majesté, qu'il éloigne sa vue des objets bas qui l'environnent. Qu'il regarde cette éclatante lumière mise comme une lampe éternelle pour éclairer l'univers, que la terre lui paraisse comme un point au prix du vaste tour que cet astre décrit et qu'il s'étonne de ce que ce vaste tour lui-même n'est qu'une pointe très délicate à l'égard de celui que ces astres, qui roulent dans le firmament, embrassent. Mais si notre vue s'arrête là que l'imagination passe outre, elle se lassera plutôt de concevoir que la nature de fournir. Tout ce monde visible n'est qu'un trait imperceptible dans l'ample sein de la nature. Nulle idée n'en approche, nous avons beau enfler nos conceptions au-delà des espaces imaginables, nous n'enfantons que des atomes au prix de la

> Pascal affirme que la nature (l'espace) est une sphère infinie dont le centre est partout, la circonférence nulle part. (OC I, p. 745.)

Borges précise ici que Pascal aurait pu connaître cette sentence, soit par Rabelais, soit dans le *Roman de la Rose* et il ajoute que Giordano Bruno la connaissait également[15].

Plusieurs annotations s'imposent ici. Alain de Lille est bien connu par les historiens de la pensée du XIIe siècle[16]. Cet auteur de deux poèmes philosophiques (*De planctu naturae* et *Anticlaudianus*) et d'une importante œuvre spéculative cite effectivement la sentence à laquelle Borges se réfère[17]. De fait, elle provient d'un mystérieux traité anonyme intitulé

réalité des choses. *C'est une sphère infinie dont le centre est partout, la circonférence nulle part*. Enfin c'est le plus grand caractère sensible de la toute-puissance de Dieu que notre imagination se perde dans cette pensée." (Je souligne).

15. OC I, p. 745 : « Pascal a pu trouver cette sphère dans Rabelais (III,13) qui l'attribue à Hermès Trismegiste, ou dans le symbolique *Roman de la rose*, qui la fait venir de Platon. » Voir aussi OC I, p. 677. Pour ce qui est de la présence de la sentence sur la sphère dans le *Roman*, cf. la thèse de doctorat d'Edit Anna LUKÁCS, *La métaphore de la sphère dans les œuvres d'Alain de Lille, Jean de Meun et Vincent de Beauvais*, Université Eötvös Loránd, Budapest 2008. Borges renvoie au *Tiers livre*, ch. 13 : Comment Pantagruel conseille à Panurge de prévoir l'heur ou le malheur de son mariage par songes, d'après l'édition Michel Fezandat, Paris, 1552 : « De là reçeoit participation insigne de sa prime & divine origine, & en contemplation de ceste infinie & intellectuale sphaere, le centre de laquelle est en chascun lieu de l'univers, la circunference poinct (c'est Dieu scelon la doctrine de Hermes trismegistus) à laquelle rien ne advient, rien ne passe, rien ne dechet, tous temps sont praesens. » Il faudrait également mentionner le ch. 47 dans : *Le Cinquiesme et dernier livre des faicts & dicts Heroïques du bon Pantagruel*, composé par M. François Rabelais, Docteur en Medecine, s.l. 1564,: « allez amis en protection /de ceste sphere intellectuale, de laquelle /en tous lieux est le centre, & n'a en lieu /aucun circonferance, que nous appellons dieu. » Cf. à ce propos Lionello SOZZI, « La présence de l'Hermétisme dans le *Cinquiesme livre* », *Études Rabelaisiennes*, XL, 2001, p. 199-214.

16. Le volume *Alain de Lille, le docteur universel. Philosophie, théologie et littérature au XIIe siècle*, SOLÈRE, J.-l., VASILIU, A. et GALONNIER, A. (dir.), Turnhout, Brepols, 2005, donne une vue panoramique de l'état de la recherche sur cet auteur important (1128-1202).

17. *Regulae caelestis iuris*, règle VII (PL 210, col. 627A), éd. Niklaus M. HÄRING, *Archives d'histoire doctrinale et littéraire du Moyen Âge*, XLVIII, 1981, p. 131 : « Deus est sphera intelligibilis cuius centrum ubique circumferentia nusquam. » Alain a également

Liber viginti quattuor philosophorum, racontant la rencontre de 24 sages dont chacun devait proposer une définition de Dieu[18]. Notre sentence est l'une de ces définitions :

> Deus est sphaera infinita cuius centrum est ubique, circumferentia nusquam[19].

On remarquera qu'Alain a remplacé l'adjectif infini par celui d'intelligible[20] et que Pascal cite la version du *Liber XXIV*

composé un *Sermo de sphaera intelligibili*, découvert, édité et étudié par Marie-Thérèse d'Alverny (*Alain de Lille. Textes inédits*, Paris, Vrin, 1965, p. 295-306) où la sentence est également interprétée. Voir Alain de Lille, *Règles de théologie, suivie de Sermon sur la sphère intelligible*, Introduction, traduction et notes par Françoise Hudry, Paris, Le Cerf, 1995.

18. Ce texte a été découvert par Heinrich Denifle (1886) et ensuite édité par Clemens Baeumker (1927), l'édition critique est de Françoise Hudry, *Liber viginti quattuor philosophorum*, Turnhout, Brepols, 1997 (CCCM 143A). Voir également la traduction commentée en allemand : *„Was ist Gott?" Das Buch der 24 Philosophen,* Kurt Flasch (ed. et trad.), Munich, Beck, 2011; et celle en italien de Paolo Lucentini: *Il libro dei ventiquattro filosofi*, Milan, Adelphi, 1999. Lucentini résume l'état de la recherche sur l'origine de ce texte étonnant, p. 11-46. Flasch caractérise également les diverses réceptions et interprétations de ce texte (cf. p. 102-133, notamment chez Eckhart et Thomas Bradwardine, p. 77-101). La recherche admet, sans preuve irréfutable, l'antériorité du *Liber* par rapport à Alain. Le texte a connu une deuxième édition critique par Françoise Hudry: *Le livre des vingt-quatre philosophes*. Résurgences d'un texte du IVe siècle, Paris, Vrin, 2009. Pour l'interprétation du livre cf. en particulier Zénon Kaluza, « Comme une branche d'amandiers en fleur. Dieu dans le *Liber viginti quattuor philosophorum* », dans Lucentini, P., Parri, I. et Perrone Compagni, V. (dir.), *Hermetism from Late Antiquity to Humanism. La tradizione ermetica dal mondo tardo-antico all'Umanesimo*, Turnhout, Brepols, 2003, p. 99-126.

19. *Le livre des vingt-quatre philosophes*, p. 152 ; sur les sources de cette sentence cf. p. 35-42. Sur l'histoire d'interprétation de l'image de la sphère infinie cf. Dietrich Mahnke, *Unendliche Sphäre und Allmittelpunkt, Beiträge zur Theorie de mathematischen Mystik*, Halle, Saale, M. Niemeyer, 1937. À propos de l'interprétation de ce sujet par Peter Sloterdijk cf. Flasch, *Was ist Gott ?*, p. 110-112 .

20. Luisa Valente a consacré une étude remarquable à tout point de vue à la comparaison entre la définition II du *Liber* et la règle VII chez Alain : « Sfera infinita e sfera intelligibile : immaginazione e conoscenza di Dio nel *Libro dei XXIV Filosofi* e in Alano

philosophorum[21]. On peut ajouter que manifestement Borges connaît les deux versions. Il ne s'agit pas ici d'examiner la doctrine des deux sentences médiévales. Ce qui compte, pour mon propos, est exclusivement l'exégèse très particulière que Borges propose de cette sentence en relation avec sa lecture de Pascal[22]. Il rappelle que ce dernier, qui a connu « la sentence classique » après beaucoup d'autres, l'a transformée en disant que la *nature* est une sphère infinie dont le centre est partout, la circonférence nulle part (alors qu'à l'origine il s'agit d'une définition de Dieu).

> Dans ce siècle découragé, l'espace absolu qui inspire les hexamètres de Lucrèce, l'espace absolu qui avait été une libération pour Bruno, fut un labyrinthe et un abîme pour Pascal. Pascal avait horreur de l'univers ; il aurait voulu adorer Dieu, mais Dieu, pour lui, était moins réel que l'univers abhorré. Il déplora que le firmament fût silencieux, il nous compara à des naufragés dans une île déserte. Il ressentit le poids incessant du monde physique, il ressentit le vertige, la peur, la solitude, et l'exprima dans ces mots : « La nature est une sphère infinie dont le centre est partout, la circonférence nulle part. » (OC I, p. 678.)[23]

On comprend bien à présent le sens de l'intégration de la sentence médiévale dans le conte sur *La Bibliothèque de Babel*. Dans un entretien

di Lilla », dans Totaro, P. et Valente, L. (dir.), *Sphaera, forma, immagine e metafora tra medioevo ed età moderna*, Firenze, L.S. Olschki, 2012, p. 117-144.

21. Sur cette citation pascalienne cf. Maurice de Gandillac, « Sur la sphère infinie de Pascal », *Revue d'histoire de la philosophie*, 33, 1943, p. 32-44 ; Id., « Pascal et le silence du monde », *Blaise Pascal. L'homme et l'œuvre*. Colloque de Royaumont, Paris, Minuit, 1956, p. 342-365 ; Ernest Jovy, « La "sphère infinie" de Pascal », in Id., *Études pascaliennes*, 7, Paris, Vrin, 1930.

22. Il ne s'agit pas non plus d'évaluer la justesse de sa compréhension de Pascal, bien entendu, mais simplement de relever la manière dont il comprend la présence de la sentence chez Pascal.

23. Borges souligne note que selon l'édition de Tourneur (Paris, Vrin, 1941), Pascal avait d'abord écrit « une sphère effroyable ». L'édition électronique précise : « Pascal a commencé par écrire *Eff* (effrayante ?)."

avec Georges Charbonnier, Borges a lui-même dit qu'il entendait exprimer par ce conte :

> … l'idée d'être perdu dans l'univers, de ne pas le comprendre, l'envie de trouver une solution précise, le sentiment d'ignorer la vraie solution[24].

Borges propose – sur la base d'une lecture du fragment 72, comparé aux fragments 205 et 207 selon l'édition Brunschvicg[25] – une interprétation particulière qui peut être rapprochée du célèbre passage de saint Paul I *Cor.* 13, 12 : « Videmus nunc per speculum in enigmate tunc autem facie ad faciem »[26] : nous voyons maintenant dans un miroir, en énigme. Pour les médiévaux, cette phrase de Paul est capitale et elle a connu de multiples exégèses. Quant à Borges, il a été fasciné par celle que Léon Bloy[27] en a proposée, allant jusqu'à consacrer un petit essai aux diverses exégèses de Bloy sous le titre *Le miroir des énigmes*[28].

24. Georges Charbonnier, *Entretiens avec Jorge Luis Borges*, Paris, Gallimard, 1967, p. 20 ; cité OC I, p. 1582.

25. Cf. OC I, p. 745. À dire vrai dire, il mentionne le fragment 207 (Lafuma 42/ Vanité n° 29/38 : « Combien de royaumes nous ignorent ») et cite, sans l'identifier le fragment 205 (Lafuma 68/ fragment Misère n° 17/24 selon Descortes/Proust), cf. la note 31 où ce passage est cité.

26. *Biblia sacra iuxta vulgatam versionem* recensuit et brevi apparatu instruxit Robertus Weber OSB, editio tertia, Stuttgart, Wurttembergische Bibelanstalt, 1983, p. 1783b.

27. Borges a découvert l'œuvre de Bloy (1846-1917) dans les années trente. Dans un entretien avec Napoléon Murat (*Jorge Luis Borges*, Paris, Cahiers de l'Herne, nouvelle éditions, Paris, Livre de poche, 1981, p. 473), il déclare avoir lu tous les livres de cet auteur. À la question de ce qui l'attire chez lui, il répond : « Je crois que c'est le style et puis l'idée, cette idée un peu de Swedenborg que nous vivons dans un monde de symboles, cette idée un peu cabalistique à mon avis. » Cf. aussi OC I, p. 416 où est affirmé que le conte *Les théologiens* racontant l'histoire d'un pourfendeur des hérétiques qui « découvre que pour Dieu, l'hérésiarque et lui ne sont qu'une seule et même personne » (OC, p. 416) est inspiré par Bloy.

28. Dans son essai Borges cite cinq passages dans l'immense journal de Bloy où il est question de I *Cor.* XIII,12. Pour ma part j'ai identifié, grâce à l'index de l'édition récente du *Journal* (Léon Bloy, *Journal I (1992-1907)* et *II (1907-1917)*, édition établie, présentée et annotée par Pierre Glaudes, Paris, Bouquins, 1999), sept références à ce

Il cite à ce propos l'étonnant passage où il est dit que personne ne sait vraiment ce qu'il est véritablement :

> Il n'y a pas un être humain capable de dire ce qu'il est, avec certitude. Nul ne sait ce qu'il est venu faire en ce monde, à quoi correspondent ses actes, ses sentiments, ses pensées ; qui sont les plus proches parmi tous les hommes, ni quel est son *nom* véritable, son impérissable Nom dans le registre de la Lumière. Empereur ou débardeur nul ne sait son fardeau ni sa couronne[29].

Borges conclut, à son tour, qu'il ne soit pas certain que le monde ait un sens[30]. Lorsque Pascal cite la sentence de la sphère infinie, « il ressentit le vertige, la peur, la solitude » (OC I, p. 678). De cette découverte de la solitude surgit même une inversion de la parole paulinienne selon laquelle « maintenant je connais partiellement ; mais ensuite je connaîtrai comme maintenant je suis connu » (I *Cor*. XIII,12). En effet, on peut évoquer le fragment 205 où Pascal – « un des hommes les plus pathétiques de l'histoire de l'Europe » (OC I, p. 746) – parle de « l'infinie immensité des espaces que j'ignore et qui m'ignorent »[31].

texte paulinien : vol. I, p. 87, 124, 263, 267, 542 ; vol. II, p. 21, 42. Cf. en particulier : 6 juin 1894, p. 87 : « Le mot de saint Paul : *Videmus nunc per speculum in aenigmate*, serait la lucarne pour plonger dans le vrai *Gouffre*, qui est l'âme humaine » ; 3 juin 1899 ; p. 267 : « Tu as remarqué, bien des fois, et tu as fait remarquer le Texte de saint Paul disant que nous voyons tout "dans un miroir", *à l'envers* par conséquent. Il faut aller à l'extrémité de cette parole nécessairement absolue, puisqu'elle est donnée par l'Esprit-Saint. *Donc nous voyons exactement* l'INVERSE *de ce qui est* » ; 29 décembre 1907, p. 21 : « Nous voyons tout à l'envers, dans un miroir, *per speculum*. Voici un voleur et un volé. N'est-ce pas ce dernier qu'il faudrait arrêter ? »

29. Léon Bloy, « L'âme de Napoléon », dans Id., *Œuvres*, Bollery, Joseph et Petit, Jacques (éd.), Paris, Mercure de France, 1966, p. 273. Borges cite ce passage (OC I, p. 763), ainsi que dans l'essai *Du culte des livres* (OC I, p. 757).

30. *Le miroir des énigmes* : « Il est douteux que le monde ait un sens ; il est plus douteux encore qu'il en ait deux ou trois, observera l'incrédule. Je l'entends bien ainsi ; mais je tiens que le monde hiéroglyphique postulé par Bloy est celui qui convient le mieux à la dignité du Dieu intellectuel des théologiens. » (OC I, p. 764.)

31. Cf. *Pascal*, OC I, p. 745. Fragment *Misère* n° 17 / 24 (Brunschvicg 205, Lafuma 68) : « Quand je considère la petite durée de ma vie absorbée dans l'éternité précédente et

III

Je le disais, notre thème, Borges et le Moyen Age, est immense : je voudrais sans façon proposer un autre exemple fascinant. *L'autre mort* compte parmi les textes les plus intéressants à ce sujet. Borges lui-même décrit comme suit le contenu de cette nouvelle :

> Dans ma nouvelle, un gaucho argentin vit avec des gauchos uruguayens. C'est un poltron qui veut se racheter ; alors il retourne en Argentine et vit seul en se persuadant qu'il est brave. À la fin il a réussi à effacer le passé. Au lieu de fuir la bataille, dans une des escarmouches de la guerre civile, en Uruguay, il abolit le passé, et les gens qui l'ont connu après cette bataille, après sa lâcheté, ont oublié sa lâcheté. Le conteur parle avec un colonel, qui a fait cette guerre et qui est sûr d'avoir vu mourir en brave le gaucho en question[32].

Au début de la nouvelle est fait allusion à un poème de Ralph Waldo Emerson intitulé « The Past »[33]. Si l'on lit ce poème, qui est juste mentionné,

suivante, *memoria hospitis unius diei praetereuntis*, le petit espace que je remplis et même que je vois abîmé dans l'infinie immensité des espaces que j'ignore et qui m'ignorent, je m'effraie et m'étonne de me voir ici plutôt que là, car il n'y a point de raison pourquoi ici plutôt que là, pourquoi à présent plutôt que lors. Qui m'y a mis ? Par l'ordre et la conduite de qui ce lieu et ce temps a-t-il été destiné à moi ? »

32. Richard Burgin, *Conversations avec J. L. Borges*, Paris, Gallimard, 1972, p. 52-53, (OC I, p. 1630).

33. Il aurait été bienvenu (voire indispensable) que le commentaire de cette nouvelle (OC I, p. 1630) soit enrichi du poème d'Emerson : *Poems,* New and Revised Edition, Complete Works, vol. IX, London, Glasgow, New York, George Routledge, 1888, p. 221-222: « The debt is paid,/The verdict said,/The Furies laid,/The plague stayed,/ All fortunes made;/Turn the key and bolt the door,/Sweet is death forevermore./Nor haughty hope, nor swart chagrin,/Nor murdering hate, can enter in./All is now secure and fast;/Not the gods can shake the Past;/Flies-to the adamantine door/Bolted down forevermore./Nor can re-enter there,-/No thief so politic,/No Satan with a royal trick/ Steal in by window, chink, or hole,/To bind or unbind, add what lacked,/Insert a leaf, or forge a name,/New-face or finish was is packed,/Alter or mend eternal Fact. » Borges a traduit l'ouvrage *Representative Men* [1850] d'Emerson en espagnol (paru à Buenos

on y découvre une phrase clé pour la compréhension du texte de Borges : « Not the gods can shake the past » – les dieux eux-mêmes ne peuvent remuer le passé. Cette phrase d'Emerson est à son tour une reprise presque littérale d'Aristote qui dit dans *L'Éthique à Nicomaque* (VI,2 ; 1139b5) :

> D'où le mot juste d'Agathon : Voilà bien en effet l'unique pouvoir dont même un dieu se prive : faire que n'ait pas eu lieu tout ce qu'on a pu accomplir[34].

Or, c'est exactement ce qui arrive dans *L'autre mort*. On nous raconte l'histoire d'un homme qui a pu modifier le passé et qui s'appelle *Pedro Damián*. Celui-ci qui, selon les faits, est mort en 1946, d'après un autre récit serait mort en 1904 en héros :

> Vous vous trompez, monsieur, dit enfin Amaro. Pedro Damián mourut comme voudrait mourir tout homme digne de ce nom, il devait être 4 heures de l'après-midi. Sur le sommet de la montagne, l'infanterie rouge s'était retranchée ; les nôtres chargèrent contre elle, à la lance ; Damián était en tête, criant et une balle le frappa en pleine poitrine. Il se dressa sur ses étriers, acheva son cri, roula à terre et resta entre les pattes des chevaux. Il était mort et la dernière charge de Masoller lui passa par-dessus le corps. C'était un brave et il n'avait pas vingt ans. (OC I, p. 606.)

Le narrateur est troublé et propose plusieurs explications, notamment l'existence de deux personnages qui s'appellent Pedro Damián. Pour finir, il trouve cependant la solution :

> Je la découvris d'une façon presque magique dans le traité *De divina omnipotentia* de Pierre Damien, à l'étude duquel je fus amené par deux

Aires 1949) ; il considérait Emerson (1803-1882) comme le « type achevé du poète intellectuel » selon Jean Pierre Bernès (OC I, p. 1630).

34. *Éthique à Nicomaque*, trad. Richard Bodéüs, Paris, GF, 2004, p. 296.

vers du chant XXI du Paradis qui posent précisément un problème d'identité. Au cinquième chapitre de ce traité, Pierre Damien soutient, contre Aristote, que Dieu peut faire en sorte que ne soit pas ce qui une fois a été. Je lus ces vieilles discussions théologiques et commençai à comprendre la tragique histoire de don Pedro Damián. (OC I, p. 608.)

Le personnage historique auquel le texte fait allusion est le moine camaldule Pierre Damien (Petrus Damianus) qui a composé en 1067 un opuscule *Lettre sur la toute puissance divine*[35]. Dante rencontre dans le XXIe chant du *Paradiso* ce moine qui se présente dans les vers 121-123 comme suit :

In quel loco fu'io Pietro Damiano,
e Pietro Peccator fu'ne la casa
di Nostra Donna in sul lito adriano.[36]
(Dans ce lieu je fus, moi, Pierre Damien
et Pierre-le-Pécheur je fus dans la maison
de Notre-Dame, sur la rive de l'Adriatique.)[37]

Borges n'ignore pas que ces vers ont provoqué une vaste polémique car on pouvait interpréter le second « fu » à la troisième personne de telle

35. De fait il s'agit de la lettre 119 de Pierre : *Die Briefe des Petrus Damiani*, éd. Kurt Reindel, Teil 3, Nr. 91-150, Munich, MGH, 1989, p. 341-384 ; je cite cette édition et la traduction : Pierre Damien, *Lettre sur la toute-puissance divine*, introduction, texte critique, traduction et notes par André Cantin, Paris 1972 (Sources chrétiennes 191). Cette édition de Cantin est précédée par une longue introduction qui situe de manière très nuancée la manière dont la question de la toute-puissance divine se pose au temps de Pierre Damien, p. 1-349. Pour une vue d'ensemble de la problématique dans la pensée de cet auteur cf. Irven M. Resnick, *Divine Power and Possibility in St. Peter Damain's* De divina omnipotentia, Leyde, Brill, 1992 ; Theodor G. Bucher, « Petrus Damiani, ein Freund der Logik ? », *Freiburger Zeitschrift für Philosophie und Theologie*, 36, 1989, p. 267-310 ; Robert Bultot, *Christianisme et valeurs humaines. La doctrine du mépris du monde. Le 11e siècle, 1. Pierre Damien*, Louvain, Nauwelaerts, 1963.

36. Dante Alighieri, *Commedia*, – Anna Maria Chiavacci Leonardi (comm.), Milan, Zanichelli, 1997, p. 591-592 [Paradiso, XXI,121-123].

37. *La divine Comédie*, traduction littérale avec notes par le R.P. J. Berthier, 2e édition, Fribourg, Fragnière, 1924, p. 490.

sorte que le premier et le second Pierre n'étaient pas identiques.[38] En ce qui concerne le traité auquel Borges se réfère, il relate une conversation au couvent de Monte Cassino durant laquelle a été soulevée une étrange question :

> Nous étions donc à table, un jour, tous les deux, comme tu peux t'en souvenir, lorsque cette parole du bienheureux Jérôme fut citée dans la conversation : « Je vais, dit-il, parler hardiment : bien que Dieu puisse tout, il ne peut rendre vierge celle qui ne l'est plus. Il a certes le pouvoir de la libérer de sa peine, mais non de lui rendre la couronne de sa virginité perdue. »[39] Et moi, non sans crainte, n'osant pas d'un cœur léger discuter le témoignage d'un tel homme, je dis pourtant mon sentiment tout net à un père qui n'a qu'une seule âme avec moi, c'est-à-dire à toi. Ce jugement, dis-je, j'avoue que je n'ai jamais pu l'accepter. Car je ne considère pas celui qui parle, mais ce qu'il dit. Or, il serait trop inconvenant, semble-t-il, d'attribuer si légèrement une impuissance à celui qui peut tout, à moins de réserver par là le mystère d'une compréhension plus haute[40].

Dans une très longue explication cet auteur ne répond pas seulement que Dieu peut rendre vierge une femme qui a eu autant de maris qu'on

38. Voir à ce propos l'éclairant commentaire de Chiavacci Leonardi, éd. cit., p. 596-597.

39. Il s'agit d'une citation de la lettre 22 de Jérôme à Eustochium ; cf. HIERONYMUS, *Epistolae 1-70*, éd. Isidor HILBERG, Vienne/Leipzig (CSEL 54), 1910, p. 150.

40. *Epistola 119*, éd. cit. (note 35), p. 343, l. 11-20 : « Nam dum aliquando ut meminisse potes, uterque discumberemus ad mensam, illudque beati Hyeronimi sermocinantibus deveniret in medium: *Audenter*, ait, *loquor : cum omnia possit Deus, suscitare uirginem non potest post ruinam. Valet quidem liberare de poena, sed non ualet coronare corruptam.* Ego, licet pavidus, utpote qui disputare de tanti uiri testimonio facile non auderem, unanimi tamen patri, tibi videlicet, dixi pure quod sensi. Haec, inquam, fateor, nunquam potuit michi placere sententia. Non enim a quo dicatur, sed quid dicatur attendo. Nimis scilicet inhonestum videtur ut illi qui omnia potest, nisi sub altioris intellegentiae sacramento tam leviter inpossibilitas ascribatur. » Traduction p. 387-389.

voudra[41]. Il se demande également si Dieu peut faire que ce qui est arrivé ne soit pas arrivé, pour aboutir à cette conclusion :

> Donc, pour réfuter les railleurs impudents auxquels ne suffirait pas la solution donnée plus haut à la question posée, nous pouvons dire sans impropriété que Dieu, dans son éternité toujours invariable et parfaitement stable, peut faire que ce qui est arrivé dans notre devenir ne soit pas arrivé. Ainsi, nous pouvons dire : Rome qui a été fondée dans le passé, Dieu peut faire qu'elle n'ait pas été fondée. Ce mot « peut », que nous employons au présent, convient si on le rapporte à l'éternité immobile de Dieu tout-puissant; mais relativement à nous qui connaissons une mobilité continuelle et un perpétuel changement, il serait plus correct de dire, selon l'usage: « il a pu »; et ainsi, nous pouvons entendre cette phrase: « Dieu peut faire que Rome n'ait pas été fondée », par rapport à lui qui « ne connaît ni le changement ni l'ombre d'une variation» ; et par rapport à nous naturellement, cela se dit: « Dieu a pu »[42].

Quel est le sens de ces spéculations ? Pierre Damien veut montrer que la logique humaine, la logique de la philosophie est incapable de saisir la pensée et l'action de Dieu. On ne doit pas oublier que c'est ce même

41. Ed. cit., p. 380, lin. 7-11 : « Fateor plane, fateor nullumque timens cavillatoriae contentionis obloquium constanter affirmo quia valet omnipotens Deus multinubam quamlibet uirginem reddere, incorruptionisque signaculum in ipsa eius carne, sicut ex materno egressa est utero, reparare. » Traduction p. 405-407.

42. Ed. cit., p. 379, lin. 7-19 : « Ad revincendam ergo dicacium hominum inpudentiam, quibus adhuc propositae questionis absolutio superius facta non sufficit, non inepte possumus dicere, quia potest Deus facere, in illa invariabili et constantissima semper aeternitate sua, ut quod factum fuerat apud hoc transire nostrum, factum non sit, scilicet ut dicamus : Roma quae antiquitus condita est, potest Deus agere, ut condita non fuerit. Hoc quod dicimus potest, praesentis videlicet temporis, congrue dicitur quantum pertinet ad inmobilem Dei omnipotentis aeternitatem, sed quantum ad nos, ubi continuata mobilitas et perpes est transitus, ut mos est, potuit convenientius diceremus, ut ita intellegamus hoc quod dicitur : Potest Deus, ut Roma non fuerit condita, hoc scilicet secundum se apud quem *non est transmutatio nec vicissitudinis obumbratio*. Quod nimirum apud nos ita sonat : potuit Deus. » Traduction p. 475.

Pierre Damien qui a inventé la formule que la philosophie est la servante de la théologie[43].

Dans le récit de Borges, il n'est plus question de Dieu. Que la narration possède un tout autre sens que les spéculations théologiques est confirmé par l'étonnante fin du récit :

> J'ai deviné et consigné un processus inaccessible aux hommes, une sorte de scandale de la raison ; mais certaines circonstances amoindrissent ce redoutable privilège. Pour le moment, je ne suis pas sûr d'avoir écrit la vérité. Je présume que dans mon récit il y a de faux souvenirs. Je présume que Pedro Damian (s'il a existé) ne s'appelait pas Pedro Damian, et que je l'évoque sous ce nom pour me persuader un jour que son histoire me fut suggérée par l'ouvrage de Pierre Damien. (OC I, p. 609.)

Ce passage montre deux choses : d'abord Borges indique que l'histoire de Pedro Damián lui fut inspirée par le théologien médiéval. Mais surtout il s'avère que ce récit manifeste le caractère profondément énigmatique de l'existence humaine. Ainsi donc ce conte confirme ce que notre analyse de l'utilisation de la « sentence classique » a déjà révélé : le Moyen Age que nous rencontrons chez Borges est un Moyen Age qui permet de se rendre compte que l'homme est une énigme pour l'homme.

43. C'est dans cette lettre 119 que se trouve le passage qui est considéré comme l'origine du célèbre syntagme : éd. cit., p. 354, li. 9-14 : « Quae tamen artis humanae peritia, si quando tractandis sacris eloquiis adhibetur, non debet ius magisterii sibimet arroganter arripere, sed velut ancilla dominae quodam famulatus obsequio subservire, ne si praecedit, oberret, et dum exteriorum verborum sequitur consequentias, intimae virtutis lumen et rectum verittis tramitem perdat. » À propos de cette expression cf. Max SECKLER, « *Philosophia ancilla theologiae*. Über die Ursprünge und den Sinn einer anstößig gewordenen Formel », *Theologische Quartalschrift*, 171, 1991, p. 161-187.

Épilogue

« Qui suis-je réellement ? » Le titre de cette notule est une citation de Borges dans l'essai *Histoire des échos d'un nom*. Borges paraphrase les paroles que Schopenhauer adressa à Eduard Grisebach peu avant sa mort. Cette question est en quelque sorte l'apogée de leur conversation. Cela dit, l'interrogation qu'elle articule est authentique, inquiétante. Borges connaît ces données sans doute par la biographie d'Eduard Grisebach[44]. Arthur Hübscher[45] relate une autre anecdote fort instructive : Schopenhauer se promenait dans le jardin botanique de Dresde (1814-1818) en se parlant et gesticulant. Le gardien du jardin, étonné, lui, demande qui il est, et Schopenhauer de répondre : « *Ja, wenn Sie mir das sagen könnten, wer ich bin, dann wäre ich Ihnen vielen Dank schuldig* » (« En effet, si vous pouviez me dire qui je suis, je vous en serais profondément reconnaissant »). Lorsque j'ai découvert, au fil de mes lectures, l'insolite question que Schopenhauer soulève en parlant à son interlocuteur, j'ai bien sûr d'abord été secoué par sa pertinence mais j'ai aussi, presque spontanément, pensé à Alain Boureau et il m'a semblé que cette question résumait fort adéquatement une des ses préoccupations à la fois personnelle et scientifique. J'ai donc eu l'idée de lui dédier cette notule. Toutefois, au-delà de cette relation un peu anecdotique, en m'efforçant de rédiger ces notes de bas de pages aux notes de bas de pages de l'édition de Borges, il m'a semblé qu'il était possible de découvrir un certain nombre de convergences entre les représentations et les images « médiévales » qui se dégagent de ma lecture de Borges et la manière dont Alain Boureau s'approche comme historien du Moyen Âge : « Rien ne garantit la réalité de l'analogie, mais rien ne l'interdit »[46]. J'ose en conséquence établir quelques similitudes. Il ne faut évidemment pas confondre le travail de l'historien qui, avec méthode et patience, cherche, édite, étudie et interprète des documents, avec la joie du conteur qui invente. Il me semble cependant

44. *Schopenhauer : Geschichte seines Lebens*, Berlin, Eduard Ernst Hofmann, 1897.

45. *Arthur Schopenhauer, Ein Lebensbild*, Wiesbaden, Brockhaus, 1949, p. 54.

46. Alain Boureau, *En somme. Pour un usage analytique de la scolastique médiévale* (2011), p. 17.

qu'il y a dans la comparaison une hantise du doute similaire. Dans le petit ouvrage *En somme* qui contient des observations très pertinentes sur la nature de la scolastique mais aussi sur la valeur de l'étude des théologiens médiévaux, Alain Boureau rappelle que « nous avons besoin du doute plus explicite que du doute méthodique qui efface ses traces »[47]. Selon lui, se souvenant d'un sophisme de Siger de Brabant, parlant de ceux qui prétendent que tout ce qui nous apparaît n'est qu'un simulacre, le maître brabant confère à « l'homme de l'incertitude sur le réel, la grandeur et la misère de celui qui affronte un problème insoluble »[48]. Le doute dont je fus saisi en récoltant mes notes sur les notes ressemble à celui auquel Boureau, étudiant la scolastique, veut convier son lecteur :

> Je voudrais aussi secouer les lecteurs somnolents ou réguliers de certains discours anciens, parés de la patine de la tradition vénérable, de l'étrangeté folklorique et relativiste chère aux ethnologues ou des habitudes culturelles ou religieuses, pour leur montrer des interrogations sans fin ni solution à propos du moi, du sujet, interrogations qu'on veut méconnaître dans ces textes anciens. J'invite à entendre une parole de doute, d'angoisse et d'humour, à saisir chez les scolastiques[49].

Bien qu'il soit mon contemporain, j'ai toujours considéré Alain Boureau comme mon aîné qui montre un chemin dont le but n'est pas établi mais qui fait avancer, qui invite au mouvement[50].

47. Id., p. 58.
48. Id., p. 20.
49. Id., p. 83. Sur ce que nous pouvons appeler la dimension sceptique de Borges cf. André Coyné, « Une littérature du "soupçon" », *Jorge Luis Borges*, *Cahier de l'Herne*, p. 385-401. Sur l'aspect philosophique, voir Louis Vax, « Borges philosophe », *ibid.*, p. 249-257.
50. Roger Caillois résume de manière concise la situation de l'homme borgesien dans le labyrinthe (*Cahier de l'Herne*, p. 185) : « L'égaré est ainsi rejeté de perplexités en perplexités également insolubles. Il n'a pas le moyen de décider si le carrefour où il aboutit n'est pas l'un de ceux par où il est passé auparavant. »

ANNEXES

Annexe 1

Alain Boureau
Bibliographie

Livres

L'errance des normes. Éléments d'éthique scolastique (1220-1320). La raison scolastique IV, Paris, Les Belles Lettres (« Histoire »), 2016.

Le Désir dicté. Histoire du vœu religieux dans l'Occident médiéval, Paris, Les Belles Lettres (« Histoire »), 2014.

En somme. Pour un usage analytique de la scolastique médiévale, Lagrasse, Verdier, 2011.

L'inconnu dans la maison. Richard de Mediavilla, les Franciscains et la Vierge Marie à la fin du XIIIe siècle, Paris, Les Belles Lettres, 2010.

De vagues individus. La condition humaine dans la pensée scolastique. La raison scolastique III, Paris, Les Belles-Lettres, 2008.

L'Empire du livre. Pour une histoire du savoir scolastique (1200-1380). La raison scolastique II, Paris, Les Belles-Lettres, 2007.

La Religion de l'État. La construction de la République étatique dans le discours théologique de l'Occident médiéval (1250-1350). La raison scolastique I, Paris, Les Belles-Lettres, 2006.

Satan hérétique. La naissance de la démonologie dans l'Europe médiévale (1260-1350), Paris, Odile Jacob, 2004. Traduction italienne, Milan, Baldini Castoldi Dalai, 2006 ; traduction anglaise, Chicago, Chicago University Press, 2006.

La Loi du royaume. Les moines, le droit et la construction de la nation anglaise, (XIe-XIIIe siècles), Paris, Les Belles Lettres, 2001.

Théologie, science et censure au XIIIe siècle. Le cas Jean Peckham, Paris, Les Belles-Lettres, 1999.

Le Droit de cuissage. Histoire de la fabrication d'un mythe (XIIIe-XXe siècles), Paris, Albin Michel (« L'Évolution de l'humanité »), 1995. Traductions allemande, Düsseldorf, Artemis und Winkler, 1996 et 2001 ; traduction anglaise, Chicago University Press, 1998. Prix Guizot de l'Académie Française 1996.

L'Événement sans fin. Récit et christianisme au Moyen Âge, Paris, Les Belles Lettres, 1993.

Histoires d'un historien. Kantorowicz, Paris, Gallimard, 1990 ; édition revue et corrigée, publiée en postface à E. Kantorowicz, *Œuvres*, Paris, Gallimard, 2001, p. 1223-1312. Traduction allemande, Stuttgart, Klett-Cotta, 1992 (texte revu et augmenté) ; traduction japonaise, Tokyo, Misuzu Shobo,1993 ; traduction anglaise, Baltimore, Johns Hopkins Press, 2001.

La Papesse Jeanne, Paris, Aubier (Collection historique), 1988. Édition de poche, Paris, Flammarion (Champs-Flammarion), 1993. Traduction espagnole, Madrid, EDAF, 1989 ; refonte et traduction italienne, Turin, Einaudi (Microstorie), 1991 ; traduction anglaise, Chicago University Press, 2001.

Le Simple corps du roi. L'impossible sacralité des souverains français, XVe-XVIIIe siècle, Paris, Les Editions de Paris, 1988 (rééd. 2000).

L'Aigle. Chronique politique d'un emblème, Paris, Éditions du Cerf, 1985. Traduction japonaise, Tokyo, Heibon, Sha, 1994.

La Légende dorée. Le système narratif de Jacques de Voragine (†1298). Préface de Jacques le Goff, Paris, Editions du Cerf, 1984.

Direction d'ouvrages collectifs

avec PÉNEAU, Corinne (dir.), *Le Deuil du pouvoir. Essais sur l'abdication*, Paris, Les Belles Lettres (« Histoire »), 2013.

avec PIRON, Sylvain (dir.), *Pierre de Jean Olivi. Pensée scolastique, dissidence franciscaine et société*, Paris, Vrin, 1999.

avec CHARTIER, Roger et DAUPHIN, Cécile (dir.), *Correspondance. Models of Letter Writing from the Middle Ages to the 19th Century*, Cambridge, Polity Press, 1997.

avec INGERFLOM, Claudio Sergio (dir.), *La Royauté sacrée dans le monde chrétien*, Paris, Editions de l'École des Hautes Etudes en Sciences Sociales, 1992.

avec MILO, Daniel (dir.), *Alter-Histoire. Essais d'histoire expérimentale*, Paris, Les Belles Lettres, 1991.

Articles

2016

« Effacement ou affaissement : La nature déprimée des démons après leur chute », dans Briguglia, Gianluca et Rosier-Catach, Irène (dir.), *Adam, la nature humaine, avant et après. Épistémologie de la chute*, Paris, Publications de la Sorbonne, 2016, p. 45-62.

« Une somme d'éthique chrétienne en chantier. Le dossier de travail d'une nouvelle version de la *Summa Astesana* (vers 1323) », *Archives d'Histoire Doctrinale et Littéraire du Moyen Âge*, 83, 2016, p. 65-114.

2015

« Blasphème et désespoir dans la scolastique », dans Deneken, Michel, Legrand, Thierry et Zwilling, Anne-Laure (dir.), *Une certaine image de Dieu. Hommage à François Boespflug*, Strasbourg, Presses universitaires de Strasbourg, 2015, p. 125-133.

« L'équilibre dynamique au Moyen Âge central. La notion de modèle en histoire », *Annales HSS*, 70, 2015/3, p. 725-738.

« Thérèse est mon nom. Giacomo Casanova et son genre », *penser/rêver* N° 27 (Mon genre et moi), 2015, p. 89-93.

2014

« Le vœu, une parole à l'efficacité disputée », dans Bériou, Nicole, Boudet, Jean-Patrice, Rosier-Catach, Irène (dir.) *Le pouvoir des mots au Moyen* Âge, Turnhout, Brepols, (« Bibliothèque d'histoire culturelle du Moyen Âge », 13), 2014, p. 189-206.

« Albert le Grand, commentateur de l'Apocalypse », *Freiburger Zeitschrift für Philosophie und Theologie* (*Revue philosophique et théologique de Fribourg*), 61, 1, 2014, p. 43-58.

« Chiara Frugoni. Des couleurs aux desseins », dans Burguière, André et Vincent, Bernard (dir.), *Un siècle d'historiennes,* Paris, Des femmes/Antoinette Fouque, 2014, p. 83-98.

« De l'utilité des mauvais traitements médicaux », *penser/rêver*, 26 (« les Mauvais Traitements »), 2014, p. 21-28.

« L'exégèse de Jean de Galles, franciscain du XIIIe siècle », *Franciscan Studies,* 72, 2014, p. 153-171.

« La confession. Mise en scène d'une intimité », *penser/rêver*, 25 (« L'intime et son spectacle »), printemps 2014, p. 115-126.

« Une nature préservée de la transgression humaine des normes. Physique des éléments et géologie du monde dans l'exégèse et la théologie du XIIIe siècle », dans van der Lugt, Maaike (dir.), *La Nature comme source de la morale,* Florence, Sismel (« Micrologus' Library », 58) 2014, p. 55-94.

2013

« Jean Damascène et l'anthropologie franciscaine du XIIIe siècle », dans Berndt, Rainer et Fédou, Michel (dir.), *Les réceptions des Pères de l'Église et de leurs textes au Moyen Âge. Le devenir de la tradition ecclésiale*, Münster, Aschendorff (« Archa verbi, Subsidia »), 2013, II, p. 997- 1010

« Acné », *penser/rêver*, 24 (« Façons de tuer son père et d'épouser sa mère quand on est l'enfant d'un couple homoparental »), automne 2013, p. 273-274.

« NAUSS. Une défense du corps naturel », *penser/rêver*, 23 (« Le corps (est un) étranger »), printemps 2013, p. 151-164.

2012

« Bonaventure, commentateur de l'Apocalypse. Pour une nouvelle attribution de *Vox Domini* », *Franciscan Studies,* 70, 2012, p. 139-181.

« Embarqués » (Glossaire), *penser/rêver*, 21 (« Le genre totalitaire »), printemps 2012, p. 195-202.

« Le flou du portrait », *penser/rêver*, 22 (« Portraits d'un psychanalyste ordinaire »), automne 2012, p. 189-202.

« Le vœu, la dette et le contrôle pontifical des échanges au début du XIIIe siècle », *Annales HSS*, 2, 2012, p. 417-449.

« Richard de Mediavilla en mathématicien. L'angle de contingence dans les *Questions disputées* (1292-1300) », dans Società inernazionale di Studi Francescani, *Francescani e le scienze*, Spolète , Fondazione Centro Italiano di Studi sull'Alto Medioevo, 2012, p. 353-392.

« Une dette sans fin. Le vœu, source romaine de conduites chrétiennes dans l'Antiquité tardive », *Pallas,* 88, (« Mélanges Aline Rousselle »), 2012, p. 197-204.

2011

« Anselme de Cantorbéry » et « Jacques de Voragine », *Le Point Références « Comprendre le Moyen Âge »* novembre-décembre 2011, p. 24-25, p. 58-59.

« Entropie et misanthropie », *penser/rêver*, 19 (« C'était mieux avant ... »), printemps 2011, p. 121-131.

« Expertise et cultures savantes », dans *Experts et Expertise au Moyen Âge. "Consilium quaeritur a perito"*, XLIIe Congrès de la SHMESP (Oxford, 31 mars-3avril 2011), Paris, Publications de la Sorbonne, 2012, p. 11-25.

« Richard de Mediavilla fut-il aussi un exégète ? Première partie : enquête sur les annotations du commentaire de l'Apocalypse dans le ms. Assise 82 », *Freiburger Zeitschrift für Philosophie und Theologie* (*Revue philosophique et théologique de Fribourg*), 58, 1, 2011, p. 227-270.

« Richard de Mediavilla fut-il aussi un exégète ? Seconde partie : Les enjeux de l'exégèse de Mediavilla », *Freiburger Zeitschrift für Philosophie und Theologie* (*Revue philosophique et théologique de Fribourg*), 58, 2, 2011, p. 404-46.

« Un scribe philologue. La détection erronée de fautes par homéotéleutes dans le Ms. 82 d'Assise », *Scriptorium*, 65, 2011, p. 348-351.

2010

« Kantorowicz (Ernst H.) », « Ordres religieux », « Monachisme », dans Azria, Régine et Hervieu-Léger, Danièle (dir.), *Dictionnaire des Faits religieux*, Paris, Presses Universitaires de France, 2010.

« Contes du père, et comptes des fils. Le roman familial des Tallemant. », dans Cottias, Myriam, Downs, Laura et Klapisch-Zuber, Christiane (dir.), préface de Jacques Le Goff, *Le Corps, la famille et l'État. Mélanges offerts à André Burguière*, Rennes, Presses Universitaires de Rennes, 2010, p. 185-194.

« Le désert fleurit, puis se dessécha ... Les *exempla* des *Vite Patrum* dans les controverses du XIIIe siècle », dans Berlioz, Jacques, Polo de Beaulieu, Marie-Anne et Collomb, Pascal (dir.), *Le Tonnerre des exemples. Exempla et médiation culturelle dans l'Occident médiéval*, Rennes, Presses Universitaires de Rennes, 2010, p. 99-107.

« *Principium Pure Possibile* » dans Attucha, Inigo, Calma, Dragos, König-Pralong, Catherine, Zavaterro, Irene (dir.), *Mots médiévaux offerts à Ruedi Imbach*, Porto, Fédération Internationale des Instituts d'Etudes médiévales, 2010, p. 195-203.

« Questions disputées : *quomodo Historiam scribere*. Entretien avec Alain Boureau », dans Brilli, Elisa, Dittmar, Pierre-Olivier et Dufal, Blaise (dir.), *Faire de l'Anthropologie Historique du Moyen Âge*, *L'Atelier du CRH,* 7, 2010, http://acrh.revues.org/2755.

« Un débat sur l'inné et l'acquis dans l'intellect des anges. La question disputée 12 de Richard de Mediavilla », *Archives d'Histoire Doctrinale et Littéraire du Moyen Âge*, 77, 2010, p. 157-191.

« Une jubilation anticipée ? Un sermon de Richard de Mediavilla, source possible du jubilé de 1300 », *Rivista di Storia della Chiesa in Italia*, LXIV, 1, 2010, p. 93-100.

« Une parole destructrice : la diffamation. Richard de Mediavilla et le droit individuel au péché », dans Claustre, Julie, Mattéoni, Olivier et Offenstadt, Nicolas (dir.), *Un Moyen Âge pour aujourd'hui*, *Mélanges Claude Gauvard*, Paris, Presses Universitaires de France, 2010, p. 308-316.

2009

« Demons and the Christian Community», dans Rubin, Miri et Simon, Walter (dir.), *The Cambridge History of Christianity*, 4, *Christianity in Western Europe c. 1100–c. 1500,* Cambridge, Cambridge University Press, 2009, p. 420-432.

« Le remploi scolastique », dans Toubert, Pierre et Zink, Michel (dir.), *Remploi, citation et plagiat. Conduites et pratiques médiévales (x^e-xiie siècle)*. Madrid, Casa de Velázquez (Collection de la Casa de Velázquez 112), 2009, p. 43-52.

« Huit siècles dans l'arbre de l'avidité », *penser/rêver*, 16 (« Un petit détail comme l'avidité »), automne 2009, p. 111-120.

« L'astérisque gaulois. La discipline historique aux affaires indigènes », dans Büttgen, Philippe, Libera, Alain de, Rashed, Marwan et Rosier-Catach, Irène (dir.), *Les Grecs, les Arabes et nous. Enquête sur l'islamophobie savante*, Paris, Fayard, 2009, p. 359-365.

« Le droit canonique médiéval et l'idée de souveraineté de l'État », dans Chagnollaud, Dominique (dir.), *Les origines canoniques du droit constitutionnel*, Paris, Panthéon-Assas Paris II, 2009, p. 25-38.

« Un sujet agité. Le statut nouveau des passions de l'âme au xiiie siècle », dans Nagy, Piroska et Boquet, Damien (dir.), *Le sujet des émotions au Moyen Âge*, Paris, Beauchesne, 2009, p. 187-200.

« Vestiges des puissances absentes », *penser/rêver*, 15 (« Toute puissance »), printemps 2009, p. 151-166.

2008

« Avoir du chien. Thomas d'Aquin et la passion impossible de la vengeance », *penser/rêver* 13 (« La vengeance et le pardon, deux passions modernes »), printemps 2008, p. 99-112.

« Hérédité, erreurs et vérité de la nature humaine (xiie-xiiie siècles) », dans van der Lugt, Maaike et Miramon, Charles de (dir.), *L'hérédité entre Moyen Âge et époque moderne*, Florence, Sismel (« Micrologus' Library », 27), 2008, p. 67-81.

« On ne doit pas parler la bouche pleine. Un épisode d'histoire politique non-thomiste (Bourdieu, Foucault, Senellart) », dans Dufal, Blaise (dir.), *Historiographies de la pensée politique médiévale, L'Atelier du Centre de Recherches H*istoriques, 1, 2008, http://acrh.revues.org/316.

« Visions of God », dans Noble, Thomas F.X. et Smith, Julia M.H. (dir.), *Early Medieval Christianities, c. 600-c. 1100. The Cambridge History of Christianity*, 3, 24, Cambridge, Cambridge University Press, 2008, p 489-509.

« Vouloir l'amour et l'abandon du Père », dans Fabre, Pierre-Antoine, Tardits, Annie et Trémolières, François (dir.), *L'impensable qui fait penser. Histoire, théorie, psychanalyse*, *Pour Jacques Lebrun*, Paris, Éditions du Seuil (« Le Genre humain »), 2008, p. 21-29.

« Accidents circulatoires », dans Erislmann, Christophe et Schniewind, Alexandrine (dir.), *Compléments de substance. Études sur les propriétés accidentelles offertes à Alain de Libera*, Paris, Vrin, 2008, p. 43-48.

« Conformité, formes et formalité chez Michel de Certeau », dans Büttgen, Philippe et Jouhaud, Christian (dir.), *Lire Michel de Certeau/Michel de Certeau Lesen*, *Zeitsprünge. Forschungen zur Frühen Neuzeit*, 12, 2008, p. 114-123.

« Introduction », dans Gauvard, Claude (dir.), *L'Enquête au Moyen Âge*, Rome, École Française de Rome, 2008, p. 1-10.

« La circulation des hérésies dans l'Europe médiévale », *Cahiers de Centre de Recherches Historiques* (« Circulations et frontières. Autour du 101e anniversaire de Fernand Braudel »), octobre 2008, p. 19-30.

« Un nom affirmatif. L'adaptation comme formation par la parole, *penser/rêver*, 14 (« L'inadaptation des enfants et de quelques autres »), automne 2008, p. 183-196.

avec Rosier-Catach, Irène, « Droit et théologie dans la pensée scolastique. Le cas de l'obligation et du serment », *Revue de Synthèse,* 129, 6e série, 4, 2008, p. 509-528.

2007

« Élaguer et greffer. Un discours chrétien bien planté », *penser/rêver*, 11 (« La maladie chrétienne »), printemps 2007, p. 95-109.

« L'usage des textes patristiques dans les controverses scolastiques », *Revue des Sciences Théologiques et Philosophiques*, 91, 1, janvier-mars 2007, p. 39-49.

« La passion et la faute. Nouvelles approches médiévales », *Critique* (« Émotions médiévales »), 716-717, janvier-février 2007, p. 36-46.

« Le désir en personne », *penser/rêver,* 12 (« Que veut une femme ? »), automne 2007, p. 91-103

Préface à Delaurenti, Béatrice *La puissance des mots. « Virtus verborum ». Débats doctrinaux sur le pouvoir des incantations au Moyen Âge*, Paris, Le Cerf, 2007, p. III-V.

2006

« Les filets du diable, sans cesse défaits et tissés : réponse à trois lectures de Satan hérétique », *Cahiers du CRH*, 37, 2006, p. 209-213

« De l'enquête au soupçon. La fondation de la discipline théologique à l'université de Paris (1200-1350) », dans Boutier, Jean, Passeron, Jean-Claude et Revel, Jacques (dir.), *Qu'est-ce qu'une discipline ?* Paris, Éditions de l'École des Hautes Etudes en Sciences Sociales (« Enquêtes »), 2006, p. 213-228.

« How Christian was the Sacralization of Monarchy in Western Europe (Twelfth-Fiftenth Centuries) ? », dans Deploige, Jeroen et Deneckere, Gita (dir.), *Mystifying the Monarch. Studies on Discourse, Power, and History*, Amsterdam, Amsterdam University Press, 2006, p. 25-34.

« La méthode critique en théologie scolastique. Le cas des commentaires des *Sentences* de Pierre Lombard (XIIIe-XIVe siècle) », dans Chazan, Mireille et Dahan, Gilbert (dir.), *La méthode critique au Moyen Âge*, Turnhout, Brepols (« Bibliothèque d'histoire culturelle du Moyen Âge », 3), 2006, p. 167-180.

« La récriture des miracles évangéliques par Pierre Comestor », dans Goullet, Monique et Heinzelmann, Martin (dir.), *Miracles, vies, et réécritures dans l'Occident médiéval.*

Actes de l'Atelier « La réécriture des Miracles » (IHAP, Juin 2004) et SHG X-XII : dossiers des saints de Metz et Laon et de saint Saturnin de Toulouse (Beihefte der Francia, 65), Ostfildern (Thorbecke) 2006, p. 93-101.

« Le monastère médiéval, laboratoire de la dette publique ? », dans Béaur, Gérard (dir.), *La dette publique dans l'histoire,* Paris, Éditions du CHEFF, 2006, p. 21-33.

« Nécessité et horreur du conformisme. La quête éperdue de la conformité chez Siger de Brabant et quelques autres », *penser/rêver*, 10 (« Le conformisme parmi nous »), automne 2006, p. 121-135.

« Postface » à « Instituer la communauté », dans *Hypothèses 2005. Travaux de l'École doctorale d'histoire de l'université de Paris I, Panthéon-Sorbonne*, Publications de la Sorbonne, 2006, p. 159-161.

« Une histoire intellectuelle des populations médiévales », *Annales HSS*, 61, 1, 2006, p. 233-244.

2005

« Le prince des démons », dans Allinot, Anne-Hélène, Lecuppre, Gilles et Scordia, Lydwine (dir.), *Les Royautés imaginaires*, Turnhout, Brepols, 2005, p. 135-145.

« Légitimité et légitimation en Occident médiéval : le cas de la Papauté », dans Bouchy, Anne, Carré, Guillaume et Lachaud, François (dir.), *Légitimités et légitimation. La construction de l'autorité au Japon*, École Française d'Extrême-Orient, Paris, 2005, p. 205-211.

« Pierre Michon et le *filioque* », *Critique*, 694, mars 2005, p. 164-173.

« 1468. Le roi Louis XI a une entrevue à Péronne avec Charles le Téméraire, duc de Bourgogne » dans Corbin, Alain (dir.), *1515 et les grandes dates de l'histoire de France revisitées par les grands historiens d'aujourd'hui*, Paris, Seuil, 2005, p. 153-157.

« Communautés mortes. Des racines historiques du fanatisme », *penser/rêver*, 8, (« Pourquoi le fanatisme ?), automne 2005, p. 103-114.

« L'inceste de Judas. Essai sur la genèse de l'antisémitisme au XIIe siècle », *penser/rêver*, 7 (« Retours sur la question juive »), printemps 2005, p. 125-150.

« La patine hagiographique. Saint Pierre Martyr dans la *Légende dorée* », dans Renard, Etienne, Trigalet, Michel, Hermand, Xavier et Bertrand, Paul (dir.), « *Scribere sanctorum gesta* ». *Recueil d'études d'hagiographie médiévale offert à Guy Philippart,* Turnhout, Brepols, 2005, p. 359-366.

« L'individu, auteur de la vérité et suppôt de l'erreur. Connaissance et dissidence dans le monde scolastique (vers 1270-vers 1330) », dans Bedos-Rezak, Brigitte Miriam et Iogna-Prat, Dominique (dir.), *L'Individu au Moyen-Âge*, Paris, Aubier, 2005, p. 289-306 et 360-363.

2004

« Malédictions », *penser/rêver*, 6 (« La haine des enfants »), automne 2004, p. 175-187.

« Beauté des vierges et laideur des pauvres. Présentation et édition d'un sermon de Gérard de Mailly sur sainte Lucie », dans *Retour aux sources. Textes, études et documents offerts à Michel Parisse,* Paris, Picard, 2004, p. 749-757.

« Féodalité » et « Moyen Âge », dans *Notions*, supplément de l'*Encyclopaedia Universalis,* Paris, Encyclopaedia Universalis, 2004, p. 402-404 et 686-689.

« Hugues de Saint-Cher commentateur des *Sentences*. Le cas du sacrement du mariage », dans Bataillon, Louis Jacques, Dahan, Gilbert et Gy Pierre Marie (dir.), *Hugues de Saint-Cher*, Turnhout, Brepols, 2004, p. 427-464.

« Saints et démons dans les procès de canonisation du début du XIVe siècle », dans Klaniczay, Gabor (dir.), *Procès de canonisation au Moyen Âge : aspects juridiques et religieux*, Rome, École Française de Rome, 2004, p. 199-221.

2003

« Entretien avec Alain Boureau. Propos recueillis par Martine Robert », *Le Philosophoire. Laboratoire de philosophie*, 19, 2003, p. 39-62.

« Jacques Le Goff », dans Sales, Véronique (dir.), *Les Historiens*, Paris, Armand Colin, 2003, p. 251-266.

« Satan hérétique. L'institution judiciaire de la démonologie sous Jean XXII », *Médiévales*, 44, printemps 2003, p. 17-46.

Préface à LESIEUR, Thierry, *Devenir fou pour être sage. Construction d'une raison chrétienne à l'aube de la réforme grégorienne,* Turnhout, Brepols, 2003, p. 5-6.

2002

« Croire et croyances », dans Delacroix, Christian Dosse, François, Garcia, Patrick et Trebitsch, Michel (dir.), *Michel de Certeau. Les chemins de l'histoire*, Bruxelles/Paris, Complexe/IHTP, 2002, p. 125-140.

« Dialogue avec Luca Bianchi », *Annales HSS*, 57, 3, 2002, p. 745-749.

« Droit naturel et abstraction judiciaire. Hypothèses sur la nature du droit médiéval », *Annales HSS*, 57, 6, 2002, p. 1463-1488.

« Jean Peckham », « Moyen Âge », « Prêt à intérêt », « Usure », « Trahison », « Tyran », dans Gauvard, Claude, Zink, Michel et Libéra Alain de (dir.), *Dictionnaire du Moyen Âge*, Paris, PUF, 2002.

« L'analgésique », *penser/rêver*, 2 (« Douze remèdes à la douleur »), automne 2002, p. 86-97.

« La chute comme gravitation restreinte. Saint Anselme de Cantorbéry et le mal », dans Pontalis, Jean-Bertrand (dir.), *Le mal*, Paris, Gallimard, 2002, p. 217-245.

« Le prince médiéval et la science politique », dans Halévi, Ran (dir.), *Le Savoir du prince du Moyen Âge aux Lumières*. Paris, Fayard, 2002, p. 25-50.

« Les cinq sens dans l'anthropologie cognitive franciscaine de Bonaventure à Jean Peckham et Pierre de Jean Olivi », *Micrologus. Natura, scienze e società medievali*, X, 2002, p. 277-294.

avec Gauvard, Claude, Jacob, Robert et de Miramon, Charles, « Normes, droits et pouvoir », dans Schmitt, Jean-Claude et Oexle, Otto Gerhard (dir.), *Les tendances actuelles de l'histoire du Moyen Âge en Franc et en Allemagne*, Paris, Publications de la Sorbonne, 2002, p. 461-482.

2001

« Conclusion », dans Fleith, Barbara et Morenzoni, Franco (dir.), *De la sainteté à l'hagiographie. Genèse et usage de la* Légende dorée, Genève, Droz, 2001, p. 283-289.

« Peut-on parler d'auteurs scolastiques ? », dans Zimmermann, Michel (dir.), *Auctor et auctoritas, invention et conformisme dans l'écriture médiévale*, Paris, École des Chartes, 2001, p. 267-279.

« Privileges in Medieval Societies from the Twelfth to the Fourteenth Century, or: How the exception proves the rule », dans Linehan, Peter et Nelson, Janet L. (dir.), *The Medieval World,* Londres/New York, Routledge, 2001, p. 621-634.

« *Prout moris est jure*. Les moines et la question de la coutume (XIe-XIIIe siècle) », *Revue Historique*,CCCIII, 2, 2001, p. 363-402.

« The King », dans Nora, Pierre (dir.), *Rethinking France. Les lieux de mémoire*, Chicago/Londres, The University of Chicago Press, 2001, p. 181-216.

« *Vox populi, vox Dei* », dans Perrineau, Pascal et Reynié, Dominique (dir.), *Dictionnaire du vote*, Paris, PUF, 2001, p. 965-967.

2000

« Conflicting Norms. Liturgical Procedure and the Separation of Divine Law from Human Law (England, XIth Century) », *Medieval History Journal*, 3, 1, 2000, p. 17-40.

« Des politiques tirées de l'Écriture. Byzance et l'Occident », *Annales HSS*, 55, 4, 2000, p. 879-887.

« How Law came to the Monks: the use of Law in English Society at the beginning of the Thirteenth century », *Past and Present*, 167, 2000, p. 29-74.

« La censure dans les universités médiévales (note critique) », *Annales HSS*, 55, 2, 2000, p. 313-323.

Préface à Nagy, Piroska, *Le don des larmes au Moyen Âge*, Paris, Albin Michel, 2000, p. 9-14.

1999

« Foi », dans Le Goff, Jacques et Schmitt, Jean-Claude, *Dictionnaire critique de l'Occident médiéval*, Paris, Fayard, 1999, p. 422-434.

« L'animal scolastique », dans Berlioz, Jacques et Polo de Beaulieu Marie Anne, *L'Animal exemplaire au Moyen Âge*, Rennes, Publications de l'Université de Rennes, 1999, p. 99-109.

« L'Église franque et la controverse sur les images dans ses relations avec Byzance », dans Bertrand, Michel (dir.), *Lumière et théophanie : l'icône* (numéro hors-série de *Connaissance des religions*), 1999, p. 140-157.

« L'immaculée conception de la souveraineté. John Baconthorpe et la théologie politique (1325-1345) (Postille sur *Entre l'Église et l'État*, p. 189-201.) », dans Autrand, Françoise, Gauvard, Claude, Moeglin, Jean-Marie (dir.), *Saint-Denis et la royauté. Études offertes à Bernard Guenée*, Paris, Publications de la Sorbonne, 1999, p. 733-749.

« La forme du mort. John Peckham et la question du cadavre du Christ au tombeau », *Le fait de l'analyse*, 7, 1999, p. 149-177.

« La preuve par le cadavre qui saigne au XIIIe siècle, entre expérience commune et savoir scolastique », *Micrologus*, VII, 1999, p. 247-281.

« Le concept de relation chez Pierre de Jean Olivi », dans Boureau, Alain et Piron, Sylvain (dir.), *Pierre de Jean Olivi. Pensée scolastique, dissidence franciscaine et société*, Paris, Vrin, 1999, p. 41-55.

« Les moines anglais et la construction du politique (début du XIIIe siècle) », *Annales HSS*, 1999, 3, p. 637-666.

« Richard Southern. Landscape for a portrait », *Past and Present*, 165, novembre 1999, p. 218-229.

avec Marmursztejn, Elsa, « Thomas d'Aquin et les problèmes de morale pratique au XIIIe siècle », *Revue des Sciences Théologiques et Philosophiques*, 83, 4, octobre 1999, p. 685-706.

avec Piron, Sylvain, « Introduction », dans Boureau, Alain et Piron, Sylvain (dir.), *Pierre de Jean Olivi. Pensée scolastique, dissidence franciscaine et société*, Paris, Vrin, 1999, p. 9-13.

avec Revel, Jacques, « Le corps séparé des rois français », dans Julliard, Jacques (dir.), *La Mort du roi. Essai d'ethnographie politique comparée*, Paris, Gallimard, 1999, p. 113-133.

Introduction à « Les formes de l'expérimentation », dans Lepetit, Bernard, *Carnets de croquis. Sur la connaissance historique,* Paris, Albin Michel, 1999, p. 21-25.

Préface à de Miramon, Charles, *Les Donnés au Moyen Âge*, Paris, Éditions du Cerf, 1999, p. I-VI.

1997

« Ampoule (sainte) », « Claude de Turin », « Clous », « Martin d'Oppava », « Pouvoirs thaumaturgiques », « Sacerdoce », « Jacques de Voragine », « Jeanne », « Légende dorée » dans Vauchez, André (dir.), *Dictionnaire encyclopédique du Moyen Âge chrétien*, Paris/Cambridge/Rome, Le Cerf/Clarke/Città Nuova, 1997.

« Endolalies. Angèle de Foligno et la découverte de soi par le scandale », *Le fait de l'analyse*, 2, 1997, p. 203-222.

« From Law to Theology and Back: The Rise of the Notion of Person during the Central Middle Ages », *The European Legacy,* 2, 8, 1997, p. 1325-1335.

« Intellectuals in the Middle Ages, 1957-1995 », dans Rubin, Miri (dir.), *The Work of Jacques Le Goff and the Challenges of Medieval History*, Woodbridge, 1997, p. 145-155.

« L'enfant peut-il faire vœu ? John Peckham et Thomas d'Aquin, adversaires de Gérard d'Abbeville (vers 1270) », *Cahiers de Centre de Recherches Historiques*, 21, automne 1998, p. 87-98.

« La construction ontologique de la mesure du temps chez Robert Kilwardby (*ca.* 1210-1279) », dans Pérès, Marcel (dir.), *La rationalisation du temps au XIIIe siècle. Musique et mentalités*, Grâne, Créaphis, 1998, p. 31-45.

« Le lit de justice et la monarchie française », *Revue de Synthèse*, 4e série, 2-3, 1997, p. 285-291.

« Le Père Chenu médiéviste : historicité, contexte et tradition », *Revue des Sciences philosophiques et théologiques*, 81, 3, 1997, p. 407-414.

« Le vœu monastique et l'émergence de la notion de puissance absolue du pape (vers 1270) », *Cahiers du Centre de Recherches Historiques*, 21, automne 1998, p. 23-34.

« Maria Aegyptica », dans *Enzyklopädie des Märchens. Handwörterbuch zur historischen und vergleichenden Erzählforschung*, 9, 1, Berlin/New York, de Gruyter, 1997, p. 285-291.

« Récit, drame et histoire », dans Revel, Jacques et Schmitt, Jean-Claude (dir.), *L'Ogre historien. Autour de Jacques Le Goff*, Paris, Gallimard, 1998, p. 151-165.

« Un ange passe et le démon de l'interprétation demeure. Institution et destitution du sens dans l'exégèse biblique du XIIIe siècle », *Le Fait de l'analyse*, 4, 1998, p. 75-89.

« Vincent de Beauvais et les légendiers dominicains », dans Lusignan, Serge et Paulmier-Foucart, Monique (dir.), *Lector et compilator. Vincent de Beauvais, frère prêcheur. Un intellectuel et son milieu au XIIIe siècle*, Paris, Creaphis, 1997, p. 113-125.

1996

« Kantorowicz, or the Middle Ages as Refuge », dans Bloch, R. Howard et Nichols, Stephen G. (dir.), *Medievalism and the Modernist Temper*, Baltimore, The John Hopkins Press, 1996, p. 355-376.

« Le retour de saint Equitius. Pierre de Jean Olivi et l'usage polémique de l'hagiographie », dans Gobbi, Domenico (dir.), *Florentissima Proles Ecclesiae. Miscellanea hagiographica, historica et liturgica Reginaldo Grégoire, o.s.b., XII lustra complenti oblata*, Trente, Civis (« Bibiblioteca Civis », 9), 1996, p. 41-58.

« Pour une histoire comparée du vœu », *Cahiers du Centre de Recherches Historiques*, 16, 1996, p. 7-10.

« Ritualité politique et modernité monarchique », dans Bulst, Neithard Descimon, Robert et Guerreau, Alain (dir.), *L'État ou le Roi. Les fondations de la modernité monarchique en France (XIVe-XVIe siècles)*, Paris, Éditions de la Maison des Sciences de l'Homme, 1996, p. 9-25.

« Un royal individu », *Critique*, 593, octobre 1996, p. 845-857.

1995

« Conclusion », *Le crisi dell'allchimia*, *Micrologus. Natura, scienze e società medievali*, 3, 1995, p. 347-353.

« Écrire sa conversion. Naissance de l'autobiographie spirituelle au Moyen Âge », dans Lejeune, Philippe et Leroy, Claude (dir.), *Le Tournant d'une vie* (*Cahiers de Recherches Interdisciplinaires sur les Textes Modernes*, 10), Nanterre, 1995, p. 37-46.

« Histoire et psychologie », dans Barros, Carlos (dir.), *Historia a debate, Otros enfoques*, III, Saint-Jacques-de-Compostelle, 1995, p. 139-147.

« La compétence inductive. Un modèle d'analyse des représentations rares », dans Lepetit, Bernard (dir.), *Les Formes de l'expérience. Une autre histoire sociale*, Paris, Albin Michel, 1995, p. 23-39. Traduction en hongrois : « Az induktív kompetencia a ritka reprezentációk elemzési modellje », dans Czoch, Gábor et Sonkoly, Gábor (dir.), *Tàrsadalomtörténet máskepp. A francia társadalomtörténet új útjai a kilencvenes években*, Debrecen, Csokonai Kiadó, 2000, p. 169-181.

« Le fidèle et le citoyen : généalogie religieuse du contrat social dans le monde scolastique (XIIIe siècle) », dans Alvarez-Péreyre, Frank (dir.), *Le Politique et le Religieux. Essais théoriques et comparatifs*, Jérusalem, Cahiers du Centre de recherche français de Jérusalem (« Hommes et Sociétés »), 1995, p. 107-118.

« Miracle, volonté et imagination : la mutation scolastique », dans Société des Historiens Médiévistes de l'Enseignement Supérieur Public, *Miracles, merveilles et prodiges au Moyen Âge*, Paris, Publications de la Sorbonne, 1995, p. 159-172.

« Pierre de Jean Olivi et l'émergence d'une théorie contractuelle de la royauté au XIIIe siècle », dans Blanchard, Joël (dir.), *Représentation, pouvoir et royauté à la fin du Moyen Âge*, Paris, 1995, p. 165-175.

« Terminator ou le désir d'achever », *Nouvelle Revue de Psychanalyse*, 50, 1995, p. 219-226.

1994

« Civilisation de l'Occident Médiéval », « Fromage et les Vers (Le) », « Deux Corps du Roi (Les) », dans *Dictionnaire des œuvres*, Paris, Laffont, 1994.

« Funérailles royales et théologie politique : commémoration et État en France, XVe-XVIIe siècle », dans Davallon, Jean, Dujardin, Philippe et Sabatier Gérard (dir.), *Le Geste commémoratif*, Lyon, CERIEP, 1994, p. 59-74.

« Ginzburg (Carlo) », « Kantorowicz (Ernst) », « Le Goff (Jacques) », dans *Dictionnaire des auteurs*, Laffont, Paris, 1994.

« L'historien et le défi de la causalité », *Revue des Études Slaves*, 66,1, 1994, p. 87-91.

« La causalité en histoire », dans *L'histoire entre épistémologie et demande sociale*, IUFM de Créteil, Toulouse, Versailles, 1994, p. 61-78.

« Papesse Jeanne », dans Levillain, Philippe (dir.), *Dictionnaire historique de la papauté*, Paris, Fayard, 1994, p. 953-955.

« Pour saluer Pierre Tranouez », *Littérales*, 13, 1994, p. 6-8.

« Revanche du lièvre », *Nouvelle Revue de Psychanalyse*, 1994.

« The Sacrality of One's Own Body in the Midde Ages », *Yale French Studies*, 86, 1994, p. 5-17.

« Traduire, dit-il (trois lectures-traductions d'Aristote en 1271) », *Le Gré des langues*, 6, 1994, p. 109-120.

1993

« Boule de Suif ou la République des ogres », *L'École des Lettres*, LXXXIV, 13, 1993, p. 27-37.

« Der Inzest des Judas. Versuch uber die Entatehung des Judenhasses im 12. Jahrhundert », *Luzifer-Amor. Zeitschrift zur Geschichte der Psychoanalyse*, VI, 11, 1993, p. 76-94.

« Deux agitateurs », préface à FRUGONI, Arsenio, *Arnaud de Brescia* (traduction française par Alain Boureau), Paris, Les Belles Lettres, 1993, p. IX-XVIII.

« Hypothèses sur l'émergence lexicale et théorique de la catégorie de séculier au XIIe siècle », dans Société des Médiévistes de l'Enseignement Supérieur Public, *Le Clerc séculier au Moyen Âge*, Paris, Publications de la Sorbonne, 1993, p. 35-43.

« La redécouverte de l'autonomie du corps : l'émergence du somnambule (XIIIe-XIVe siècle) », *Micrologus*, I, 1993, p. 27-42.

« Le Sabbat et la question scolastique de la personne », dans Jacques-Chaquin, Nicole et Préaud Maxime (dir.), *Le Sabbat des sorciers*, Grenoble, Jérôme Millon, 1993, p. 33-46.

« Naaman, son mal et son secret. Un patient biblique examiné par l'Église (XIIe-XVIe siècle) », *L'évolution psychiatrique*, 58, 3, 1993, p. 515-522.

« Pierre de Jean Olivi et le semi-dormeur. Une élaboration médiévale de l'activité inconsciente », *Nouvelle Revue de Psychanalyse*, 48, 1993, p. 231-238.

« Saint Bernard dans les légendiers », dans Arabeyre, Patrick, Berlioz, Jacques et Poirier, Philippe (dir.), *Vies et légendes de saint Bernard : création, diffusion, réception (XIIe-XXe siècles)*, Cîteaux, 1993, p. 84-90.

« Une collection intime : les instruments de la Passion dans un cœur ardent. Réflexions sur le procès de canonisation de Chiara da Montefalco », dans Guillerme Jacques (dir.), *Les Collections. Fables et programmes,* Champvallon, Seyssel, 1993, p. 95-104.

1992

« "Ernst Kantorowicz, personne ou personnage". Entretien avec Alain Cantillon », *Esprit*, 184, août-septembre 1992, p. 546-559.

« De l'antijudaïsme à l'antisémitisme (XIIe-XIIIe siècle) », dans Barnavi, Elie (dir.), *Histoire universelle des juifs*, Paris/Tel Aviv, Hachette/Tel Aviv Books, 1992, p. 106-107. Traductions en hébreu, anglais, italien.

« Droit et théologie au XIIIe siècle », *Annales ESC*, 1992, 6, p. 1113-1125.

« Eudes de Cherinton : *Fabulae* et *Parabolae* » et « Bernadin de Sienne : *Esempi* », dans Berlioz, Jacques et Polo de Beaulieu, Marie Anne (dir.), *Les Exempla médiévaux*, Carcassonne, GARAE/Hésiode, 1992, p. 151-165 et 269-272.

« Hyménée philadelphe : le mariage égyptien entre frère et sœur et son oubli occidental », dans Bannour, Wanda et Berthier Philippe (dir.), *Eros Philadelphe. Frère et sœur, passion secrète*, Paris, Éditions du Félin, 1992, p. 27-47.

« Incandescences médiévales. La fusion du fer entre technique et spiritualité (XIIe-XIIIe siècle) », *Terrain*, 19, 1992, p. 103-114.

« Jérôme de Moravie et la rationalité dominicaine du XIIIe siècle », dans Huglo, Michel et Pérès, Marcel (dir.), *Jérôme de Moravie, un théoricien de la musique dans le milieu intellectuel parisien du XIIIe siècle*, Paris, Créaphis, 1992, p. 43-53.

« L'adage "Vox populi, vox Dei" et l'invention de la nation anglaise VIIIe-XIIe siècle », *Annales ESC*, 1992, 4-5, p. 1071-1089.

« La fin des Ordalies au XIIe siècle », *Revue G.R.E.C.O.*, 1, 1992, p. 15-18.

« Le principe hiérarchique, obstacle à la sacralité royale en Occident ? », dans Boureau, Alain et Ingerflom, Claudio Sergio (dir.), *La Royauté sacrée dans le monde chrétien*, Paris, Éditions de l'École des Hautes Études en Sciences Sociales, 1992, p. 29-37.

« Le roi », dans Nora, Pierre (dir.), *Les Lieux de mémoire, Les Frances*, III, Paris, Gallimard, 1992, p. 784-817 ; Traduction en anglais dans *Rethinking France. Les Lieux de mémoire*, vol. 1, *The State*, Chicago/Londres, Chicago University Press, 2001, p. 181-216.

« Un épisode central dans la construction de la magie noire du livre ; de la rivalité des exégèses à la crémation du Talmud (1144-1242) », dans Ganz, Peter et Parkes, Malcom (dir.), *Das Buch als Magisches und Reprasentationsobjekt*, Wolfenbuttel, 1992, p. 137-157.

« Un seul diable en plusieurs personnes », préface à HOUDARD, Sophie, *Les Sciences du diable*, Paris, 1992, p. 9-16.

Préface à la réédition de MICHELET, Jules, *Le Procès de Louis XVI*, Bruxelles, Complexe, 1992, p. IX-XIX.

1991

« Glose : la généalogie cistercienne du vote communiste breton » dans Boureau, Alain et Milo, Daniel (dir.), *Alter-Histoire. Essais d'histoire expérimentale*, Paris, Les Belles Lettres, 1991, p. 69-72.

« Ignace et le Maure. Histoire, anecdote et détachement du sens », dans Boureau, Alain et Milo, Daniel (dir.), *Alter-Histoire. Essais d'histoire expérimentale*, Paris, Les Belles Lettres, 1991, p. 185-202.

« Kantorowicz et Christus-Fiscus : la métaphore comme sujet de l'histoire », Boureau, Alain et Milo, Daniel (dir.), *Alter-Histoire. Essais d'histoire expérimentale*, Paris, Les Belles Lettres, 1991, p. 127-138.

« L'historien et le stigmate de l'événement », *Raisons pratiques*, 2, 1991, (« L'événement en perspective »), p. 141-156.

« La croyance comme compétence. Une nouvelle histoire des mentalités », *Critique*, 529-530, juin-juillet 1991, p. 512-526.

« La papesse et le capucin. Barbey d'Aurevilly en quête de l'Histoire », *L'École des Lettres II*, 82, 7, 1991, p. 105-112.

« Les cérémonies royales françaises entre performance juridique et compétence liturgique », *Annales ESC*, 6, nov-déc. 1991, p. 1253-1264.

« Note pour introduire l'idée de lecture négative », *Nouvelle Revue de Psychanalyse*, 43, printemps 1991, p. 343-344.

« Satan et le dormeur. Une construction médiévale de l'inconscient », *Chimères*, 14, 1991-1992, p. 41-61. Traduction en hongrois, « A Satan és az alvo. A tudattalan konstrukciojà a középkorban », *Thalassa* (Budapest), 1993, 1, p. 48-61.

1990

« Barthélemy de Trente et l'invention de la "legenda nova" », dans Boesch-Gajano, Sofia (dir.), *Raccolte di vite di santi dal XIII al XVIII secolo.Strutture, messaggi, fruizioni*, Fasano di Brindisi, Schena Editore, 1990, p. 23-39.

« clercs et les lettrés (Les) », « dispersion du public universitaire au Moyen Âge (La) » et « La Légende dorée », dans *Le Grand Atlas des littératures*, Paris, Encyclopaedia Universalis, 1990.

« Döllinger und die "Päpstin" Johanna », dans Denzler, Georg et Grasmuck Ernst Ludwig (dir.), *Geschichtlichkeit und Glaube. Zum 100. Todestag Johann Joseph Ignaz von Döllingers (1799-1890)*, Munich, 1990, p. 391-394.

« Il corpo del papa », dans Bertelli, Sergio et Grottanelli, Cristiano (dir.), *Gli Occhi di Alessandro. Potero sovrano e sacralità del corpo, da Alessandro Magno a Ceausescu*, Florence, Il Ponte alle Grazie, 1990, p. 77-87.

« L'Église médiévale comme preuve animée de la croyance chrétienne », *Terrain*, 14, mars 1990, p. 113-118.

« L'image comme piège à énoncés. La leçon de Kantorowicz », dans Dümmchen, Sybil et Nerlich Michael (dir.), *Texte-image. Bild-Text,* Berlin, Technische Universität Berlin, 1990, p. 107-114.

« L'imene e l'ulivo. La virginità femminile nel discorso della Chiesa nel XIII secolo », *Quaderni Storici*, n.s. 75, 1990, 3, p. 791-813.

« L'inceste adelphique dans la chrétienté médiévale », *Problèmes d'histoire des religions*, 1, 1990 (« Religion et tabou sexuel »), p. 65-77.

« *Quod omnes tangit :* de la tangence des univers de croyance à la fondation sémantique de la norme juridique médiévale », *Le Gré des Langues,* 1, 1990, p. 137-153.

« *Vel sedens vel transiens* : la création d'un espace pontifical aux XIe et XIIe siècles », dans Boesch Gajano, Sofia et Scaraffia, Lucetta (dir.), *Luoghi sacri e spazi della santità*, Turin, Rosenberg e Sellier, 1990, p. 367-379.

1989

« Il patronage nelle storia delle donne », *Quaderni Storici*, n. s. 72, XXIV, 3, 1989, p. 914-927.

« Introduction » à la traduction italienne de Boureau, Alain, *The King's Two Bodies* de Kantorowicz, *I due corpi del Re. L'idea di regalita nella teologla politica medievale*, Turin, Einaudi, 1989, p. XIII-XXVIII.

« Le calice de saint Donat. Légende, autorité et argument dans la controverse hussite (1414-1415) », *Médiévales*, 16-17, automne 1989, p. 209-215.

« Les mutations contemporaines du récit de vie chrétien. De l'hagiographie à l'anthropographie », *La Vie spirituelle*, 687, nov-déc. 1989, p. 727-737.

« Pour une théorie élargie de la légende religieuse médiévale », dans Etienvre, Jean-Pierre (dir.), *La légende. Anthropologie, histoire, littérature,* Madrid, Casa de Velazquez/ Universidad Complutense, 1989, p. 29-54.

« Propositions pour une histoire restreinte des mentalités », *Annales ESC*, 6, nov.-déc. 1989, p. 1491-1504.

« Saint Georges et le dragon », dans Berlioz, Jacques, Brémond, Claude et Velay-Vallantin, Catherine (dir.), *Formes médiévales du conte merveilleux*, Paris, Stock, 1989, p. 21-29.

1988

« De la félonie à la haute trahison. Un épisode : la trahison des clercs (version du XIIe siècle) », *Le Genre Humain,* 16-17, 1988, p. 267-291.

« La chute comme gravitation restreinte. Saint Anselme de Cantorbéry et le mal », *Nouvelle Revue de Psychanalyse*, 38, 1988, p. 129-145.

« Le huitième péché », *L'Âne*, 34, 1988, p. 10-11.

1987

« Adorations et dévorations franciscaines. Usages et enjeux des livrets hagiographiques », dans Chartier, Roger (dir.), *Les Usages de l'imprimé*, Paris, Fayard, 1987, p. 25-87. Traduction anglaise dans Chartier, Roger (dir.), *The Culture of Print. Power and the Uses of Print in Early Modern Europe*, Cambridge, Polity Press, 1989, p. 15-58.

« L'Occident et la théologie des icônes de Nicée II : les réticences carolingiennes », *Connaissance des Pères de l'Église*, 27, 1987, p. 24-25.

« La geste épiscopale de Jacques de Voragine, de la légende de san Siro à la Chronique de Gênes », dans *Jacopo da Varagine, Atti del I Convegno di Studi (Varezze, 13-14 aprile 1985),* Varazze, 1987, p. 81-100.

« Les enseignements absolutistes de saint Louis (1610-1630) », dans Laplanche, François et Grell, Chantal (dir.), *La Monarchie absolutiste et l'histoire en France,* Paris, Presses de l'université de Paris-Sorbonne, 1987, p. 79-97.

« Les livres d'emblèmes sur la scène publique : côté cour et côté jardin », dans Chartier, Roger (dir.), *Les Usages de l'imprimé,* Paris, Fayard, 1987, p. 342-379. Traduction anglaise dans Chartier, Roger (dir.), *The Culture of Print. Power and the Uses of Print in Early Modern Europe*, Cambridge, Polity Press, 1989, p. 261-289.

« Les théologiens carolingiens devant les images religieuses. La conjoncture de 825 », dans Boespflug, François et Lossky, Nicolas (dir.), *Nicée II, 787-1987. Douze siècles d'images religieuses*, Paris, Les Éditions du Cerf, 1987, p. 247-262.

« Toujours, déjà, soudain là : l'État devant l'historien », *Nouvelle Revue de Psychanalyse*, 35, 1987, p. 185-197.

« *Vitae Fratrum, Vitae Patrum.* L'ordre dominicain et le modèle des Pères du Désert au XIIIe siècle », *Mélanges de l'École Française de Rome – Moyen Âge*, 99, 1987, 1, p. 79-100.

1986

« Les structures narratives de la *Legenda aurea* : de la variation au grand chant sacré », dans Dunn-Lardeau, Brenda (dir.), *Legenda aurea : sept siècles de diffusion*, Paris/Montréal, Vrin/Bellarmin, 1986, p. 57-56.

« Les vignes de Bolzano. Édition et commentaire de l'Epilogus sur la Nativité du Seigneur de Barthélemy de Trente », *Civis. Studi e Testi* (Trente), *Supplemento* 2, 1986 (« contributi alla storia della Regione Trentino-Alto Adige »), p. 91-104.

« Saint Louis », dans Vauchez, André (dir.), *Histoire des saints et de la sainteté*, VI, Paris, Le Livre de Paris, 1986, p. 25-41.

« Un papa, piuttosto una papessa », *Storia e dossier*, I,1, 1986, p. 26-29.

« Vues de l'esprit. Esquisse pour une histoire de l'évocation de Dieu », *Nouvelle Revue de Psychanalyse*, 34, 1986, p. 185-195.

1985

« État et attribution symbolique : emblèmes et devises dans l'Europe des XVIe et XVIIIe siècles », dans *Culture et idéologie dans la genèse de l'État moderne*, Rome, École Française de Rome, 1985, p. 155-178.

Choix, présentation et traduction d'*exempla* de Jacques de Voragine, Bernardin de Sienne et Charles Borromée, dans Schmitt, Jean-Claude (dir.), *Prêcher d'exemples. Récits de prédicateurs du Moyen Âge*, Paris, Stock, 1985, p. 93-98, 187-193, 213-217.

1984

« De l'oubli au secret. Un Eustache jésuite, l'*Historia Eustachio-Mariana* d'Athanase Kircher », *Communications*, 39, 1984, p. 168-189.

« La papesse Jeanne. Formes et fonctions d'une légende au Moyen Âge », *Comptes-Rendus de l'Académie des Inscriptions et Belles-Lettres*, juillet-octobre 1984, p. 446-464.

« Towards a General Index of the Narratives Structures in the *Exempla* », communication au IVe Symposium des *Medieval Sermon Studies* (Oxford, le 12 juillet 1984). Résumé paru dans le bulletin des MSS de 1984.

1983

« Le prêcheur et les marchands. Ordre divin et désordres du siècle dans la *Chronique de Gênes* de Jacques de Voragine (1297) », *Médiévales*, 4, 1983, p. 102-122.

« Narration cléricale et narration populaire. La légende de Placide-Eustache », dans Schmitt, Jean-Claude (dir.), *Des Saints et des Stars. Le texte hagiographique dans la culture populaire*, Paris, Beauchesne, 1983, p. 41-64.

1982

« *Placido tramite*. La légende d'Eustache, empreinte fossile d'un mythe carolingien ? », *Annales ESC*, 1982, 4, p. 682-699.

1978-1980

« Le récit réversible », *Poétique*, 44, 1980, p. 462-471.

« Le discours critique sur la littérature maghrébine d'expression française », *Œuvres et Critiques*, IV, 2, 1979, p. 117-123.

« Maupassant et le cannibalisme social », *Stanford French Review*, II, 3, 1978, p. 351-362.

« Pour une sémiologie de l'intertextualité », *Linguistique et Sémiologie*, 1, 1978, p. 48-58.

Éditions et traductions de textes

Richard de Mediavilla, *Quodlibets*, II, édition critique, introduction et traduction, Paris, Les Belles Lettres (« Bibliothèque scolastique »), 2016.

Richard de Mediavilla, *Quodlibets*, I, édition critique, introduction et traduction, Paris, Les Belles Lettres (« Bibliothèque scolastique »), 2015.

Pierre de Jean Olivi, *Lectura in Iob,* édition critique, Turnhout, Brepols (« Corpus Christianorum Continuatio Medievalis » 275), 2015.

Richard de Mediavilla, *Questions disputées*, VI *(Questions 39-45 : L'homme)*, édition critique, introduction et traduction, Paris, Belles Lettres (« Bibliothèque scolastique »), 2014.

Richard de Mediavilla, *Questions disputées*, III *(Questions 14-22 : La condition générale de l'ange II : volonté mouvement et temps),* édition critique, introduction et traduction, Paris, Belles Lettres (« Bibliothèque scolastique »), 2013.

Richard de Mediavilla, *Questions disputées*, V *(Questions 32-37 : La vision béatifique et le savoir des anges),* édition critique, introduction et traduction, Paris, Belles Lettres (« Bibliothèque scolastique »), 2013.

Richard de Mediavilla, *Questions disputées*, I *(Questions 1-8 : Le Premier Principe. L'individuation),* édition critique, introduction et traduction, Paris, Belles Lettres (« Bibliothèque scolastique »), 2012.

Richard de Mediavilla, *Questions disputées*, II *(Questions Questions 9-13 : La condition générale de l'ange. Les puissances et l'intellection)*, édition critique, introduction et traduction, Paris, Belles Lettres (« Bibliothèque scolastique »), 2012.

Richard de Mediavilla, *Questions disputées,* IV *(Questions 23-31 : Les démons),* édition critique, introduction et traduction, Paris, Belles-Lettres (« Bibliothèque scolastique »), 2011.

Pierre de Jean Olivi, *Lecturae super Pauli Epistolas,* Turnhout, Brepols (« Corpus Christianorum Continuatio Mediaevalis », 233), 2010.

Pierre de Jean Olivi, *Lectura super Epistolam ad Romanos*, *Prologus*, édition critique et introduction, *Oliviana* 2, 2006 (http://oliviana.revues.org/document46.html).

Le pape et les sorciers. Une consultation de Jean XXII sur la magie en 1320 (manuscrit B.A.V. Borghese 348), édition critique, présentation et notes, Rome, École Française de Rome, 2004.

avec GOULLET, Monique (dir.) : Jacques de Voragine, *La Légende dorée*, traduction française annotée, Paris, Gallimard (« Bibliothèque de la Pléiade »), 2004.

ANNEXE 2

Enseignement d'Alain Boureau à l'EHESS (1989-2016)

1989-1990 : Histoire des systèmes de croyance dans l'Europe du Moyen Âge et de la Renaissance : « Domaines et structures de la croyance médiévale »

1990-1991 : Histoire des systèmes de croyance : « Sociétés terrestres et sociétés célestes au Moyen Âge »

1991-1992 : Histoire des systèmes de croyance : « Croyances et savoirs au Moyen Âge. Les fondations religieuses des rationalités nouvelles au XIIIe siècle » et « Méthodes et problèmes en analyse des textes religieux du Moyen Âge ».

1992-1993 : Histoire des systèmes de croyance : « Enquête sur la notion de personne au XIIIe siècle » et « Méthodes et problèmes en analyse des textes religieux du Moyen Âge ».

1993-1994 : Histoire des systèmes de croyance : « Enquête sur la notion de personne aux XIIe et XIIIe siècles » et « Méthodes et problèmes en analyse des textes religieux du Moyen Âge ».

1994-1995 : 1. Histoire des systèmes de croyance : « Enquête sur la notion de personne. Personne, privilège et qualification : le cas de l'Immaculée Conception de Marie » avec Elisabeth Claverie, et « Atelier Pierre de Jean Olivi. Recherche sur un système scolastique cohérent de la fin du XIIIe siècle »
2. Anthropologie historique des faits religieux, avec Charles Amiel : « Histoire comparée des phénomènes de conversion »

1995-1996 : Histoire des systèmes de croyance : « Enquête sur la notion de privilège au Moyen Âge » et « Atelier Pierre de Jean Olivi. Recherche sur un système scolastique cohérent de la fin du XIIIe siècle »

1996-1997 : Histoire des systèmes de croyance : « La juridisation de la société médiévale (fin XIIe-début XIIIe siècle) » et « Atelier Pierre de Jean Olivi »

1997-1998 : Histoire des systèmes de croyance : « La nature humaine aux XIIe et XIIIe siècles : doctrines et pratiques »

1998-1999 : 1. Histoire des systèmes de croyance : « La scolastique entre doctrine et pratique : le cas de l'archevêque John Peckham »
2. Atelier d'anthropologie scolastique, avec Charles de Miramon : « Théologie, droit et pratiques. Les indulgences et la simonie »

1999-2000 : 1. Histoire des systèmes de croyance : « Les conflits de normes au Moyen Âge central »
2. Atelier d'anthropologie scolastique, avec Charles de Miramon et Michel Lauwers : « La normativité religieuse au Moyen Âge central »

2000-2001 : 1. Histoire des systèmes de croyance : « Les conflits de normes au Moyen Âge (II). Le cas de Jean XXII, pape, canoniste et théologien »
2. Atelier d'anthropologie scolastique, avec Charles de Miramon et Sylvain Piron : « L'institution du sacré »

2001-2002 : 1. Histoire des systèmes de croyance : « Les mauvais pouvoirs au Moyen Âge (1260-1340) »
2. Atelier d'anthropologie scolastique, avec Charles de Miramon, Sylvain Piron et Maaike van der Lugt : « La notion de race au Moyen Âge central ».

2002-2003 : 1. Histoire des systèmes de croyance : « La construction des communautés au Moyen Âge central (1200-1350) »
2. Atelier d'anthropologie scolastique, avec Charles de Miramon et Maaike van der Lugt : « L'unité du genre humain et la naissance des théories des races à la fin du Moyen Âge ».

2003-2004 : 1. Histoire des systèmes de croyance : « Le Saint-Esprit : histoire doctrinale et sociale d'une dévotion au Moyen Âge central »
2. Atelier d'anthropologie scolastique, avec Charles de Miramon, Sylvain Piron et Maaike van der Lugt : « *Quodlibase*, une base de données sur les questions quodlibétiques ».

2004-2005 : Histoire des systèmes de croyance : « Création, production et fabrication dans la pensée médiévale ».

2005-2006 : 1. Histoire des systèmes de croyance : « La question du mal à l'époque scolastique »
2. Atelier d'anthropologie scolastique, avec Sylvain Piron et Isabel Iribarren : « Raison et foi dans les disputes scolastiques ».

2006-2007 : 1. Histoire des systèmes de croyance : « La question du mal à l'époque scolastique (II) »
2. Atelier d'anthropologie scolastique, avec Sylvain Piron.

2007-2008 : 1. Histoire des systèmes de croyance : « Fautes et châtiments au Moyen Âge central »
2. Atelier d'anthropologie scolastique, avec Etienne Anheim et Sylvain Piron : « Questions disputées en histoire intellectuelle du Moyen Âge ».

2008-2009 : 1. Histoire des systèmes de croyance : « Un débat quodlibétique et son contexte : Richard de Médiavilla, la fiscalité, la succession napolitaine et la physique du mouvement »
2. Atelier d'anthropologie scolastique, avec Etienne Anheim, Luc Ferrier et Sylvain Piron : « Questions disputées en histoire intellectuelle du Moyen Âge ».

2009-2010 : 1. Histoire des systèmes de croyance : « Contingence et institution au Moyen Âge : Richard de Médiavilla ».
2. Atelier d'anthropologie scolastique, avec Etienne Anheim, Luc Ferrier et Sylvain Piron : « Questions disputées en histoire intellectuelle du Moyen Âge »
3. Groupe de travail sur l'exégèse biblique au Moyen Âge, avec Luc Ferrier

2010-2011 : 1. Histoire des systèmes de croyance : « La perversion au Moyen Âge central »
2. Atelier d'anthropologie scolastique, avec Elsa Marmursztejn et Sylvain Piron : « Questions disputées en histoire médiévale »
3. Groupe de travail sur l'exégèse biblique au Moyen Âge, avec Luc Ferrier

2011-2012 : 1. Histoire des systèmes de croyance : « L'individu et l'Église dans les attentes eschatologiques du Moyen Âge central »
2. Atelier d'anthropologie scolastique, avec Béatrice Delaurenti et Sylvain Piron : « Questions disputées en histoire intellectuelle du Moyen Âge »
3. Groupe de travail sur l'exégèse médiévale, avec Luc Ferrier et Maurice Kriegel : « L'exégèse d'un converti »

2012-2013 : 1. Histoire des systèmes de croyance : « Le néant et le vide entre religion, politique et science au Moyen Âge central »
2. Atelier d'anthropologie scolastique, avec Béatrice Delaurenti et Sylvain Piron : « Questions disputées en histoire intellectuelle du Moyen Âge ».

2013-2014 : 1. Histoire des systèmes de croyance : « La quête de l'inégalité au Moyen Âge central »
2. Atelier d'anthropologie scolastique, avec Béatrice Delaurenti et Sylvain Piron : « Questions disputées en histoire intellectuelle du Moyen Âge ».

2014-2015 : 1. Histoire des systèmes de croyance : « Le déterminisme et ses ennemis au Moyen Âge central »
2. Atelier d'anthropologie scolastique, avec Béatrice Delaurenti et Sylvain Piron : « Questions disputées en histoire intellectuelle du Moyen Âge ».

2015-2016 : Histoire des systèmes de croyance : « Les changements de condition sociale au Moyen Âge central »

Annexe 3

Thèses de doctorat soutenues sous la direction d'Alain Boureau

Décembre 1995 : Charles de Miramon. Thèse publiée : *Les donnés au Moyen Âge : une forme de vie religieuse laïque. (vers 1180 – vers 1500)*, Paris, Le Cerf, 1999.

Décembre 1996 : Marie-Pierre Gaviano. « Montaigne, l'universel, le singulier : les jointures d'une marqueterie ».

Décembre1997 : Piroska Nagy. Thèse publiée : *Le don des larmes au Moyen Âge: un instrument spirituel en quête d'institution*, v^e-xiiie siècle, Paris, Albin Michel, 2000.

Mars 1999 : Sylvain Piron. « Parcours d'un intellectuel franciscain, d'une théologie vers une pensée sociale : l'œuvre de Pierre de Jean Olivi (ca. 1248-1298) et son traité *De contractibus* ». Publication : Pierre de Jean Olivi, *Traité des contrats, présentation, édition critique, traduction et commentaires*, Paris, Les Belles Lettres (Bibliothèque scolastique, 5), 2012 ; trad. anglaise (par R. Thornton et M. Cusato), Peter of John Olivi, *A Treatise on Contracts*, St Bonaventure (NY), Franciscan Institute Publications, 2016.

Décembre 1999 : Elsa Marmursztejn. Thèse publiée : *L'autorité des maîtres: scolastique, normes et société au xiiie siècle*, Paris, Les Belles Lettres, 2007

Mars 2001 : Thierry Lesieur. Thèse publiée : *Devenir fou pour être sage : construction d'une raison chrétienne à l'aube de la réforme grégorienne*, Turnhout, Brepols, 2003.

Printemps 2002 : Evvyatar Marienberg. Thèse publiée : *Niddah : lorsque les juifs conceptualisent la menstruation,* Paris, Les Belles Lettres, 2003.

2003 :	Petre GURAN, « Sainteté royale et pouvoir universel en terre d'Orthodoxie (fin du Moyen Âge et début de l'époque moderne) ».
Décembre 2004 :	Béatrice DELAURENTI. Thèse publiée : *La puissance des mots : virtus verborum. Débats doctrinaux sur les incantations au Moyen Âge*, Paris : Le Cerf, 2007.
Février 2005 :	Dan MURESAN, « Le Patriarcat œcuménique et les Pays roumains. Droit canonique et idéologie politique (XIVe-XVIe siècles) ».
Janvier 2012 :	Pauline LABEY, « Garde et cure des corps. Discours anthropologiques et pratiques sociales régulières autour du malade (XIIe-XIIIe siècles) ».
Novembre 2013 :	Amélie DE LAS HERAS, « Généalogie d'une œuvre à (in)succès. Lecture et écriture de la *Veteris ac novi testamenti concordia* de saint Isidore de León ».
Novembre 2014 :	Blaise DUFAL, « Repenser l'autorité du Père. Saint Augustin et le *De civitate Dei* au XIVe siècle ».

Liste des contributeurs

Etienne ANHEIM est directeur d'études à l'EHESS. Ses travaux sont principalement consacrés à la sociologie historique de la culture en Europe à la fin du Moyen Âge et à la Renaissance. Il a récemment publié *Clément VI au travail. Lire, écrire, prêcher au XIVe siècle* (Publications de la Sorbonne, 2014). Il est également directeur de la rédaction des *Annales. Histoire, Sciences Sociales* et vice-président de la Fondation des Sciences du Patrimoine.

Emanuele COCCIA est maître de conférences à l'EHESS (Paris), où il enseigne l'histoire de la normativité chrétienne. Parmi ses dernières publications : *Les biens dans les choses* (Payot 2013, traduit en anglais et en espagnol, traduction allemande et anglaise en cours de publication) et *La vie des plantes. Une métaphysique du mélange* (Payot 2016).

Historienne à l'EHESS, Fanny COSANDEY est spécialiste de l'histoire monarchique de l'Ancien Régime. Travaillant sur les rapports entre famille, pouvoir et patrimoine, elle a publié *La Reine de France* (Gallimard, 2000), *L'absolutisme en France* (en collaboration avec Robert Descimon, Le Seuil, 2002) et, plus récemment, *Le Rang* (Gallimard, 2016).

Béatrice Delaurenti est maître de conférences à l'EHESS (Paris). Ses recherches portent sur les relations entre religion, science et magie au Moyen Âge, en particulier sur l'histoire intellectuelle de l'action à distance. Parmi ses publications : *La puissance des mots : « virtus verborum ». Débats doctrinaux sur les incantations au Moyen Âge* (Cerf, 2007) et *La contagion des émotions.* Compassio, *une énigme médiévale* (Garnier classiques, 2016).

Blaise Dufal est docteur en histoire médiévale. Ses recherches portent sur les intellectuels au XIIIe et XIVe siècle dans l'Europe occidentale et sur la construction des autorités patristiques dans la scolastique médiévale. Il mène également des recherches en historiographie et en épistémologie des sciences humaines et sociales. Il a notamment co-dirigé le livre *Michel Foucault À l'épreuve. Une histoire au présent* (CNRS éditions, 2013).

Pierre Antoine Fabre est directeur d'études à l'EHESS. Ses travaux portent sur le premier siècle de la Compagnie de Jésus, sur l'histoire de la spiritualité au XVIIe siècle et sur l'histoire de l'image chrétienne dans la postérité du concile de Trente. Il a récemment publié *Décréter l'image. La XXe Session du Concile de Trente* (2013), *Suppression et restauration de la Compagnie de Jésus* (avec Patrick Goujon) (2014) et *Lire Jean de Labadie* (avec Nicolas Fornerod, Sophie Houdard et Cristina Pitassi) (2016).

Michel Gribinski est membre de l'Association psychanalytique de France. Il dirige les collections « Connaissance de l'inconscient » et « Le principe de plaisir » aux Éditions Gallimard. Il a traduit de l'anglais des essais de Donald W. Winnicott, Bertram Lewin, Adam Phillips et Aharon Appelfeld. Derniers ouvrages parus : *Les scènes indésirables* (2009) ; *Qu'est-ce qu'une place ?* (Éditions de l'Olivier, collection «penser/rêver», 2013).

Ruedi Imbach est professeur émérite de l'Université Paris-Sorbonne. Il est né en Suisse alémanique. Après une thèse de doctorat sur Maître

Eckhart et Thomas d'Aquin, il a collaboré à l'édition de Dietrich de Freiberg, publié la première traduction d'œuvres théorétiques d'Ockham avant de se tourner vers Dante, en dirigeant une édition commentée des œuvres mineurs et philosophiques du poète en langue allemande.

Isabel IRIBARREN est enseignante à la Faculté de Théologie catholique de l'Université de Strasbourg, spécialiste en histoire de la philosophie et de la théologie médiévales. Parmi ses publications : *Durandus of St Pourçain. A Dominic an Theologian in the Shadow of Aquinas* (Oxford University Press, 2005) ; *Josephina. L'épopée de saint Joseph*, traduction, introduction, notes et commentaire (à paraître aux Belles Lettres).

Christian JOUHAUD est directeur d'études à l'EHESS et directeur de recherche au CNRS. Il a récemment publié *Richelieu et l'écriture du pouvoir* (Gallimard, 2015) et *La folie-Dartigaud* (L'Olivier, 2015).

Marion LIEUTAUD est docteur en philosophie, chercheur associé au Centre Pierre Abélard de Paris IV-Sorbonne. Ses recherches portent sur la philosophie de la Renaissance et plus spécifiquement sur Giordano Bruno.

Elsa MARMURSZTEJN est maître de conférences en histoire du Moyen Âge à l'université de Reims et membre du CERHiC (EA 2616). Ses travaux portent sur l'histoire intellectuelle, sociale et religieuse du Moyen Âge. Elle a récemment publié *Le baptême forcé des enfants juifs. Question scolastique, enjeu politique, échos contemporains* (Les Belles Lettres, 2016).

Charles DE MIRAMON est chargé de recherche au CNRS. Historien des discours et pratiques normatives de l'Occident médiéval, il est spécialiste de droit canonique.

Piroska NAGY est professeure à l'Université de Québec à Montréal. Ses travaux portent sur avant tout l'histoire et l'historiographie de l'affectivité médiévale, l'histoire religieuse et intellectuelle du Moyen Âge, dont récemment *Sensible Moyen Âge. Une histoire des émotions dans l'Occident médiéval*, avec Damien Boquet (Le Seuil, 2015).

Martine Ostorero est professeure associée d'histoire médiévale à l'Université de Lausanne (Suisse). Ses travaux portent notamment sur l'histoire de la répression de la sorcellerie et de la littérature démonologique à la fin du Moyen Âge. Elle a publié avec Franck Mercier *L'énigme de la Vauderie de Lyon. Enquête sur l'essor des chasses aux sorcières entre France et Empire (1430-1480)* (SISMEL-Edizioni del Galuzzo, 2015).

Corinne Péneau est maître de conférences en histoire médiévale à l'Université Paris-Est-Créteil et membre du Centre de Recherches en Histoire Européenne Comparée (EA 4392). Ses travaux portent principalement sur la royauté suédoise, les élections et les représentations du pouvoir à l'époque médiévale.

Maaike van der Lugt est maître de conférences en histoire médiévale à l'Université Paris Diderot – Paris 7. Ses recherches portent sur l'histoire de la médecine et des sciences au Moyen Âge en croisant sources médicales, philosophiques, théologiques et juridiques, ainsi que des textes moins techniques et des images. Parmi ses travaux récents on peut citer un ouvrage collectif intitulé *La nature comme source de la morale au Moyen Âge* (2014) et un livre à paraître sur les théories de la procréation et leurs implications morales et juridiques dans la société médiévale.

Nicolas Weill-Parot est professeur à l'EPHE, titulaire de la direction d'études « Histoire des sciences dans l'Occident médiéval ». Il a publié notamment *Les «Images astrologiques» au Moyen Âge et à la Renaissance. Spéculations intellectuelles et pratiques magiques (XIIe-XVe siècle)* (Champion, 2002) et *Points aveugles de la nature: la rationalité scientifique face à l'occulte, l'attraction magnétique et l'horreur du vide (XIIIe-milieu du XVe siècle)*(Les Belles Lettres, 2013).

Table des matières

Histoires d'un historien

Annexes

Ce volume,
publié aux Éditions Les Belles Lettres,
a été achevé d'imprimer
en avril 2017
sur les presses
de la Manufacture imprimeur
52202 Langres Cedex, France

N° d'éditeur : 8567
N° d'imprimeur : 170450
Dépôt légal : mai 2017
Imprimé en France